本书得到国家社科基金重大项目“新组织理论和组织治理研究”（11&ZD153），教育部人文社会科学研究青年基金项目“基于技术创新与企业规模互动机理的大企业集团引领式产业创新升级机制研究”（10YJC790154），国家自然科学基金项目“开放式创新导向/能力、动态能力与组织学习：理论建构与实证研究”（71172118），国家自然科学基金青年项目“基于规模阈值跃迁的大企业集团引领式产业创新升级：机理与实证研究”（71103027）的资助。

QIYECHENGZHANG、CHUANGXINKONGJIAN
YUCHANYESHENGJI

企业成长、创新空间与产业升级

——"熊彼特假设"的理论延伸与中国证据

"XIONGBITEJIASHE"
DELILUNYANSHENYUZHONGGUOZHENGJU

李　宇◎著

中国社会科学出版社

图书在版编目(CIP)数据

企业成长、创新空间与产业升级:“熊彼特假设”的理论延伸与中国证据/李宇著.—北京:中国社会科学出版社,2012.5
ISBN 978-7-5161-0871-0

Ⅰ.①企… Ⅱ.①李… Ⅲ.①企业创新—研究 Ⅳ.①F270

中国版本图书馆CIP数据核字(2012)第098291号

出版人 赵剑英
责任编辑 田 文
特约编辑 李 华
责任校对 刘 俊
责任印制 李 建

出 版 中国社会科学出版社
社 址 北京鼓楼西大街甲158号(邮编100720)
网 址 http://www.csspw.com.cn
中文域名:中国社科网 010-64070619
发行部 010-84083685
门市部 010-84029450
经 销 新华书店及其他书店

印 刷 北京市大兴区新魏印刷厂
装 订 廊坊市广阳区广增装订厂
版 次 2012年5月第1版
印 次 2012年5月第1次印刷

开 本 710×1000 1/16
印 张 17
插 页 2
字 数 287千字
定 价 49.00元

凡购买中国社会科学出版社图书,如有质量问题请与本社联系调换
电话:010-64009791

目　　录

前　言

作为经济发展的内生动力，创新将科技与经济这两个决定人类社会发展水平的重要方面联系起来，在明确科技进步对经济增长关键作用的同时，又赋予科技进步一种强有力的经济激励。人们从未像今天这样将企业成长、产业升级和国家竞争力同创新活动紧密地联系起来，当资源枯竭、环境污染、资本转向知识密集型产业、本地经济融入全球产业链等成为各国经济发展面临的共同课题时，也从未如此热衷地透过创新的视角，努力打开经济体内部价值增长的“过程黑箱”。

创新的概念使人们得以从动态演化的角度看待经济现象，并将一种由创新的不确定性决定的竞争规则引入市场，从而更加深入和完整地分析企业或产业组织的创新行为。在动态演化的视角下，自由竞争和垄断的市场结构同市场效率之间的关系发生了根本的改变。自由竞争指向同质产品的价格约束，而垄断则指向异质产品的价格补偿。在自由竞争条件下，企业家精神驱动的创新活动通过对现有资源的“新组合”摆脱价格约束，打破市场均衡，最终获得垄断地位；而在垄断条件下，大企业建立起来的研发实验室通过扩大能够进行“新组合”的要素范围和将科技研发能力内部化，替代企业家精神对创新活动的作用。然而，垄断条件下，大企业研发实验室在创新活动中对企业家精神的替代作用是有限的，来自不同技术范式的替代效应，来自大企业科层组织对实施“新组合”的限制，以及来自企业家对适合市场需求的产品创新和商业模式创新的挑战等，使得垄断企业对创新不确定性的掌控永远不及对价格的控制自如。因此，在技术创新活动的影响下，市场结构由自由竞争走向垄断，由垄断走向自由竞争或由一种垄断走向另一种垄断的转化过程在不断上演，并最终引起了整个经济系统螺旋上升的周期性变化。其中，大企业与小企业因各自的创新模式不同具有直接竞争的平等性，或者说是由各自代表的创新积累性和创新颠覆性对创新活动决定作用的力量对比，从而进一步决定有利于创新的企业规模、技术范式和产业组织形态。“熊彼特假设”（Schumpeter's hypothesis，1942）正是创新理论中最为直接地提出关于上述创新源特征与创新发生条件的理论命题，然而遗憾的是，现有对“熊彼特假设”的研究往往脱离熊彼特创新理论的核心思想和倡导的研究范式，将其理解为关于有利于技术创新的市场结构和企业规模的表面性问题，以及由此引发的众多采用不同方法和依据各种来源数据对市场结构、企业规模与创新水平的验证性研究。而类似研究仍处于对“熊彼特假设”更深层次的理论内涵和现实意义的准备性研究阶段。

对“熊彼特假设”固有研究的不足并没有因为新经济时代的到来而被忽视。事实上，在信息技术革命和知识经济背景下，影响创新源和创新过程的技术机会、组织形态和市场环境等因素都发生了深刻的变革。与封闭式创新不同的开放式创新环境、网络化创新中的创新积累性和颠覆性、企业家和研发实验室在创新中的互补效应，甚至是市场结构和企业规模的模糊化和柔性变化等都更加强烈地呼唤对“熊彼特假设”内在理论问题的挖掘和拓展。而本书的研究正是基于上述时代背景和理论准备，在深入拓展“熊彼特假设”理论内涵的同时，探索微观领域基于创新的企业成长问题、创新条件和创新过程特征，以及同企业行为和产业组织形态密切相关产业的创新升级问题。并尤其针对全球产业链和中国转型经济背景下的自主创新战略和产业升级问题，提供了关于“熊彼特假设”理论拓展的大量经验性研究。

本书得到教育部人文社会科学研究青年基金项目“基于技术创新与企业规模互动机理的大企业集团引领式产业创新升级机制研究”（10YJC790154），国家自然科学基金项目“开放式创新导向/能力、动态能力与组织学习：理论建构与实证研究”（71172118），国家自然科学基金青年项目“基于规模阈值跃迁的大企业集团引领式产业创新升级：机理与实证研究”（71103027），科技部国家软科学研究项目“基于辅助创新的不同规模企业技术创新优势共享的实现机理研究”（2009GXQ6D157），辽宁省社科联经济社会发展课题“开放式创新导向的企业集团网络能力建构与产业创新升级：以辽宁为例”（2012lslktziglx－09）的资助。书中集中阐述了关于“熊彼特假设”在创新理论中的地位和问题实质，研究了企业成长和创新空间的互动演化问题，并讨论了新经济时代下有关自主创新、创新型企业成长和转型经济的产业创新升级等理论拓展方向和现实问题，尤其在全球化的创新竞争和产业布局背景下，提供了大量来自中国的经验性证据。因此，本书作为重要的研究成果，为课题进一步的理论创新和提供科学决策建议奠定了良好的研究基础。

本书共分八章，第一章从整体上介绍了本书的研究梗概，包括研究的对象与研究价值，相关概念在本书中的界定和相关理论的综述，研究的主要内容和采用的研究方法，以及逻辑主线和可能的创新点等。第二章主要介绍了“熊彼特假设”的提出背景及其在熊彼特创新理论中的地位，分析了“熊彼特假设”产生争议背后的深层理论问题，指出了在开放式创新环境下，“熊彼特假设”引发理论争议的现状和理论拓展方向。第三章回顾了现有对“熊彼特假设”的研究路径与存在的问题，并结合熊彼特创新理论原有的研究范式和新的经济背景提出了本书的研究视角，尤其介绍了互构和演化视角在研究中的独特性与合理性。第四章重点研究了“熊彼特假设”理论延伸之一，即技术与组织互构下的企业成长。组织既包括一般意义上的企业组织，又包括广义概念的市场组织，企业成长是技术与组织互构过程中对创新行为的选择结果，是主动适应和把握环境机会的体现。分别研究了技术与内部组织、市场以及中间组织互构三种情况下的企业成长特征。第五章基于技术自身的生命周期和演化规律，研究影响技术创新的技术因素和组织因素，包括技术轨道的形成、企业生命周期与技术生命周期的联动机制，以及协同创新机制下的企业技术创新空间的形成与演化。第六章将研究扩展到产业创新领域，首先在大企业和小企业共存的产业背景下研究了“熊彼特假设”与倒 U 理论的关系，并在融合的研究框架下对倒 U 关系的形成机制进行解说和加入动态性的拓展研究。以此为基础，分别从大企业的企业家精神对产业创新升级的引领作用，具体产业环境下不同产业组织结构的产业系统动力分析，以及相同产业不同发展阶段创新驱动要素的跨国比较三个角度对产业创新升级的动力进行研究。第七章进一步将研究扩展到对中国现阶段创新战略中相关热点问题的研究上来，包括对创新型企业这一新兴中国特色创新源的研究，网络创新环境下自主创新战略的选择和演进模式，尤其对当前中国经济中大企业引领产业创新升级战略的思考，以及产业集群向创新集群转变的一般方向和更为宏观的区域创新系统建设等内容。第八章对全书在研究范式和创新性内容方面进行了总结，并提出该领域在研究层面、理论研究方向和现实研究热点问题上的研究展望。

本书的目标读者包括技术创新领域的研究者，管理学、创新经济学和产业经济学相关领域（包括创新战略、技术经济与管理、组织变革、企业家精神、企业成长和产业组织等）的研究者，对熊彼特创新理论和经济演化思想的继承、拓展和当代解读感兴趣的研究者，以及有学术抱负的教师、博士生和硕士生。技术哲学和管理科学专业方向的研究者、博士生和硕士生也可能在本书中发现有益于自身研究的启发性内容。那些有思想的管理者和企业领导者，有科学精神的经济政策制定者和决策者，技术研发和科研成果商业化过程中发挥作用的专业人员、技术企业家和创业者，以及 MBA 学生，尽管没有更多地直接涉及本书相关内容的理论研究，但是对本书的阅读有助于加深他们对所从事工作的思考，获得关于创新活动更为深刻的认识和有益的启发，从而帮助他们从具体工作中找到合适的方式来融入创新、管理创新和推动创新。

第一章　导论

第一节　研究对象与研究意义

一　复杂微观及产业环境下的“熊彼特假设”

熊彼特创新理论认为，经济周期演进的动力在于以创造和使用新技术为核心引起的关于生产方式、组织形态、商业模式和新兴产业等经济现象的更迭过程，这种源自追逐创新的超额利润获取模式推动着资本主义经济的发展，其立足于微观生产领域的“新组合”以及创新主体致力于执行“新组合”的理论抽象，为经济宏观演进模式提供了一种来自经济体系内部的解释。然而，这种在一般性意义上解释经济发展的理论工具，在面对企业和产业层面复杂的微观经济活动时，往往留下众多关于微观和产业层面技术创新活动的“过程黑箱”，“熊彼特假设”就是其中最为著名的争论。

一直以来，受到经济学均衡范式的影响，人们对“熊彼特假设”的研究停留在一般性的验证阶段，用简单代表企业规模、市场结构和技术创新的统计指标衡量二者的关系，而很少深入问题的本源，即研究企业规模与技术创新关系的本质是什么，以及能否采用现有的研究范式进行分析。在熊彼特创新理论中企业成长和产业升级是重要的关键词，熊彼特将“新组合”的实现称为“企业”，而关于企业成长的问题则演变为创新源问题，为了进一步创造各种“新组合”以保证其市场价值，企业规模和市场垄断程度成为企业成长的标志。

事实上，这种争论不仅影响企业家精神在创新过程中的作用，以及技术进步的方向和途径，而且直接影响企业规模结构在产业中的分布和产业政策的制定。其原因同时源于企业家和技术创新的特殊性，首先，企业家并不是一种社会阶层，而是一种具有执行某种“新组合”并获得经济价值的角色，企业中这种角色并无固定职位，但是却受到组织形态和企业制度的约束，小企业较低的管理成本保证了企业家精神驱动创新的作用，而大企业采用科层和制度化降低管理成本的同时也束缚了企业家精神发挥作用的空间。其次，技术创新在强调市场价值的同时，也强调研发在技术积累上发挥的作用，大企业的研发优势、抗风险优势和技术连贯性能够从另一方面推动技术创新，所以关于企业成长的问题实际上是企业规模扩张后技术创新的研发推动力与企业家精神推动力的相互替代和力量平衡问题。或者说企业成长并非是单纯规模上的变革，还有创新方式以及相应的组织变革和技术能力对市场竞争环境的适应性等问题，本书将这种由技术、组织和市场条件约束的企业创新方式称为创新空间，这个空间提供了关于企业成长的研究平台。基于这一平台，也可以研究不同产业通过技术进步实现产业竞争力提升的产业组织特征和产业升级过程的差异性，尤其在全球产业链背景下，产业链高端的创新方式和企业成长模式同产业链低端有明显的差别，本书将从企业引领产业升级层面、产业内部系统和全球产业链上下游产业对比的角度，针对当前我国产业升级中的自主创新和产业结构优化调整问题进行实证研究。

综上所述，本书的研究对象是对由“熊彼特假设”引发的创新源争议问题，在微观复杂情境下的重新解析和理论延伸。相应的研究视野也由作为宏观经济发展内生动力的技术创新，转向影响企业成长和产业升级模式或实现手段的技术创新活动，其研究的核心在于微观层面和产业层面技术创新源的产生、运行和演化特征，具体而言，就“熊彼特假设”关于企业规模与技术创新关系的争议，在微观领域具体到企业成长的外在规模、组织形态和技术创新能力之间的相互关系等问题，在产业领域则具体到产业升级动力机制、产业组织形态演化和产业创新升级路径等问题。在互构的研究视野下，技术创新的自我演化也是本书的一个重要研究内容，根据熊彼特对创新概念的定义，创新是一种“创造性的破坏”，现有的技术范式、组织形态、商业模式和产业组织或因技术创新而发生重大变化，同时，技术创新的产生也受到上述因素的反作用，从而表现出技术创新独特的演化形式，无论是微观企业内的研发活动与企业家精神对创新产生的替代作用和协同作用，还是产业创新体系内创新驱动要素的差异性和发挥作用的动力机制，都能够通过构建由技术、组织和市场三大维度组成的创新活动约束集而形成独特的创新空间。而且这个创新空间能够将微观企业的成长同产业层面的创新升级联系起来，并将“熊彼特假设”的研究引入复杂非线性阶段全面研究企业规模与技术创新的关系。要弥补目前非线性研究中的不足，不可避免地要同组织形态、组织创新以及市场力量结合起来，本书实际上是在技术、组织、市场等要素多元互构的基础上建立技术创新与企业规模的互动演化空间，研究企业成长、技术创新与产业升级的直接互动以及在创新空间内间接互动的复杂非线性关系的形成与演化特征。

二 企业规模与技术创新

技术创新的颠覆性通常使得习惯于将资源和能力的积累作为企业获得竞争优势途径的人们感到困惑，并对技术创新在微观经济主体中的产生机制充满好奇，尤其是对企业原有的自我积累惯性对于技术创新是否仍有作用并有哪些特殊性的探究，因此，已有对技术创新源的研究大量集中于一个具有代表性的问题上：企业规模与技术创新的关系。

熊彼特最早洞察了企业原有的积累性与技术创新颠覆性的矛盾：企业规模的大小反映的是技术创新过程是以研发实验室为代表的积累优势，还是以企业家精神为代表的颠覆性发挥了主导作用。弗里曼（Freeman，1985）进一步明确问题的焦点：大企业的研发实验室是否能够完全取代企业家精神成为技术创新的唯一来源。然而，这样一个探究技术创新源的问题却被抽象为一个简单的线性关系假设：企业规模越大越有利于技术创新，并采用不同样本被反复检验，直到大量的实证检验最终得到相互矛盾的研究结论（Rosenberg，1976；Shrieves，1978；Jaffe，1988；et al.），研究的重点才转向对矛盾原因的发掘。谢勒尔（Scherer，1965，1984）首先对线性关系假设本身提出质疑，认为技术创新随企业规模的扩张呈现出先增加后减少的倒 U 形关系。勒布和林（Loeb & Lin，1977）进一步提出企业规模引起的技术创新优势和劣势力量对比的变化，使得技术创新与企业规模呈现均衡、稳定的倒 U 形变化特征。马卡姆（Markham，1965）、豪和麦克法翠基（Howe & McFetridge，1976）指出存在一个最有利于技术创新的企业规模，分布在这一规模两侧的是企业规模越大越有利于技术创新和企业规模扩张抑制技术创新两种矛盾结论出现的根本原因。

尽管倒 U 模型对矛盾结论给出了一种解释，但是这种企业规模对技术创新单向作用的沿袭，难以解释倒 U 关系自身的两个独特现象，一是倒 U 关系的跳跃升级（skip transition）：企业规模与技术创新的关系在有些情况下呈现周期性特征，即技术创新在倒 U 顶点右侧出现一段持续低迷状态后，又会在企业规模扩张的促进下达到新的水平（Soete，1979）；二是倒 U 关系中的“阈值效应”（Size Threshold）：到达倒 U 顶点之前“市场结构和厂商规模都存在一个规模阈值，低于这个阈值，就没有什么关键性的技术创新了”，在阈值出现前后技术创新与企业规模的关系具有明显的跳跃性（Kamien & Schwartz，1982）。

倒 U 关系的研究困境使人们重新思考技术创新的颠覆性，一直以来的研究只关注企业规模对技术创新的单向作用，即企业规模对技术创新产生效率及水平的促进或抑制作用（Cabral，2002；Aghion，2005；Munier & Francis，2006），以及由这种单向作用形成的线性关系和倒 U 关系都是一种在设定好大企业或小企业研究情境（context）下的静态关系（Scherer，2001）。然而，将技术创新的颠覆性考虑在内，就要重新考虑技术创新的反作用以及这种互动机制的发生情境。

对于技术创新的反作用，阿克斯和奥德莰克（Acs & Audretsch，1991）研究发现，不同行业中企业规模与技术创新关系存在着根本不同的模式，行业差异本质上反映了技术创新类型的差异，不同类型技术创新本身可能决定了哪种企业规模更加有利。马克（Mark，1998）对倒 U 关系的研究认为跃迁和阈值现象都是一种积累效果，在企业规模均匀增长下，技术创新与企业规模关系出现这种非均衡、跳跃性变化，只能是由技术创新对企业规模的反作用引起的。技术创新对企业规模的反作用说明企业规模也受到技术创新的决定和制约，布罗德伯里和克莱夫斯（Broadberry & Crafts，2001）认为，技术创新与企业规模是相互影响、互为因果的，尤其不能忽视技术创新对企业规模的影响，企业规模对于技术创新而言本质上是一个内生变量。技术变革，尤其是突破性技术创新的产生以及不同类型技术创新的相互转化，都内在要求企业规模产生相应的变化方式。

技术创新的反作用使得企业规模也不能再被简单地作为二者关系的发生情境，新的情境应该是包含影响技术创新与企业规模诸要素作用的多元关系互构背景。互构（Mutual - construction）是描述相互构建、彼此内生要素之间关系的术语。从已有的文献来看，互构具有系统性特征，即互构是一个系统形成或运动的过程，互构多方作为一个母系统，互构各方作为子系统，互构方式将导致系统功能和结构发生变化（Abbate Janet，1999；郑杭生，2003）；演化性特征，即互构各方关系、互构方式和构建途径都会根据环境的变化发生改变（Pozzebon et al.，2000；Lisa Burke，2006）；自组织性，甘特·库佩斯（Günter Küppers，2000）、赖斯·加塞（Les Gasser，2001）认为互构在自然和社会系统中出现并非人为现象，互构各方具有开放性、不对称的影响力，互构过程会涌现新的性质，具有随机性、非均衡性，并以此推动系统有序化。

三　研究意义

本书不同于以往在单一或默认情境下，对技术创新与企业规模关系偏重于企业规模对技术创新的单向作用的研究，而是探索形成技术创新与企业规模关系的互动机理，尤其是技术创新对企业规模的反作用的研究，进而在根本上解释技术创新与企业规模关系产生争议的原因，并建立基于多元互构的技术创新与企业规模关系的完整理论研究体系。研究意义归纳如下：

（一）非均衡研究范式下企业规模的内生性探索

已有从企业规模对技术创新单向作用角度对二者关系的研究，大多基于企业规模与技术创新效率和水平关系的统计结果之上，企业规模只作为技术创新的外生变量。而研究技术创新对企业规模的反作用，首先要改变企业规模对技术创新单向作用下的均衡研究范式。均衡是指趋向稳定和静止的“非内生的变革现象”，将均衡状态作为变化过程最终结果的研究倾向，及由此导致的理论构造方式就是均衡研究范式（Eatwell，1992）。与此相反，非均衡研究范式则是以趋于跃迁和动态的“内生性的变革现象”为研究对象，以微观结构和演化过程为研究倾向及理论构造方式。迈克尔·雷布林和塔米·马德森（Michael J. Leiblein & Tammy L. Madsen，2008）认为，将企业规模具体定位于微观创新结构和能力演化的表征，以研究企业规模与技术创新的作用机理，才能更加清晰地把握不同规模企业技术创新活动的差异。因此，通过分析按企业规模的微观结构进行重新分类的技术创新的产生过程，研究技术创新的差异性，以及通过分析互动过程中多维影响关系的结构性变化、分区处理倒U关系的动态周期和互动过程形成的路径依赖等实现机制，倒U关系的跃迁和规模阈值等，都是以企业规模作为内生变量考察技术创新对企业规模反作用的开拓性的理论研究。

（二）建立互构理论体系

本书以“互构”作为研究技术创新与企业规模互动机理的独特视角，

并力图建立研究技术创新与企业规模互动机理的互构理论体系。从互构的系统性出发，研究通过多维影响因素的因果关系、作用方式以及系统演化方式、动力等问题，并通过这些问题的研究主要构建技术创新与企业规模通过多元互构的传导互动理论；从互构的演化性出发，研究技术创新与企业规模双向互动模式，技术创新与企业规模的互动是技术创新与企业规模关系在企业对外界环境反馈下的“变异—选择—保持”的演化过程（藤本隆宏，1997）。由于技术创新自身的非连续性和非均衡性，技术创新对企业规模的反作用往往是二者关系“突变”的变异阶段，而企业规模对技术创新的作用则是二者关系“渐变”的选择和保持阶段；从互构的自组织性出发，研究互动的过程机制，尤其是基于自组织开放性、远离平衡态、非线性和随机涨落的特征研究技术创新与企业规模互动过程中，包括倒U顶点的形成与跃迁、规模阈值的形成与突破等跃迁态（突变）与稳定态（渐变）的形成与转化问题。

（三）探索企业动态成长过程的“形神兼备”

动态能力理论认为，企业竞争优势的建立是资源和能力交互作用下的动态过程。如果将企业规模视为企业资源表征，将技术创新视为一种企业能力，那么，技术创新与企业规模的关系实际上就是资源与能力对环境的适应性调整，穆籁和凯泽（Mulej & Kajzer et al.，2006）称之为技术创新与企业规模双引导（double acting led）的企业动态成长过程。波特（Porter，1984）、图斯曼（Tushman，1996）、帕特洛和帕维特（Patel & Pavitt，1997）等研究也表明，企业规模与技术创新往往通过内在结构和外部环境相互作用，这个内在结构主要是组织形态，外部环境则主要是市场力量。技术创新与企业规模的互动机理包含了彼此相嵌的两个方面：一个是企业规模对于技术创新的推进和阻碍机制，企业规模是组织形态和市场力量的外在表征，因此，组织形态和市场力量是推进和阻碍技术创新背后的因素；另一个是技术创新对于企业规模扩张的支持和抑制问题，技术对组织的镶嵌性和对市场的变革性使得技术创新往往伴随着组织创新和商业模式创新，所以企业规模的变化也是对新的组织形态和商业模式的适应。技术创新与企业规模的互动实际上是企业资源、内在结构、生存能力和环境变化四个维度下的动态成长过程。对技术创新与企业规模互动机理的研究需要建立技术创新、组织创新、商业模式创新和企业规模的互动体系，从而进一步探索企业生命周期、技术生命周期等类生物体的成长性规律。

（四）产业“由大到强”升级的自主创新导向与企业规模结构调整

我国现阶段产业升级目标是由产业规模存量优势向技术集约程度优势转换，即通过提升产业集中度的结构优化升级和提高技术创新能力的全面升级改变产品生产低端化的现状。2009 年年初，国务院出台了促进产业升级的十大产业调整振兴规划。在纺织业、装备制造业、汽车产业、钢铁产业、物流产业、船舶产业的规划或实施细则中无一例外都提出以带动产业升级为目的发展具有国际竞争力的大企业和企业集团。我国产业政策鼓励发展大企业和企业集团主导产业升级，这是通过提高产业集中度实现产业升级的手段。然而，发展大企业能否成为提升创新能力以促进产业升级的理想途径，这个问题可以进一步分解：大企业的规模优势是否有助于提升自身技术创新水平；大企业是否能够取代小企业技术创新对推动产业由大变强的作用；大企业技术创新与小企业技术创新具有怎样的互动关系。本书将通过系统的研究为解决上述问题提供理论依据，并为制定相关政策提供科学建议。

第二节　概念界定与理论综述

一　企业规模的内涵

对于企业规模的界定目前并没有形成统一的划分规范，一般理解的企业规模主要包括直接反映规模特征的资产规模、年销售收入、企业内部机构庞杂程度、雇员数量等，除此之外，一些与企业规模密切相关的企业特征也用来反映企业规模质变的界限，主要包括企业所有权集中程度、自主经营程度、管理方式、在本产业所处地位等。在这些反映企业规模的指标中，有些可以做定量测量，如资产额、销售收入以及雇员人数等；有些则是定性说明，如企业内部机构庞杂程度、自主经营程度、管理方式等。在对企业规模的实际划分中，各个国家更是标准不一：国外大部分国家的界定都只采用定量标准，并且仅采用单一定量标准的国家居多，如意大利、法国、丹麦和墨西哥等以单一从业人数作为界定标准，从业人员在 500 人以下的企业为中小企业；还有既可以用从业人数又可以用资本额或营业额作为界定标准的，但一般都视不同行业而定，如日本《中小企业基本法》规定，工矿业和运输等行业从业人员在 300 人以下者，零售和服务业从业人员在 50 人以下者，或者资本额在 100 万日元以下者为中小企业。只有美国、英国、德国同时采用定量标准和定性标准，例如美国《小企业法》规定，凡独立所有和经营并在某一产业领域不占支配地位的企业均为小企业，在此基础上美国小企业管理局再按照不同行业进一步区分和细化界定标准，如制造业以从业人员作为界定指标，零售、批发、建筑、农业以营业额作为界定标准。现实中这种划分的目的，是为了方便观察各个产业的发展走向和企业的经营状况，从而有助于国家在经济发展战略、产业政策、就业和市场调节等方面对不同规模企业进行宏观管理，归根结底是反映企业在经济生活中的作用。

以上情况说明用来衡量企业规模的指标并非是完全一致的，企业雇员人数多的未必销售收入就多，总资产就大，反之亦然。根本原因在于不同行业存在着不同的生产函数，企业是一个复杂的社会经济组织，以单一指标反映企业规模往往是片面的。我们仍然从技术创新的角度考察企业规模问题，由于技术创新主要来源于生产领域，所以对于企业规模的度量也要从生产角度出发，我们认为，张元智、马鸣萧（2004）从经济学意义上的企业规模特征出发，将企业规模在生产过程中分为横向规模和纵向规模，非常具有启发意义。企业的横向规模是指企业重复生产同一产品的数量大小，是由分工和企业追求规模经济决定的，由于分工与市场规模之间存在相互促进的关系，整个产业对某一环节的需求数量与整个产业分工的深度相关。如果市场需求数量增大，就会有厂商在产业链条的某一环节上运用专门技术，使用专用生产工具来实现大规模专门化生产，以降低成本，反过来，分工深化，又会增加市场对这一生产环节的需求量。企业的纵向规模是指企业内部的生产环节数目，是由交易费用大小决定的，这时的企业规模就是指企业的边界。企业边界大小，即某一生产环节是否应保留在企业内部，取决于交易费用的算计。如果扩张边界所降低的交易费用与因此增加的企业内部组织成本相当，企业的边界就稳定下来了。在组织成本既定的情况下，不同市场交易费用的差异，决定了企业边界的扩张与收缩。陈金波（2006）除了承认企业规模具有横向规模和纵向规模之外，又提出了多元化规模的概念，他认为这是由范围经济决定的。范围经济理论研究了经济组织的生产或经营范围与经济效益之间的关系，是指随着企业产品种类或生产活动的多样化，较之于一个企业专业化于单一类型产品生产或一种经营活动，可以节约成本。范围经济的发生，是因为一个企业内部几种产品的生产可以分享共同的信息、设备等，本质上是对企业剩余资源的利用。一般来说，企业为生产某种产品的特定投入都有一定的最小规模，而这种投入在只生产一种产品时可能不会得到充分利用，资源产生了剩余，而在生产多种产品时，就能够使这种投入的成本在不同种类产品中分摊，于是使得总成本得到了降低，产生了范围经济。

我们按照经济学意义上企业规模的动因，将企业规模总结成图 1—1：

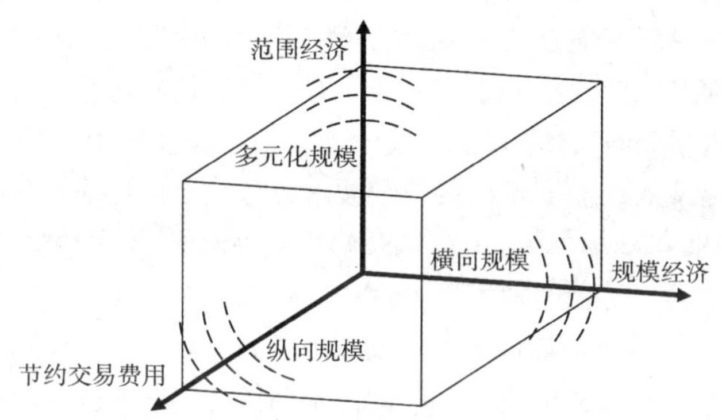

图 1—1　不同的企业规模类型及其经济意义

资料来源：笔者整理。

二　技术创新的分类

按在生产体系中引起“新组合”的方式分类，美籍奥地利经济学家约瑟夫·熊彼特在 1912 年德文版《经济发展理论》一书中首次提出了创新的概念（广义的技术创新）。他认为，所谓技术创新就是建立一种新的生产函数，也就是说，把一种从来没有过的关于生产要素和生产条件的“新组合”引入生产体系。这种新组合有五个方面：（1）开发生产一种新产品，或开发一种产品的新的特性；（2）采用一种新的生产或经营方法，而这种新方法并不必须建立在新的科学发现基础上；（3）开辟新市场；（4）获得原材料的新供应来源；（5）实现生产或经营的新的组织形式。熊彼特认为，“创新”是一个“内在的因素”，“经济发展”是“来自内部自身创造性的关于经济生活的一种变动”。熊彼特开创了技术创新理论，到目前为止熊彼特的技术创新分类方法仍然被视为经典，仍然对后来的技术创新研究发挥着极大的启示作用。熊彼特的创新理论主要应用于解释资本主义经济增长，他把资本主义制度的演进纳入了经济发展的研究视野，“创新理论”用生产技术、生产方法和经济中制度因素的变革来解释资本主义的基本特征和经济发展过程，揭示了资源使用方式的进步——技术创新是经济发展的根本原因。

根据技术创新过程中技术变化强度的不同，可以分为渐进性创新（Incremental innovation，或称改进型技术创新）与突破性创新（Radical innovation，或称重大技术创新、根本性技术创新）（Mansfied，1968；Freeman，1977）。渐进性创新是指对现有技术的改进引起的渐进的、连续的技术创新，能充分发挥已有技术的潜能，并强化现有成熟型公司的优势，特别是强化已有企业的组织能力，对公司的技术能力、规模等要求较低（Nelson & Winter，1982）。突破性创新是指在技术上有重大突破的技术创新，它建立在一整套不同的科学技术原理之上，常常能开启新的市场和潜在的应用（Dewar & Dutton，1984）。这种创新经常给现有成熟企业带来一系列困难，迫使企业不断利用新的技术成果和商业策略以寻求解决问题的新途径，但却是新企业成功进入市场的一种途径，伴随着一系列渐进性的产品创新和工艺创新，突破性技术创新能够在一段时间内引起产业结构的变化。

按技术创新中创新对象的不同，技术创新可以分为产品创新与过程创新（工艺创新）（Utterback，1994）。产品创新是指技术上有变化的产品或服务的商业化活动；过程创新则是指企业采用某种方式对新产品及新服务进行生产、传输，主要是企业研究和采用新的或有重大改进的生产方式，从而提高劳动生产效率、降低原材料及能源消耗或改进现有产品生产，最终实现企业产出的最大化的创新活动，它主要是指产品生产技术的变革，包括新工艺、新设备和新的组织管理方式。产品创新与过程创新的交替出现，形成了技术生命周期，按照厄特巴克和阿伯内西的理论，新技术刚出现时存在着技术的不确定性，新产品的设计不断变化，产品创新频率很高；而产品工艺上的创新也在探索中，由于新产品尚未确定主流设计，产品工艺的改进尚需不断明确。而一旦主流设计出现，产品工艺的改进就被提到重要议程，一旦主流设计在市场中出现，则竞争的焦点就会从产品的特性转到生产和分销流程上来。

按核心技术来源可以分为自主创新、模仿创新和合作创新。自主创新是指企业主要依靠自身的人力资源和技术资源进行研究与开发，实现创新科技成果的商品化，并最终获得技术创新的收益。其本质特征是创新的核心技术是企业依靠自身力量，通过独立的研究开发而获得的，具有高投入和高风险性，企业必须拥有一支实力雄厚的科研队伍，需要有投入研究开发和市场开发的大量资金。这类技术创新的好处是易于保密，在市场竞争的条件下，技术领先和保密是企业成功的重要措施之一。模仿创新是指在率先创新者的示范影响和利益诱导驱动之下，企业通过模仿率先创新者的创新思路和创新行为，引进购买或破译率先创新者的核心技术和技术秘密，并在率先创新者技术的基础上进行改进创新。这种技术创新的本质是对引进的先进技术进行仿制、消化、吸收和二次创新。模仿创新的特点是投入少、风险小、周期短、市场适应性强、失败率低。尽管从长期目标而言，企业崇尚自主创新模式，但是模仿创新的种种优势非常适合中小企业和发展中国家的企业。合作创新是指以企业为主体，企业与企业之间，或企业与高校或研究机构合作的技术创新方式。合作创新的主要优势在于四个方面：一是通过合作创新，可以整合相关技术优势，实现与合作主体间的资源共享和优势互补，从而缩短创新周期，降低创新成本和风险，提高创新成功的可能性；二是合作创新有助于企业以比较低的成本进入高新产业；三是企业之间的合作创新有利于扩大原有市场和进入新市场；四是便于集体学习并有助于提高企业的学习效率和创造性。因此，这种技术创新是企业集群内中小企业技术创新的重要方式。

按照技术与不同市场的关系，技术创新可分为连续性创新和不连续性创新（司春林，2005）。创新是否成功，最终要由市场来检验，技术在不同市场中的作用可以区分为两种技术创新：一种是针对已存在市场上的产品的创新，表现为提高质量、性能，降低成本，称为连续性技术创新；另一种是在新生市场上的创新，即产品创新与市场创新同步进行，称为不连续性技术创新，如图1—2所示。

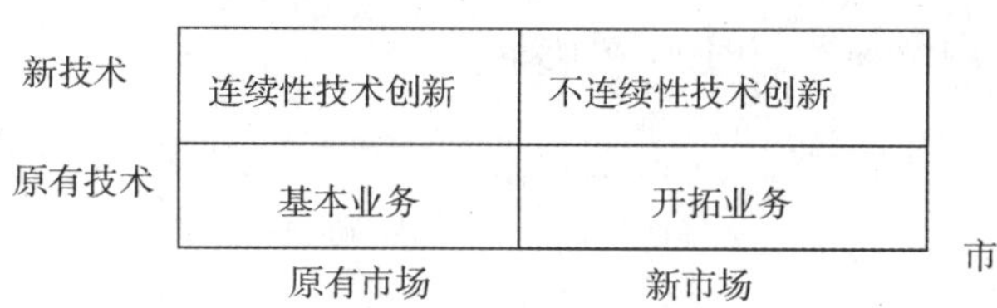

图1—2　技术与市场

资料来源：笔者整理。

不连续性技术创新包含创造新的市场，即不但创造出新的产品，还要创造新的市场。连续性技术创新是针对已存在市场知识基础上的创新，而不连续性技术创新是在全新的市场知识上的创新。换言之，不连续性技术创新是针对人们的潜在需求。对于不连续性技术创新所需的市场知识，不可能通过市场调查、市场预测方法来得到，因而面对的市场尚不存在。不连续性技术创新需要生产者与顾客或用户相互协同、互动，共同完成创新过程。显然，连续性技术创新与不连续性技术创新是相对的。不连续性技术创新的成功，意味着新产品市场已被创造出来，接下来就需要考虑波特(Porter) 提出的竞争策略了，在已存在的市场上降低产品成本，提高质量与性能，这就是连续性技术创新了。

按照技术与组织的关系，可以分为破坏性创新（Disruptive Innovation）和延续性创新（Sustaining Innovation）（Christensen，1998）。技术创新必然伴随着组织变革。组织变革不仅包括有形的组织，如技术科、项目小组、成果管理处、企业创新决策委员会、企业 CTO 等，而且包括技术标准、企业技术能力积累、企业对创新方向的认同。这些组织形式与价值观为企业创新提供保障，使创新沿着“正确的”方向进行，按照一定的技术规范，沿着确定的技术轨道发展。熊彼特也曾认为“创新就是创造性的破坏”。对于那些与现有技术发展逻辑截然不同、对现有技术具有替代性的创新，常常许愿打破原有的组织障碍，发展新的能力，建立新的标准，克里斯滕森（Christensen，1998）称之为破坏性创新，而把原有技术轨道发展的技术称为延续性创新。克里斯滕森认为，一个企业在延续性创新方面管理得越是井井有条，在延续性创新中越有效，就越容易在破坏性创新面前失败。创新者经常在破坏性创新面前陷入“创新者困境”，因为破坏性技术创新要求突破组织上的障碍，组织创新是破坏性技术创新的前提，这里的组织不仅包括企业内部组织框架，而且还有企业的外部组织：客户、供应商、网络等，如图 1—3 所示。

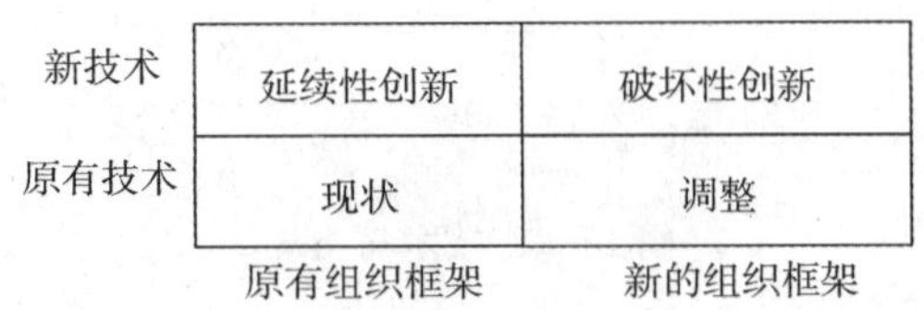

图 1—3　技术与组织

资料来源：笔者整理。

破坏性技术创新与延续性技术创新的重要差别在于，延续性技术创新是在已有的规范、标准基础之上进行的，不需要改变现行的标准（见图1—3），技术标准是外生的，这种模式可以称为技术标准主导战略；破坏性技术创新建立在新知识的基础之上，常常与现有的相关行业标准和技术标准“格格不入”，修正和重建相关评估标准才是重要的，技术标准是内生的，这种模式可以称为制度主导战略。破坏性技术创新与延续性技术创新也是相对的。当打破原有组织的破坏性创新成功地替代或部分地替代原有技术的时候，新的组织、技术标准与价值观就被建立并不断被强化，企业技术创新将沿着新的轨道、按照新的规范发展，这样一来，破坏性创新就转化为延续性创新。

按技术创新发生的各部分关系，哈德森和克拉克（Henderson & Clark，1990）在研究中引入了组件的概念，将技术创新分为渐进性创新、模块化创新、结构性创新和突破性创新。哈德森和克拉克引入了组件的概念用以说明正是现有产品技术的重组引起的结构创新导致现有公司的失败，表1—1集中考察了创新对公司的现有结构知识和组件知识效用的影响。

表1—1　　按核心概念与组件关系的技术创新分类框架

核心概念变化方式 / 关联关系		核心概念		
		增强	推翻	不变
核心概念与组件之间的关联	不变	延续性创新	模块化创新	工艺创新
	变化	结构性创新	破坏性创新	

资料来源：徐淑英、张维迎：《管理科学季刊最佳论文集》，北京大学出版社2005年版，第31页，稍作改动。

从表1—1可以看出，破坏性创新和延续性创新都是各自坐标轴的终点。破坏性技术创新采用一个崭新的、具有统治性地位的设计，因此组件体现了一系列新颖的设计概念，而且采用了崭新的结构方式整合在一起。延续性技术创新只对现有技术进行完善和改进，创新只体现在单个的组件身上，而不是核心设计概念，另外组件之间的联结方式保持不变。此外，只改变核心设计概念而不改变产品结构的创新是模块化创新，不改变组件和组件所蕴涵的核心设计概念的创新是结构性创新，结构性创新的本质在于对已有系统进行重组，将现有的组件按照一定方式整合起来。这并不是说结构性创新不涉及组件本身的改变，结构性创新常常是因某个组件的变化所引起的，这些变化导致现有产品的组件之间产生新的互动和关联，重要的是，每一组件背后的核心设计概念以及相关的科学和工程知识保持不变。

这种分类方法提出的结构性技术创新是新的概念，破坏性技术创新、延续性技术创新和结构性技术创新之间只是程度上的差别，结构性技术创新对现有企业提出了更为微妙的挑战。公司所了解的绝大部分知识仍然有用，并且需要被应用到新产品上，但是也有一部分知识不仅没有用处，而且会妨碍企业的发展。对一个现有企业而言，由于其知识，特别是结构知识的组织管理模式已经定型，因此要分清哪些知识有用哪些没有用，并在适当的时候学习应用新知识，是非常困难的。

综上所述，以上关于技术创新的分类并不全面，因为研究者往往会根据所研究对象的需要对技术创新按照各种标准进行分类，将来也许还会出现更多的分类法，我们无法一一尽数，但是以上所列出的分类方法是目前学术界引用比较多的，另一个重要的原因就是这些分类方法都涉及多元互构的要素（如组织、市场等），因此是研究多元互构下的企业规模与技术创新关系的重要理论基石。

三　产业创新升级的界定

从已发表的文献来看，人们对产业升级的认识比较一致，通常是指产业结构优化以及产业素质和效率提升，以实现具有更大利润及竞争优势的高附加值产业和产品替代低附加值产业和产品的产业更迭过程（Porter，1990；Gereffi & Tam，1998；Poon，2004）。产业升级也主要被划分为结构升级和创新升级两种，产业结构升级源自产业转移理论引申的产业间升级或称跨产业升级（Inter—sector Upgrading），即在产业层级中从低附加值产业（如轻工业）向高附加值产业（如重工业和高技术产业）的移动（Dowling，2000；Ernst，2001）。而产业创新升级则是基于产业关联和产业内竞争的产业素质提升，主要包括要素升级、工艺升级、功能升级、产品升级、需求升级以及链接升级等（Humphrey & Schmitz，2000；Ernst，2001）。然而，无论从何种角度对产业升级进行划分，其最为根本的依托在于实现技术进步。虽然基于技术扩散的“雁阵式产业升级”也是后发国家技术进步的形式，但获得内生于产业系统的技术进步最终需要企业自主创新能力的提升。基于此，本书将产业创新升级定义为通过产品创新实现产业从低附加值和低技术含量向高附加值和高技术含量转变的企业自主创新能力提升过程。

从比较静态的角度来讲，产业升级是基于两种产业状况在结构与效率对比关系上的判断，而本书定义的产业创新升级则侧重产业整体自主创新能力对产业效率提升和价值增值贡献的动态过程，如何提升本土企业的自主创新能力是产业创新升级的关键。格里菲（1999）认为，挤出效应、学习效应和驱动效应是影响本土企业自主创新能力提升的重要机制，其中挤出效应是指将低端和低价值产品转包给国内外低生产成本企业，而原有产业链通过采用先进工艺、更新设备以及加深专业化水平将大批低绩效企业清出市场，实现资源由失去比较优势的产业向资本或技术密集的高附加值产业集中。在这一过程中，不断提升的技术进步贡献率是形成挤出效应和推动产业结构优化调整的根本动因，其微观机理在于对生产工艺和设备的改进、劳动者素质的提升以及产品的升级换代（孔曙光、陈玉川，2008）。

产业创新升级的学习效应是指企业在生产过程中通过产业链内部学习先进技术，在促使产业链不断延伸的同时提升产业链价值创造能力。帕伦特和普雷斯科特（Parente & Prescott，1999）认为，后发工业化国家的R&D活动在很大程度上都是一种对发达国家技术的消化吸收行为，一种普遍采用的技术学习和升级策略是通过参与全球分工嵌入由跨国公司主导的产业价值链当中，通过对技术溢出的消化吸收以及参与合作研发等形式不断扩展本土产业的业务范围并提高技术转移的层次，逐步依靠学习中积累的技术进行再创新使企业从代工生产（OEM）升级到原始设计（ODM）再到自主品牌（OBM）（刘常勇、刘阳春，2009），进而迈向国际产业链价值创造的高端。

产业创新升级的驱动效应特指顾客需求的多样化对企业集团多元发展以及产业跨层级和跨区域升级的驱动作用。驱动效应源于技术创新的市场需求拉动理论，在当今技术进步以惊人的速度和复杂的程度发展的背景下，驱动效应影响产业创新升级的关键并非技术供给问题，而是日益丰富、复杂的技术资源与满足顾客需求的实际应用之间的脱节（Tang，1998）。因此，需要以用户至上、创新内容和创新主体多元化为指导，通过集成资源和技术优势实现创新产品的功能倍增效果以更好地满足顾客需求（Nancy Staudenmayer，1998）。在开放的全球产业背景下，满足国际市场要求产业链上下游企业之间进行有效的创新协同，一方面通过专业化分工促进产业链延伸实现价值增值，另一方面通过集成创新要素和研发能力实现价值创造（Baker & Sinkula，1999；Kara，Kaynaka & Karab，2004）。

四 相关理论研究综述

（一）技术创新与企业规模的互动机理研究现状及动态

尽管企业规模可以采用诸如固定资产、员工总数等指标表示出来，但这种单一指标通常用于反映 R&D 投入（Mark，1998；吴延兵，2007），却不能将由企业规模变化引起的企业内外环境变化对技术创新的影响精确地刻画出来。因此，很多学者根据各自研究需要将企业规模用不同的变量替代，如阿洪（Aghion，2005）从企业规模引起的市场结构和竞争度角度分析对技术创新的影响，通过产业集中度和竞争度反映企业规模变化；Matthew W. Ford（2009）针对企业规模是否创造了关于组织适应和变化的刚性或流动性的条件指出企业规模与组织变革之间明显的相互作用；Sylvie Laforet（2009）研究发现企业规模和战略取向决定了市场导向，而市场导向对于产品创新、过程创新和组织水平创新都具有积极的驱动作用。以上研究表明，事实上企业规模对技术创新具有一系列的间接作用。

在技术创新的反作用方面，很多实证研究都注意到了行业差异性，因此在数据收集上采用行业大类数据或单一行业数据（Schere，1984；Audertsch，1987；朱平芳、朱先智，2007）。在企业层面，一些研究也关注了这一问题，楠（Kusunoki，1992）、哈里森（Harryson，1998）、Jon - Arild Johannessen（2009）认为，技术领先过程中常常蕴藏着一种自相矛盾地阻碍着开创性创新的机制，技术创新成功带来的企业规模和市场优势，使企业专注于内部的组织和管理，从而对技术和市场的敏感度下降；帕特洛和帕维特（Patel & Pavitt，1997）通过构建技术轨道多样性模型将创新公司规模大小、产品类型、创新目标和创新场所作为技术创新的源泉和方向在行业间存在显著差异的根本原因，以技术轨道的形式刻画了组织形态与市场力量围绕技术范式的互动演进轨迹。

以上研究为本书在理论上将企业规模以组织变革和市场力量等表征出来提供了研究基础，在有关量表的支持下就能够进一步细化；而技术创新的反作用提示了技术轨道的形成和创新类型的重要性，因此，技术创新与企业规模的互动机理本质上也可以理解为技术创新、组织创新和市场创新的一种协同模式，理查德·布伦德尔（Richard Blundel，2006）对竞争性创新网络技术能力获取的研究、哈里特·凯斯金（Halit Keskin，2006）对组织学习与市场创新的研究，以及许庆瑞等（2004，2006）对企业创新协同及其演化模型的研究等都为本书针对规模阈值形成机理的研究提供了科学基础。

（二）规模阈值的跃迁机理研究现状与动态

对规模阈值的研究大部分偏重最低规模阈值的形成和跃迁，卡米恩和舒瓦茨（Kamien & Schwartz，1981）认为高技术产业有特殊的R&D汇积效应，类似凸透镜的聚光功能，足够的R&D投入才能达成有效的创新输出；阿克斯（Acs，et al.，2005）认为，企业家精神在推动创新升级和技术变革过程中发挥了重要的作用，正是企业家的开创性和冒险精神促成了技术的突破性创新；李提能和格里高利·罗斯（Lyytinen & Gregory M. Rose，2006）则认为，规模阈值的大小能够根据组织学习能力和手段的改进发生变化，当信息系统普遍使用时，企业创新输出的规模阈值就能够明显降低；刘宏（Hong Liu，1995）、斯考特（Scott，et al.，2009）研究了市场导向、市场结构对企业规模的影响，市场化程度越高企业创新的规模阈值就越容易达到；刘宏程、仝允桓（2010）以中外PC厂商的案例证明企业在产业创新网络中寻找合适的创新路径能够突破企业内部创新资源的局限同领先企业竞争。

直接有关规模阈值跨级跃迁的研究情况并不多，但是可以从技术与企业生命周期和组织创新的研究中获得文献支持。阿兰（Alan，et al.，2007）从社会组织可持续角度提出了过程工业中的产品和技术生命周期受经济和环境要素的影响，因此实现技术跨越需要考虑这些在技术使用之初并不明显的问题；布鲁斯·布斯柯克（Bruce D. Buskirk，1986）将技术作为影响市场行为的主导变量，研究了高技术企业在不同生命周期阶段的技术决策，技术创新方式要同技术阶段相适应才能持续创新；千寻渡边和德增平子（Chihiro Watanabe & Shinji Tokumasu，2003）认为，高密度的R&D投入未必就能获得生产力的提升，经济停滞和R&D接续投入不足都会导致较低技术边际生产率，因此，R&D投入时机也是形成技术生命周期的重要因素；马可·皮隆蒂（Marco Pironti，et al.，2010）从企业网络和集群动态的角度认为，集群内部企业网络的密集程度和竞争程度能够明显降低单个企业的规模阈值，使企业通过突破性创新脱颖而出。此外，高宇、高山行（2010）分别从组织学习和技术跨越的角度出发对发展中国家的技术追赶战略的研究，以及梁莱歆、金杨、赵娜（2010）基于企业生命周期理论对 R&D 投入与企业绩效的关系研究等，都为本书提供了研究基础。

从研究文献来看，对于规模阈值的研究既有如企业 R&D、组织能力、技术决策等企业层面的，也有如经济可持续发展、市场结构和市场导向等经济和产业层面的，但共同的特征就是微观与宏观的结合趋势，现有文献显示，基于企业网络和集群等中间组织层面是一个较好兼顾两者的研究视角。

（三）基于企业的产业创新升级研究现状与动态

以企业为中心的产业创新升级具有两个核心内容：一是企业主导的产业创新，企业作为研发、生产、技术扩散和市场竞争的主体在产业创新系统中处于核心地位（Malerba，Breschi，1997）；阿伯内西和厄特巴克（Abernathy & Utterback，1978）提出著名的 A－U 模型，证实产品或过程等企业创新活动推动了产业内多样化竞争以及产业格局的形成和演进。安德森和弗莱德里克森（Anderson & Fredriksson，2000）构造了一个技术变革循环模型来探讨不同类型的技术创新与产业升级间的对应关系，指出技术间断和主导设计的出现推动了产业的跃升。二是企业引领的产业升级，格里菲（Gereffi，1999）认为，产业升级是一个企业或经济体提高迈向更具获利能力的资本和技术密集型经济领域的能力的过程，产业升级可以分为产品层次、经济活动层次、产业内层次以及产业间层次等方面的升级和创新；享弗莱和舒米茨（Humphrey & Schmitz，2000）提出了以企业为中心的产业升级包括流程升级、产品升级、功能升级和产业链条升级等四种方式。李晓阳、吴彦艳、王雅林（2010）提出了发挥比较优势为主的嵌入式产业升级路径和以企业能力为核心的内生型产业升级路径，并以我国汽车产业为例证明自主创新还是应以企业能力为核心走内生型产业升级之路。

随着创新网络研究的兴起，从产业集群网络的视角分析产业创新升级的研究越来越多，研究涉及经济和社会网络对产业集群的影响、产业集群自身的网络结构、网络视角的关系互动与知识演化等内容（Maarten，2009；Cooke，2006；陈金丹、胡汉辉、杨煜，2011）。尽管企业仍被视为产业升级的重要网络结点，但企业间关系也已成为研究的重点。

第三节 研究内容与研究方法

一 研究内容

本书主要包括以下五大方面研究内容：

（一）“熊彼特假设”关于创新源与创新规则的问题本质

这部分主要讨论“熊彼特假设”作为熊彼特创新理论中能够集中代表关于创新源和创新规则思想的研究命题，尽管表面看来是关于大企业还是小企业更有利于技术创新的问题，但本质上是关于创新源持续创新产出的根本动力问题，也就是创新的积累性条件和颠覆性条件的对立和统一，创新的颠覆性和积累性分别体现在不同规模企业上，且具有某种路径依赖，从而出现诸如“创新者困境”的问题，以及对技术创新生命周期的研究。关于创新规则问题并不能完全同创新源分开，不同类型的创新源决定着创新过程的差异化和创新效率的判断标准。小企业创新效率引领着企业的高速成长，如苹果公司、Google 等曾经硅谷的小企业很多已经成为今天引领产业创新的大企业集团，也有很多小企业成长为大企业却面临着无法复制小企业创新模式的困境，如柯达公司、Yahoo 公司等，本书主要解析了微观复杂环境下创新规则的形成机制及其对企业成长和产业升级的重要作用。

（二）对“熊彼特假设”的研究范式与微观视角的拓展研究

熊彼特在其著作中明确提出一个观点：人们不能用均衡概念解释创新或不能对创新加以模型化。在熊彼特看来，企业家精神和创新的本质决定了创新在经济中发挥的作用是“内生性”和“不连续”的，这种“非均衡”的研究范式贯穿于熊彼特的创新理论之中。实证检验得到的相互矛盾结论也从一个侧面说明，对“熊彼特假设”的研究仍然适用于以结构和过程为核心的“非均衡”的研究范式。此外，推动技术创新的除了传统意义上的企业家和企业家精神，还要包括当代那些能够代替行使“企业家”职能的微观组织安排和制度安排，这些安排都以独特的方式在不同规模的企业中以不同的方式决定着技术创新的效率和种类，并为传统的技术创新与企业规模的相互关系搭建了一条内在的动态的桥梁。

（三）技术与组织互构视角的企业技术创新适度规模

这一部分讨论了技术与内部组织、技术与市场以及技术与中间组织的直接互构方式。技术与内部组织互构主要体现在企业内部的创新力与控制力的平衡上，技术与市场互构则表现为新商业模式的形成与演化，技术与中间组织的互构体现在对中间组织创新效率起重要作用的辅助创新对技术创新与企业规模的动态调节。此外，还包括在互构作用中由于互构双方力量不均衡导致的非常规的企业成长模式，本书将对这种非常规性进行界定并分析其产生的主要原因。

（四）互构演化空间内的技术创新与企业规模

技术与组织的互构关系形成了一个关于技术创新和企业成长的关系系统，技术创新和企业规模的变化通常也与其他因素相互作用，在动态研究中应将这些影响因素纳入其中，考察包含技术创新与企业规模的其他构建体系内部相关因素在技术创新与企业规模间接构建中所起的重要作用，即多种因素互相构建下的技术创新与企业规模的互动演化关系。本书认为，技术创新与企业规模的相互关系是多元互构体系动态变化过程中的现象，以考察技术创新与企业规模的双向动态关系，从这个角度分析问题即能够将知识经济时代影响技术创新与企业规模关系因素的新特性在互构体系中体现出来。这部分主要基于技术轨道的演化方式以及多元互构下的演化空间建立过程。

（五）产业升级背景下的企业成长与技术创新

这一部分主要有三个大方向的实证研究：一是在已有研究的基础上，进一步分析技术创新的定向性和非定向性，也就是随机产生的技术创新与已经具有明确研发方向的技术创新与企业规模之间的相互作用，这一新的分类方法同企业规模紧密相关，可以作为切入点从理论和实证统计上研究两者的相互关系；二是基于结构变化的技术创新与企业规模关系的系统动力学研究，运用系统动力学模型要比传统的数理模型更能够反映系统要素之间的非线性作用和动态反馈关系，仿真模拟的结果为制定未来产业升级的配套政策提供科学依据；三是采用基于客观数据的非参数回归方法，以相同产业类型但不同产业演进阶段的产业数据分析技术创新与企业规模之间的关系，进而分析不同产业发展阶段下的技术创新驱动要素。

二　研究方法

（一）大样本统计分析

本书对理论体系的构建和互动演化过程的阐述是以大样本统计分析为

基础的。在分析具体行业技术创新与企业规模关系特殊性，进而考察技术创新对企业规模反作用时，配合采用多元回归分析法（Regression Multi-analysis）和非参数法（Method of Non - Parametric）；研究多元互构体系的特征时，采用脉冲响应函数法（Impulse Response Function Method，IRF）分析互构模式下技术创新与企业规模的互动演化；在分析不同互构模式下各要素对技术创新与企业规模关系的影响程度时，采用主成分分析（Principal Components Analysis）和因子分析（Factor Analysis）方法等。

（二）案例研究

本书的构建理论需要对大量的实际案例进行分类、总结，抽象共性、提出假设、理论验证，因此跨案例的分析技术是必不可少的。本书主要在以下几个方面采用跨案例的研究方法：从多个具有倒 U 关系的行业中，选取多个典型企业分析企业规模的升级方式和技术创新过程，进而抽象出倒 U 关系升级的原因和方式，解释规模阈值的形成与转化原因；多元互构下的创新协同是技术创新与企业规模互动的一种特殊现象，以跨案例的方法分析创新协同的产生原因和过程，进而归纳、抽象出技术创新与企业规模互动机理的某种特征；首先围绕技术创新与企业规模互动方式不同会引起企业成长性差异这一根本命题提出一系列假设，然后将采用跨案例的方法分析"天生全球化企业"、"技术突破型企业"、"席卷型商业模式"等具有明显成长性差异的"企业非常规成长"原因、方式和内在机制等，进而验证假设，并创新企业动态成长理论。

（三）结构—过程分析法

结构—过程分析方法（Structure - process Analysis Method）包括结构性约束、行为主体、关系互动以及时序动态分析四个基本内容，这种方法注重对选择和关系的研究，强调不同条件下的发展路径。演化分析法（Evolution Analysis Method）和系统动力学（System Dynamics）等方法都属于结构—过程分析法。本书的重点并不是得到技术创新与企业规模互动关系的一般结论，而是探索其相互作用的机理，其中的一个重要目标就是试图打开技术创新与企业规模互动关系的"过程黑箱"，此外，在前面的思路梳理中我们发现，构成整个问题的若干个彼此关联的部分存在着很多需要详细分析其过程的内容，如技术创新适度规模形成和演变的过程，技术生命周期与企业生命周期相互作用和统一的过程，技术、组织、市场协调创新与企业规模互动形成一条或多条技术轨道的过程等。

（四）跨学科交叉研究方法

直接互动和间接互动的并行在演化过程中构成了复杂的非线性关系，对诸多因素相互关系的认识涉及多学科的交叉和融合，技术创新与企业规模关系问题来源于经济学，发展于管理学和经济学的交融，并随着研究的深入为越来越多的学科如生物学、社会学、物理学以及哲学等的介入提供了一个广泛的研究框架。对多元互构下互动演化方式的研究借鉴了生物学演化的概念，技术创新与企业规模对各自内外环境适应与选择，形成了技术轨道、技术与企业生命周期、成长性等类生物体特征；互构的概念来源于社会学，技术与组织（企业组织和市场组织）的相互作用是一种相互构建的过程，技术除了物理属性之外还具有社会性，而经济组织的演化也受到技术“镶嵌性”和“破坏性”的影响。

第四节　逻辑框架与创新之处

一　研究的逻辑起点

技术创新与企业规模的关系是技术创新、技术经济和企业管理等领域交叉研究的热点问题。技术创新与企业规模的关系这一问题源于工业经济时代，并跨越了以“熊彼特假设”及其验证为代表的线性关系研究阶段，以及以倒 U 模型和阈值效应为代表的非线性关系研究阶段。进入新经济时代，技术创新、企业规模以及两者的相互关系都发生了巨大的变化，技术创新与企业规模之间关系的变化从未像今天这样迅速而复杂。事实上，尽管倒 U 模型将人们的研究重点从大企业更有利于技术创新和小企业更有利于技术创新这两种对峙观点的争论转向关于技术创新和企业规模关系形成机制的探索，但是这种以企业 R&D 投入力度和市场风险为主要依据，在分析技术创新能力与动力基础上进行的一种框架式的解释模型，仍然只是一种在不涉及技术创新与企业规模关系发生质变情况下的静态因果关系描述。有关技术创新与企业规模的双向互动与协同演化方式，倒 U 模型顶点漂移的动因和方式，技术创新规模阈值的形成和转变机制以及企业规模扩张到保证技术创新效率的上限时（所谓的规模不经济临界点），企业规模结构变化、发展趋势与跳跃升级方式等一系列重要问题都没有很好地解决。也就是说，对于企业规模与技术创新关系的内在作用机理仍然没有十分清晰的认识。不能很好地回答技术创新与企业规模关系形成的内在机理，也就无法很好地解释现实中关于技术创新与企业规模关系出现的新情况。因此，本书研究问题内容的逻辑起点为对“熊彼特假设”的创新源本质问题的复杂非线性关系研究，如图1—4所示。

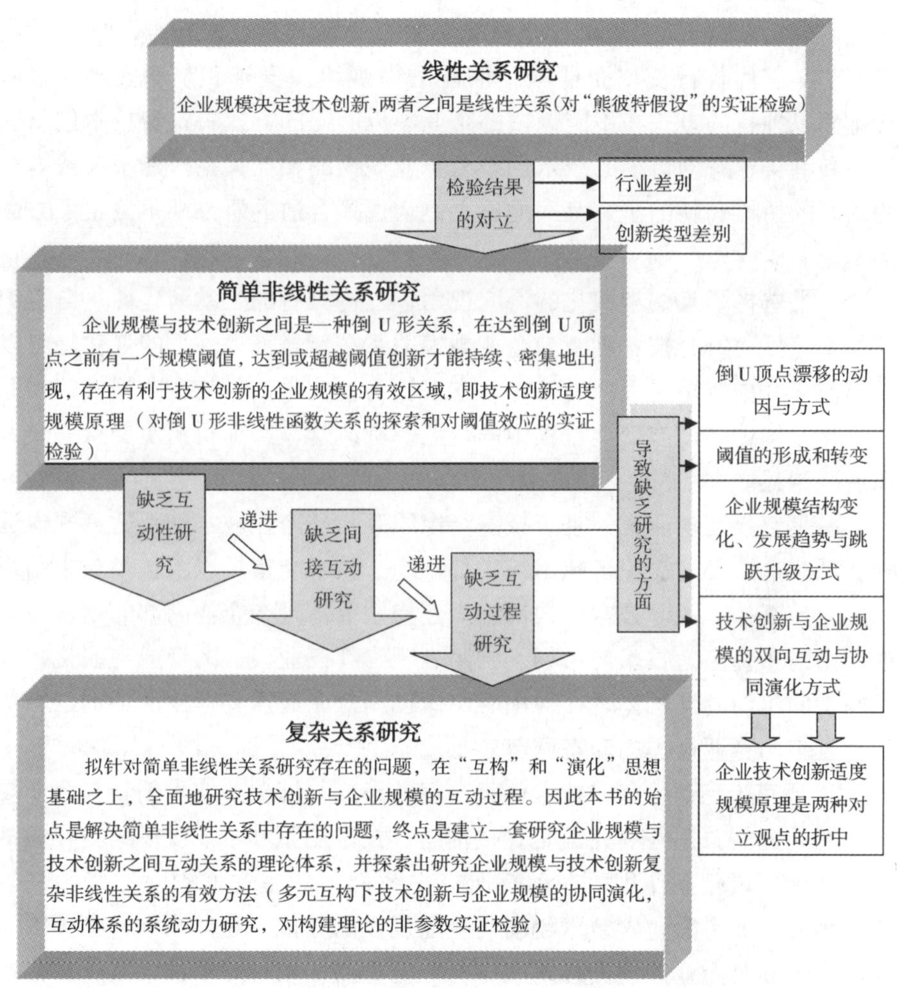

图1—4　理论研究的路线梳理（括号内是主要的研究方法）

资料来源：笔者整理。

二　本书的结构安排

本书首先明确了“熊彼特假设”涉及的理论问题本质以及研究意义，阐述了由“熊彼特假设”引致的关于创新源和创新效率的重要理论问题，指出现有研究中存在主要问题和新经济条件下尚待深入探讨的相关领域。然后总结了工业经济时代背景下“熊彼特假设”研究方法的演进路径和研究范式，提出应以熊彼特倡导的“非均衡”的研究范式对传统研究范式进行拓展，即“人们不能用均衡概念解释创新或不能对创新加以模型化”，推动技术创新的除了传统意义上的企业家和企业家精神，还包括当代那些能够代替行使“企业家”职能的微观组织安排和制度安排，这些安排都以独特的方式在不同规模的企业中以不同的方式决定着技术创新的效率和种类，并为传统的技术创新与企业规模的相互关系搭建了一条内在的动态的桥梁。新的研究范式的确立也为选择合适的研究视角奠定了方法论基础。

本书选择了互构和演化的研究视角，互构具有的互动演化性、自组织性与系统性，符合技术创新与企业规模关系在新经济条件下的变化趋势以及当前研究中侧重过程性的特点。本书认为，技术创新与企业规模的相互关系是互构体系动态变化过程中的现象。围绕这一研究视角主要从三个方面展开论述。

一是直接互动研究：基于技术与组织互构的企业技术创新适度规模选择互动。这一部分讨论了技术与内部组织、技术与市场以及技术与中间组织的直接互构方式。技术与内部组织互构主要体现在企业内部的创新力与控制力的平衡上，技术与市场互构则表现为新商业模式的形成与演化，技术与中间组织的互构体现在对中间组织创新效率起重要作用的辅助创新对技术创新与企业规模的动态调节。

二是间接互动研究：技术创新空间的形成与演化。技术创新与企业规模互相构建的关系并非完全是直接构建，技术创新和企业规模的变化通常也与其他因素相互作用，在动态研究中我们不能主观地剔除这些影响因素，因此需要考察包含技术创新与企业规模的其他构建体系内，相关因素在技术创新与企业规模间接构建中所起的重要作用，即多种因素互相构建下的技术创新与企业规模的互动演化关系。本书认为，技术创新与企业规模的相互关系是多元互构体系动态变化过程中的现象，以考察技术创新与企业规模的双向动态关系，从这个角度分析问题即能够将知识经济时代影响技术创新与企业规模关系因素的新特性在互构体系中体现出来。这部分主要基于技术轨道的演化方式、技术生命周期同企业生命周期的联动模式以及多元互构下的演化空间建立过程，为研究技术、组织和市场协同创新与企业规模互动演化提供了 Bio－上的科学范式。

三是产业升级背景下复杂非线性关系的解说与实证研究。这部分主要有三个大方向的实证研究：首先，在已有研究的基础上，进一步分析技术创新的定向性和非定向性，也就是随机产生的技术创新和已经具有明确研发方向的技术创新与企业规模之间的相互作用，这一新的分类方法同企业规模紧密相关，可以作为切入点从理论和实证统计上研究两者的相互关系。其次，基于结构变化的技术创新与企业规模关系的系统动力学研究，运用系统动力学模型要比传统的数理模型更能够反映系统要素之间的非线性作用和动态反馈关系。最后，对比产业发展不同阶段的创新驱动要素，从而解释企业规模与技术创新关系在不同国家相同类型产业各不相同的原因，进而得出产业创新升级演进的一般路径。

三　可能的创新点

第一，研究范式和研究方法的前沿性和创新性。本书的研究范式有两个鲜明的特色：一个是基于演化的过程探索，另一个是基于系统的整体视角。首先明确的是技术创新与企业规模的关系比较复杂，除了直接互动之外至少还受到组织和市场环境因素的影响，因此在特殊条件下得到的并非是一般性的结论，这种情况下对于演进机理的探索才是最具价值的；同线性研究中的变量之间简单的决定性关系不同，复杂系统中两个因素的互动往往要考虑整体的变化特征，即要先以系统为研究单元，再细化为子系统和对各要素的研究。本书将在技术创新与企业规模互动演化这一核心问题的导向下，进行大量的跨学科交叉研究以及原有方法新组合的使用（复杂指标体系就是主观与客观评价方法的组合），一方面已发表的成果在创新领域有大量跨学科研究的经验可以借鉴；另一方面研究方法决定于研究范式，“过程”和“系统”的研究范式提供了交叉研究和方法组合的可能，所以方法创新的空间很大。

第二，理论构建上的创新。本书主要的理论贡献有两个：第一个理论贡献就是引入企业组织内部因素考虑企业规模与技术创新关系的问题，这是对传统研究角度的有益拓展。传统研究角度考察企业规模与技术创新的关系，往往将企业规模与市场力量必然地联系在一起，研究企业规模的同时也研究市场结构对技术创新的影响，而本书将市场结构视为一种特殊的组织形态（外部组织形态），试图考察企业规模与企业组织形态（内部组织形态）的必然联系，以及二者与技术创新的互动关系。第二个理论贡献就是在互构原理的基础之上，搭建了技术、组织与市场协同创新与演化的过渡平台，最终提出技术创新、组织创新、市场创新和企业规模的多元互动体系，不仅能将企业规模与技术创新的直接互动关系反映出来，也体现了企业规模与技术创新的传导互动关系。本书构建的理论服务于揭示技术创新适度规模形成与互动演化的“过程黑箱”，因此具有较强的针对性，并力求有“来龙”有“去脉”，既是对已有理论的归纳和提炼，又是继续拓展的基础。

第三，对企业规模与技术创新互动关系所涉及的相关内容的挖掘，对已有研究的传承，使得对技术创新的分类与企业规模的度量成为一个相关的研究问题；广义组织创新的介入，使企业成长性研究成为一个相关的问题；互构空间以及对非线性倒 U 关系和阈值的研究，使得技术轨道也成为一个相关问题。这些相关性研究不仅为核心内容的研究提供了必要的理论支持，而且部分内容在本书的研究中得到丰富，因此成为突出的特色和创新之处。

第四，本书是理论与实际问题的结合。本书在理论构建上考虑了很多当前中国经济发展中企业的实际问题，中国很多企业的规模同国外同行业中的企业规模相比并不在一个重量级上，这样导致研发、技术创新、产能和质量标准等相去甚远，同时，国内一些企业相对于技术创新而言规模又显得“数量有余，质量不足”，这不仅为我们研究技术创新与企业规模之间的互动规律提供了研究素材，也提出了很多有价值的问题。因此，在我国大力提倡技术创新、鼓励中小型科技企业成长、提出建立一批国际一流大企业的时间表等经济主旋律下，力求在一定的理论高度之上面对现实问题是本书的一大特色。

第二章　“熊彼特假设”:创新源与创新规则

第一节　熊彼特创新理论与“熊彼特假设”

一　熊彼特式创新

熊彼特认为，资本主义经济的发展以及不断向更高级社会形态转变的动力并非来自该社会经济系统外部，而是一种将现有生产要素不断进行“新组合”，通过寻找更新的价值创造模式淘汰旧有生产体系，并不断创造新技术、新组织和新制度的内生力量——技术创新。熊彼特是最早将技术与经济相结合，并将创新作为一种经济学概念引入对经济发展过程和不断演进机制进行解释的经济学家。熊彼特将创新理解为“建立一种新的生产函数”，重新组合函数中的变量关系相当于用一种新的方式组建生产体系，尽管创新的具体形态多种多样，但大致有五种情况：一是采用一种新的产品，消费者并不熟悉的新产品或一种产品上具备的新特性和新功能；二是采用新的生产方法，这种方法不一定完全建立在科学新发现的基础上，也可能是某种方法在新的生产环境下的使用，或是商业中处理产品的新方式；三是开辟新的市场，这个市场或者是从未存在过的或者是制造部门将产品打入一个之前从未涉足的市场中；四是获得原材料或半制成品的新的供应来源，无论这种来源是已经存在的，还是第一次创造出来的；五是实现任何一种工业的新的组织，通过这种新组织创造或打破垄断地位。这五种创新情况后来被人们归纳为产品创新、技术创新、市场创新、资源配置创新和组织创新，而组织创新也可以看做是制度创新的一部分。

熊彼特进一步指出，创新对资本主义经济的推动方式同主流经济学的投入产出和供给需求式的均衡模式并不相同，创新经济是一种非均衡的经济，关注的并非是经济的均衡性而是经济发展的过程性和结构性。创新不断从经济系统内部进行结构革命，不断破坏旧的结构同时不断创造新的结构，技术创新带来的价值增长并非现有的边际价值，如边际利润和产量，而是非价格的竞争，新商品、新技术、替代的原材料和新型组织模式随时都会建立新的成本和质量标准而颠覆现有市场。这种推动经济增长的方式带有破坏性，直至企业边际利润和产量的存在基础，因此创新是一种改变经济结构的“创造性破坏过程”。在这个过程中，创新成为一种新的竞争导向，具有创新意识和创新能力的企业将大批出现并高速成长，而创新乏力或没有实现生产要素优化组合的企业则被淘汰出局，正如熊彼特所说的“你必须时刻准备着为穿上一件知识的外衣而撕破另一件”。而创新过程的推动者就是能够掌控现有生产要素和生产条件的企业家，企业家被视为资本主义“灵魂”式的角色，在获得潜在超额利润和外在竞争压力的双重驱使下，企业家不断尝试新组合以及冒险实施新组合，甚至将这种源于追逐利益的经济态度上升为一种资本主义社会独特的人生态度，整个社会的经济发展就是这种“新组合”不断成功的结果。

显然，熊彼特式创新并不仅仅局限于对获得竞争优势的作用，而是通过对创新的微观定义阐明宏观经济发展的本质特征，因此，熊彼特式创新实际上是在定义一种创新规则，构建一种有利于改变现有生产体系的制度安排，这样依托发明创造的技术创新可以在更短的时间内依托“新组合”的市场认可产生价值，而偶然和不确定的创新过程可以通过创造条件成为企业生产的“例行活动”。然而，尽管存在着大企业的力量试图不断降低创新的不确定性和偶然性，但是大企业面临的技术瓶颈同企业家以“新组合”不断进行市场尝试的过程都会遇到突发性和间断性，这一过程中高投入与低投入在创新产出上的差异并不明显，创新的基本特征是创造价值，“只要发明还没有得到实际上的应用，那么在经济上就是不起作用的”。所以，创新并非连续均匀地分布在时间序列中，而是群聚的（in groups or swarms），不能按照“概率论的一般原理”进行预期。创新的这种特性使得创新对经济的影响也呈现出强弱和长短的周期波动，企业家精神提倡的冒险和突破是创新过程非连续性和非均衡性的根本原因，进而形成了资本主义经济独特的经济周期变动形式，由创新引发的经济增长不可能静止也不可能永远存续。基于创新的内生性，经济系统的进步会将创新活动演变为一种企业的“例行行为”，从而替代企业家的创新职能以及降低由于投机行为导致的经济风险，而当经济足够发达、劳动者的素质和创新能力足够大的时候，社会将和平地、自动地进入社会主义。熊彼特的

《经济发展理论》、《经济周期》和《资本主义、社会主义与民主》三本著作构成了其创新理论的基本框架和理论体系，不仅解释了资本主义发生和发展的基本动力和主要问题，而且指出了资本主义灭亡的趋势和方式。这是一种不同于马克思资本主义生产关系理论的经济学说，尽管不能摆脱阶级局限性，但是提出了推动经济社会进步的基于生产力的观点，强调了生产技术以及与之相匹配的组织形态和制度形式的创新在经济发展中的重要作用，不仅对均衡范式的经济理论提出了挑战，而且在启发新的经济研究领域方面也极具价值。

二 理论体系构成

熊彼特创新理论紧扣经济发展的动力机制，一直是人们关注的焦点。大量学者验证、推广和继承熊彼特的研究思想，不同时代的学者都能够根据当下经济条件重新解读熊彼特的理论，从而形成了一个不断丰富、不断延伸的理论体系。归纳起来，熊彼特创新理论的基本框架包括以下三方面。

一是技术创新内生增长理论。这一研究领域直接来源于熊彼特创新理论，强调生产技术和方法在经济中的至高地位。熊彼特将经济增长的动力机制由外生的资源要素转向内生的“新组合”，而这种“新组合”依靠的是新技术、新组织和新制度，归根结底是人力资本的增加，由此决定的组合方式和组合价值表现为企业的竞争实力，构成了国家经济持续增长的微观基础。经济发展既要强调财富增长量更要强调要素生产率和价值增值能力，伴随国际贸易的增加和全球产业链的形成，外部资源优势和技术引进并不能根本改善经济结构以及提供经济增长的内在机制，只有将技术创新作为内生化过程才能通过规模收益递增过程，迈向全球产业链的高端。技术创新内生增长理论的代表性人物如罗伯特·索洛（Robert M. Solow）开创性地构建了由劳动、资本和技术进步组成的经济增长模式，并着重分析了技术进步在经济增长中的作用，认为技术创新是由新思想来源和后阶段发展两步完成的，保尔·罗默（Paul M. Romer）进一步把知识完整纳入经济和技术体系之内，并把人力资本和“新思想”作为重点分析对象，解决了技术创新对经济增长内生作用的量化分析问题。尽管新经济增长理论很好地继承和发展了熊彼特理论，但是在构造理论过程中设置了大量的非现实性假设，这是均衡经济理论的研究范式，20 世纪八九十年代发展起来的一种技术创新进化理论克服了上述问题，通过经济演化方法能够对现实非均衡、动态的复杂经济系统中的技术创新过程进行描述和分析。

二是制度创新理论。很多研究表明，技术创新推动经济增长需要制度支持，制度创新与技术创新在内在机制上存在着强烈的互动关系。熊彼特在论述经济发展问题时，也很重视制度的作用，制度被作为一种体系、经济组织形态、市场结构或社会运行规则。而后来的内生经济增长模型并没有在制度创新方面有突破性的进展，而往往将制度作为外生变量或既定条件，所以并不能将其作为一种内生机制要素讨论经济制度的变化或个人偏好的变化对技术创新和经济增长的影响。美国经济学家兰斯·戴维斯和道格拉斯·诺思（Lance Davis & Douglass C. North）继承了熊彼特的观点和方法，在《制度变迁与美国经济增长》一书中将制度变革引入经济增长过程，运用"制度创新"来解释美国等国的经济增长，认为所谓"制度创新"是指经济的组织形式或经营管理方式的革新，如股份公司、工会制度、社会保险制度、国营企业建立等都属于"制度创新"。

制度创新与技术创新一样，在预期纯收益大于预期成本的条件下才可能实现。所不同的是，技术创新依托技术、产品和资源等物质资本，而制度创新则涉及规则、惯例和法律条款等非物质性条件；技术创新以发明创造为基础，通过对其商业化实现价值增值，而制度创新则以组织形式或经营模式的新发现实现资源优化配置。可见，组织创新可视为制度创新的重要组成部分，包括宏观层面的国家创新体系也包括微观层面的企业组织创新，其核心问题是建立起有效的创新激励机制，以充分发挥创新主体的主导作用和创新动力。以微观领域的产权制度为例，企业通过界定产权成为获取外部知识、组织研发和商业化的直接承担者，相应的利益分配结构、内部治理结构可以为企业技术创新提供强大的动力机制、决策机制和信息机制，从而为技术创新提供强有力的组织制度。

三是市场结构理论。技术创新理论的发展使得人们重新认识关于竞争、垄断和市场结构，一般认为竞争的市场组织形式最有效率，均衡经济理论从理想均衡的观点出发衍生出完全竞争市场、成本递增、均衡稳定的最优效率经济。然而，这种假定的前提是技术创新的间断性，企业在技术条件既定的前提下追求规模经济，在众多同类替代产品的市场上，通过降低产品成本以更低的价格获得竞争优势。事实上，熊彼特创新理论对此有截然不同的认识，创新产生于外部竞争压力，能够使小企业摆脱无法实现规模经济的竞争劣势，同时企业能够通过创新获得超额利润，企业规模扩张的根本目的并非只是降低产品边际成本，而是能够为持续创新提供必要的资源保证和抗风险能力。在技术创新效应急剧增大、收益递增的条件下，垄断企业由于强大的技术创新能力，其对经济社会的贡献、对消费者需求的满足已经超过了对降低经济效率的负面影响，尤其在那些高技术产业中，垄断提供了企业创新的激励机制，也不断被新的技术创新打破，在动态演进中实现经济发展。事实上，钱德勒的研究已经表明，创新活动已经超越了企业生产规模对市场结构的影响，在知识经济时代，基于创新的“速度经济”甚至部分取代了“规模经济”、“范围经济”对市场的作用。由市场竞争压力产生的创新活动将导致垄断的出现，而由创新导致的垄断又是高级的竞争形式，围绕创新的决策模式由集中化转向分权化，围绕创新的组织能力由规范化转向创造力，围绕创新的组织结构由纵向层次转向横向层次，这使得市场结构在竞争和垄断的相互作用下出现了“竞合”的中间状态，如内部自由竞争的小企业联合成为企业集群对抗大企业，垄断大企业内部形成竞争性的独立经营单位的组织结构等都是围绕创新的理论发展和变化。

三　“熊彼特假设”的提出与争议

熊彼特在《资本主义、社会主义与民主》一书中首次提出了有利于技术创新的企业规模与市场结构的问题，把竞争作为一个动态过程，而技术创新则是这个过程中的主要内容，他认为创新导致的动态效率提高可以弥补由于价格高于边际成本导致的静态效率的损失，因此赞成大企业具有垄断势力的市场结构是社会为产业技术快速发展必须支付的价格，“一旦我们深审细节，去探究进步最为瞩目的个别项目时，引导我们的线索不是把我们带到比较自由竞争条件下工作的那些企业的门前，而是明确地把我们带到大公司的门前”。在熊彼特看来，大规模企业是经济发展的原动力，也是现代重要技术的创造发明者。大企业能够负担研究开发费用并有足够实力承担创新风险，从而保证创新这项不确定的活动能够带来超额利润，创新带来的超额利润又成为控制市场的有效因素，高市场集中度更有助于激励企业从事研发，垄断是创新自然滋生的基础。因此，熊彼特提出了两个假说：第一，垄断和创新之间存在正相关关系。也就是说，垄断所形成的企业规模越大，企业的创新动力也就越强。第二，规模大的企业相对比规模小的企业具有更大的创新动力，企业技术创新的活动规模以超过企业规模增长的比例增长，具有规模递增效果。“熊彼特假设”是对完全竞争实现资源最优配置观点的挑战，颠覆了人们对高集中度的市场结构导致社会福利损失的认识，引发了在产业组织框架下对市场结构与技术创新关系问题研究的关注。

“熊彼特假设”对产业经济学产生了较大的影响，在激发学者深入研究的同时也引起了不少争议，阿罗（Arrow，1962）在新古典理论的框架下认为垄断造成了静态福利损失和延缓技术进步的双重困境，而登姆塞茨（Demsetz，1969）则认同熊彼特关于垄断促进创新的观点。还有一些学者分情况、分阶段地看待这一问题，如阿洪等（Aghion et al.，1997）进一步拓展“熊彼特假设”，认为竞争程度较低的情况下，创新带来的垄断利润较高，企业为获得竞争优势保持垄断利润需要不断地进行创新，而在竞争程度较高的情况下，创新收益减少导致企业因创新获得的垄断利润大大降低，企业通过规模经济保证竞争优势，因此市场竞争和技术创新之间的关系是非线性的，在二维坐标上呈倒 U 形。越来越多的研究表明，研发密度（研发投入占销售收入的比例）同时受其他市场因素的影响，也许创新活动和市场结构之间简单的因果关系需要设置大量严格的假设，否则在技术机会、需求特点、制度框架、厂商策略等因素的影响下将呈现一种复杂的非线性关系。卡米恩和舒瓦茨（Kamien & Schwartz，1987）进一步将决定技术创新的因素总结为三个重要方面：竞争程度、企业规模和垄断力量。其中竞争程度影响技术创新的积极性；企业规模影响技术创新开辟市场前景的大小；垄断力量影响技术创新的持久性，而最有利于技术创新的市场结构既不是完全垄断，也不是完全竞争，而是介于二者之间的一种市场结构。

“熊彼特假设”是熊彼特创新理论关于创新动力和创新组织形式的重要命题，归结起来在以下三个方面对进一步探索和拓展熊彼特创新理论的研究具有极为重要的启发意义。

第一，不同情境的创新价值衡量。创新是同产业技术进步和企业竞争优势密切相关的经济概念，宏观层面的技术进步在一定的经济激励下将呈现出加速发展态势，而微观层面的竞争优势则得益于创新带来的超额利润。在衡量企业规模、市场结构和技术创新的关系时，“熊彼特假设”结合了当时的产业特点，将目光集中于推动经济发展的五个产业的公司：纺织、铁路、钢铁、汽车和电力。如果从宏观的角度考虑，技术创新将主要考察企业规模和市场结构对技术研究的投入情况；而从微观角度考察，则要考虑企业规模与市场结构对创新产出的影响。此外，还要考虑不同产业技术进步和获得竞争优势的特殊性，同一产业不同发展阶段技术进步和获得竞争优势的演化特征等。所以，“熊彼特假设”启发了关于不同创新情境的创新价值。

第二，关于创新的产业组织形式。熊彼特关于市场势力对创新效应的论述中，存在两条清晰的主线：一是要让企业具备进行创新的激励，就需要让它能够拥有短暂的市场势力。专利制度、公司制和现代金融体系都使得企业能够在创新之后获得一定的市场势力。二是熊彼特强调创新前的寡头垄断结构，以及拥有创新前的市场势力对于创新的促进作用。这两种情况更能够降低创新的不确定性以及由此对创新积极性的挫伤，其中寡头垄断的市场结构使得企业之间的竞争行为更稳定、更容易预测。在隐含地假定资本市场不完善的前提下，企业创新前拥有市场势力可以为创新提供必要的资金支持和风险抵御机制。

第三，技术创新的颠覆性和积累性。熊彼特一方面极力推崇那种改变现有企业竞争地位，围绕市场需求主线敢于冒险、敢于创造新市场的企业家精神在推动创新中的作用；另一方面产业中大企业的崛起和引领作用又使得“熊彼特假设”承载着这样一个问题：企业家精神能否被大企业实验室例行的创新活动所取代？事实上，熊彼特强调了小型的、企业主企业的创新活动和大型的、拥有正规 R&D 实验室的现代公司的创新活动之间存在质的差异。但是，大多数经验研究文献把熊彼特的观点简单理解为企业规模和创新活动之间的连续的正向关系，这也是很多经验研究最终得出相互矛盾结论的一个原因。如何区别对待和整体考虑这种由创新主体的差异导致的技术创新颠覆性和积累性的对立统一问题，是由“熊彼特假设”引申的一个重要的研究领域。

第二节　企业家精神与研发实验室

一　企业家与企业家精神

熊彼特在《经济发展理论》一书中指出：“一般是生产者发动经济的变化，而消费者只是在必要时受到生产者的启发，消费者好像是被教导去需要新的东西，或者在某些方面不同于，或甚至完全不是他所习惯使用的东西。”从而能够看出，熊彼特将企业家定位于一个创新者，企业家的主要职能就是通过创新提供新产品以引导消费者的需求。在不确定性条件下，能够“担负起预测消费者需求的责任”（Knight，1921）是一种创造性的工作，是一种同劳动力、资本同样重要的生产要素。不论是否直接参与生产，不断实施和推动创新活动的人群才是熊彼特定义的企业家。这里需要特别强调几点：一是企业家与经营者不同，经营者是一种固定的职位，以从事经营管理企业为谋生手段，而企业家可能从事着形态各异的工作，但本质上都具备发掘创新机会的特殊品质，具有实现企业的新组合的动力和能力。二是企业家与资本家不同，资本家是货币或不动产财富的所有者，通过对资本的运用实现价值增值，一般是指小企业主，早期的企业家精神并没有完全从“资本主义精神”中独立出来，因为企业家本身可能是资本家、技术专家、营销主管或法律顾问，企业家的职能不仅同上述各种职能混合在一起，甚至需要通过这些职能来体现企业家的价值，企业家对创新的追求同资本家对财富的追求也没有冲突。直到创新成为一种超越对财富的追求，又成为一种相对独立的企业活动后，企业家才成为一种纯粹的职能并出现了“职业的企业家”，如熊彼特所说，只有在实际上“实现新组合”的时候才没有失去企业家的资格。只有长期不断追求创新的人才是真正的企业家，才能推动经济增长。三是企业家不同于专门的社会阶级，企业家有自己独特的生活方式和价值观，由企业家职能带来的社会地位和财富积累具有不确定性，不是履行企业家职能的必然产物，所以企业家并不能笼统作为一个社会阶层。

企业家作为一个群体最为核心的特征就是具有企业家精神，一般来讲，企业家精神的独特性可以概括为三个方面：首先，企业家存有一种追寻私人王国（或王朝）的梦想与意志，通过商业成功来获取能够实现自己梦想的社会地位常常被认为是一种捷径，所以对于没有其他机会来获取社会地位（或声望）的企业家而言，企业家精神的第一个动机旨在不断获取财富，由财富带来的消费满足感、社会地位和声望是企业家效用函数中的重要变量，对于企业家从事艰辛和冒险的创新活动的激励作用也比较强烈。在这一点上，企业家精神与资本主义精神是一致的。其次，企业家精神带有一种强烈的征服意志、战斗性和证明自己比别人优越的冲动，企业家从事经济活动如同从事体育运动或艺术活动的人们一样，追逐成功和被别人赞赏是结果导向的，而在从事活动过程中享受比赛的惊险和艺术的陶醉则是过程导向的，企业家精神的非经济性特征就是创新的过程本身就是一种快乐，企业家精神强调追逐成功本身而不是成功的指标和胜利的象征。企业家精神代表的这种创新动机是从创新本身得到效用，与"享乐主义"的消费动机有本质性区别。最后，企业家精神表现出强烈的对自我实现的渴求，企业家不是机会的消极等待者，而是主动寻找挑战和克服困难的人，所以冒险精神和以创造性地解决问题为快乐的精神都是企业家精神的重要组成部分。

二 企业家精神与创新行为

根据林恩（Lynn，1991）的理解，企业家精神是一种价值观体系，包括对工作、新生事物、财富积累和冒险等的态度，企业家精神是企业家群体所共有的特质和价值观体系，体现为他们所共有的特质，如创新性、抗风险性、工作态度和自身价值感等。这些特质决定了企业家的行为决策，进而影响企业家的创新行为。以下将借鉴阿洪和豪伊特（Aghion & Howitt，1992），靳卫东、高波（2008）以企业家的创新行为为研究对象对企业家精神影响经济增长的分析，以及庄子银（2005）对企业家精神作为持续创新的动力和源泉的内生化经济增长模式的研究，分析企业家精神对企业家创新行为的影响。

根据企业家精神特质分析，即使创新仅有较少的个人预期收益，企业家仍然会参与创新，而企业家的创新投入将提高全要素生产率，假设企业家的创新投入为 I_1，休闲投入为 I_2，生产投入为 I_3，且企业家投入全部精力标准化为1，一次成功创新带来的全要素生产率变化为 μ，企业家创新能力为 λ，市场利率为 r，由此可以假设企业家创新投入方程为：

$$f(I_1) = aI_1^3 + bI_1^2 + cI_1 + d = 0 \qquad (2—1)$$

其中，$a = -\lambda^2 - \mu\lambda^2 - a\lambda^2 - \mu a\lambda^2$

$b = -3r\lambda - 3\mu r\lambda - 2ar\lambda - \mu ar\lambda$

$c = 2\mu r\lambda + r\lambda - 2r^2 - ar^2$

$d = r^2$

根据一元三次函数的性质，假设 x_1，x_2 是函数 $f(I_1)$ 的两个极值点的横坐标，由于 $a<0$，所以 $f(I_1)$ 在区间（$-\infty$，x_1）和（x_2，$+\infty$）上是减函数，在（x_1，x_2）上是增函数。当 $x_1 = x_2$ 或者 x_1 和 x_2 不存在时，

$f(I_1)$ 是一个连续递减曲线，点 $[-\frac{b}{3a},f(-\frac{b}{3a})]$ 为 $f(I_1)$ 曲线的对称点。而由企业家创新投入方程，可得出 $f(I_1)$ 曲线对称点的横坐标为：

$$-\frac{b}{3a}=\frac{-3r\lambda-3\mu r\lambda-2ar\lambda-\mu ar\lambda}{3(\lambda^2+\mu\lambda^2+a\lambda^2+\mu a\lambda^2)}=\frac{r(3+3\mu+2a+\mu a)}{3\lambda(1+\mu+a+\mu a)} \quad (2—2)$$

根据上述横坐标能够计算纵坐标，并通过考察横纵坐标的变化判断 $f(I_1)$ 的移动特征，进而能够分析企业家的创新能力如何影响创新行为。如果将 μ 和 a 在各自取值区间赋予固定值 2 和 0.5 以简化分析的话，则横纵坐标为（$-\frac{22r}{27\lambda}$，$-\frac{6193r^3}{2187\lambda}-\frac{83}{27}r^2$）。由此可见，如果 $f(I_1)=0$ 存在实数解，那么一定有一个正数解处于 $f(I_1)$ 右侧的递减区域，如果企业家的创新能力增强使创新参数 λ 增加，那么 $f(I_1)$ 将向右上方移动，从而引起创新投入 I_1 的增加。

下面考察企业家精神中企业家价值的自我追求、风险偏好和工作态度对创新行为的影响，借鉴靳卫东、高波（2008）设定的两种企业家效用函数：

不考虑创新成功概率的企业家效用函数为：

$$U=\ln C+\beta\ln I_3 \quad (2—3)$$

加入创新成功概率的企业家效用函数则为：

$$U=\ln C+\beta\ln I_3+\ln P \quad (2—4)$$

其中，U 代表企业家效用，C 代表企业家的消费水平，A 代表现期全要素生产率，I_3 代表企业家对休闲的精力投入，P 表示成功创新的发生概率（$P=\lambda I_1$），一次成功创新发生概率越大，企业家的总体效用水平就越高，β 代表企业家对休闲的评价，反映企业家的工作态度。企业家的工作热情越高，对休闲的评价 β 就越小。所以，企业家的最优选择为：

$$MaxU=\ln C+\beta\ln I_3 \quad (2—5)$$

或

$$MaxU=\ln C+\beta\ln I_3+\ln P \quad (2—6)$$

Subject to $I_1+I_2+I_3=1$

建立拉格朗日函数为：

$$\theta=\ln[\frac{\lambda I_1}{r+\lambda I_1}AI_1^a+\frac{\lambda^2I_1^2}{(r+\lambda I_1)^2}\mu AI_2^a]+\beta\ln I_3+\varphi(1-I_1-I_2-I_3) \quad (2—7)$$

或

$$\theta = \ln\left[\frac{\lambda I_1}{r+\lambda I_1}AI_1^a + \frac{\lambda^2 I_1^2}{(r+\lambda I_1)^2}\mu AI_2^a\right] + \beta\ln I_3 + \ln\lambda I_1 + \varphi(1 - I_1 - I_2 - I_3) \tag{2—8}$$

AI_1^a 代表企业家的创新收益，AI_2^a 则代表企业家的生产收益，并进一步可得：

$$\frac{\partial\ \theta}{\partial\ I_2} = \frac{a}{I_2} - \varphi = 0 \tag{2—9}$$

$$\frac{\partial\ \theta}{\partial\ I_3} = \frac{\beta}{I_3} - \varphi = 0 \tag{2—10}$$

$$\frac{\partial\ \theta}{\partial\ I_1} = \frac{1}{I_1} + \frac{\lambda + \lambda\mu}{r + \lambda I_1 + \mu\lambda I_1} - \frac{2\lambda}{r + \lambda I_1} - \varphi = 0 \tag{2—11}$$

或

$$\frac{\partial\ \theta}{\partial\ I_1} = \frac{2}{I_1} + \frac{\lambda + \lambda\mu}{r + \lambda I_1 + \mu\lambda I_1} - \frac{2\lambda}{r + \lambda I_1} - \varphi = 0 \tag{2—12}$$

$$\frac{\partial\ \theta}{\partial\ \varphi} = 1 - I_1 - I_2 - I_3 = 0 \tag{2—13}$$

企业家精神的突出特点是具有追求非经济利益的一面，包括对荣誉、尊重和自身价值的追求（Benz，2005），成功创新使得企业家获得经济利益的同时，获得实现自身价值的社会尊重和自我满足等心理收益。加入创新成功概率的企业家效用函数反映了企业家的非经济追求（2—12），要比单纯考虑消费和休闲的企业家创新收益（2—11）大，也就说明，企业家投入创新的精力增加而投入现期生产和休闲的精力减少会增加企业家的效用总量。

这里同样有企业家所持的创新风险态度问题，因为创新具有随机性，创新的预期收益也具有不确定性。如果企业家是创新风险规避者，则会把更多的精力放在先期生产和休闲的投入上以获得可预期效用；如果企业家是风险的偏好者则会选择将精力投入创新，以期获得高于创新成本投入的超额利润，企业家的风险偏好越高，则创新投入就越多。

企业家的工作热情也是影响创新行为的重要因素，休闲投入也可以增加企业家的效用水平，企业家会依据自身效用最大化安排工作与休闲的比例，热爱工作的企业家会将精力更多地投入到生产和创新中，而对休闲的评价相对较低，反之则较高。那么，从公式（2—10）可以看出，企业家

的工作热情增加 β 将会减少，而 φ 值也将相应减小，那么在公式（2—11）中，φ 的减小必然会带来创新投入 I_1 的增加。由此可以判断，企业家的工作态度对其创新行为具有正面影响。

三　研发实验室与研发投入结构

研发实验室是科学技术与经济发展相结合的产物，提起研发实验室人们会联想到杜邦公司著名的“东方实验室”、AT&T 公司著名的“贝尔实验室”等。仅在美国，从 1900 年通用公司建立自己的研发实验室开始，如杜邦、AT&T、美孚石油、柯达、西屋等公司也都建立了自己的研发实验室。到 1920 年，世界上著名的大公司都已建立了自己的研发实验室，企业为了适应其发展需要将研发实验室定位于提高企业内部 R&D 能力的专门机构。这种大公司建立研发实验室的传统一直延续到今天，世界上最强大的公司无不具备自己强大的 R&D 中心，为企业技术创新提供强大的动力。然而，在研发实验室的出现过程中，早期的发明家、科学家、企业家或兼具这几种身份的人起到了十分关键的作用，尤其是企业家的作用，使职业科学家同经济激励结合起来，又以企业化和制度化的形式使科技进步变成了企业的内生变量，在降低创新预期收益不确定性和创新风险的同时，大企业的迅速崛起成为国家经济实力提升和衡量国家技术水平与技术创新能力的重要标志，使科技的生产力功能得到了更直接的体现。

尽管企业家是研发实验室出现的推动者之一，但当小企业成长为大企业之后企业家的创新功能开始被研发实验室取代，事实上不仅是大企业，小企业创新也开始同公共性质的研发实验室或第三方企业化的研发实验室联合。而研发实验室的特点就是创新投入在决定创新产出上起了决定性作用，如果企业规模代表着研发投入的大小，那么从这个角度是否可以证明“熊彼特假设”认为的企业规模越大越有利于技术创新呢？这涉及了一个关于企业规模与企业研发结构选择的问题，熊彼特创新理论强调产业组织和产品市场结构对创新的影响，事实上，熊彼特也非常强调企业内部的知识状态对提出“新组合”的作用，“创新者从新知识中获得的暂时性经济垄断收益”。所以应将企业规模影响研发投入的问题放在企业知识结构与产品市场结构的背景下考察。

（一）企业规模、知识结构与研发结构

金星（2011）认为，企业具有分散型和集中型两种可供选择的知识

结构。分散型的知识结构是指企业知识分散在多个技术领域，但是每个领域知识都较少；而集中型的知识结构是指企业的知识集中在一个或少数几个领域，而在每个领域内都拥有丰富的技术知识。假设企业有产品创新和工艺创新两种创新方案，前者主要需要分散型知识结构，而后者则需要集中型知识结构。一般来讲，小企业往往选择产品创新，研发成功后企业能够推出全新产品或明显降低生产成本，从而使小企业获得垄断利润。而工艺创新则是在主流产品和主导技术出现之后，企业沿着既定的技术轨道，在原有知识积累的基础上进行的优化和改进，从而达到质量和功能的最佳状态，显然这需要集中型的知识积累结构，而积累专门知识需要大量的研发和试制成本，这是小企业所不能承担的。在这方面，大企业具有绝对优势，有计划的研发活动能够降低这类技术创新的不确定性。

此外，就合作研发而言，研发效率与合作企业之间的技术吸收率和合作研发成本都密切相关。企业技术吸收率越高，就越能够进行高效率的合作研发，合作研发的绝对成本优势越大，合作研发投入的比例也就越高。小企业拥有分散型的知识结构，知识覆盖领域比较广，就更容易接受来自不同领域的技术知识，也就更易于吸收合作企业的研发成果，所以更倾向于选择较高的合作研发投入比例，并且小企业新投资的研发项目中所含的科技知识，一般来讲与原有知识的关联度较低，现有的研发设备难以用于其他新项目的研发，所以选择独立研发追加的物质资本和人力资本成本相对较高。而大企业拥有的集中型知识结构，往往有成体系的技术知识系统作为支撑，知识在少数领域的集中往往与合作伙伴之间难以充分融合，导致技术吸收难度增大，因此往往具有较低的合作研发投入比例。大企业集中型的知识结构也使得研发项目间的知识关联度较高，现有的研发设备和研发人员能够基于擅长的技术领域开发新的研发项目。因此，大企业独立研发成本相对较低，通常选择自己组建研发实验室和较低的合作研发投入比例，或者是将看好的技术成果购买进来再进行深度技术开发。

（二）企业规模、市场结构与研发结构

在市场范围一定的约束下，市场结构反映了市场竞争的激烈程度，一般来讲，市场竞争的激烈程度与生产同质产品的企业数量以及市场上各种替代产品的差异程度密切相关，生产同质产品的企业数量越多，替代产品间差异程度越小则市场竞争就越激烈。假设企业目前处于同质产品的市场，市场上企业的数量将影响研发投入结构，这是因为独立研发具有外部性，即所谓的技术溢出效应，当技术溢出率高于某临界值时，合作研发要比独立研发投入大。假定单位技术溢出率不变，市场内竞争企业的数量增加就会使技术的总溢出率增加，而使企业竞争优势被削弱，所以企业更愿意增加合作研发的投入比例。小企业之间的竞争则类似完全竞争市场的激烈程度，市场内企业的数量众多，选择独立研发则会出现较大的技术溢出率，从而使市场内充满模仿创新的企业，所以小企业更愿意采用合作创新的形式。相反，大企业往往处于少数企业垄断市场竞争中，技术溢出率不会决定垄断企业的技术竞争局面，因此采用独立研发投入的形式较多。

企业数量增加也会导致单个企业的利润下降，从而使企业选择降低研发成本的方式，而合作研发能够共享研发成果，通过降低整个行业的生产成本降低产品价格，以获得更多的市场需求。而市场竞争比较缓和的市场结构往往为大企业提供更多的创新资金，独立研发的创新成果是在对手产品质量和生产成本不变的情况下，企业通过优化产品品质和生产成本获得更多市场份额，这种方式获得的企业利润要高于通过合作创新扩大市场容量的利润增加。

此外，在企业生产替代产品条件下，小企业研发成功后，创新产品将由于知识分散在多个领域，而获得不同市场上的超额利润，从而迅速成长，如曾经的高科技行业中的小企业苹果、Google 等都迅速成长为世界级的大企业。而当创新改变了产品市场结构时，由竞争激烈转为寡头垄断，则企业研发投入也由合作创新转向更多的独立研发，原有的分散型的知识结构也逐渐转为在某些领域积累大量知识的集中型知识结构，研发成果也逐渐具有较大的连贯性。创新产品的差异性越来越小则市场竞争的激烈程度就会越来越大，所以企业又将加大那些竞争激烈产品市场上合作研发投入的比例。

四　间断性创新与持续性创新

（一）企业家推动的间断性创新

熊彼特明确地提出企业家是打破产业循环流转均衡状态的力量，而创新成功的垄断利润最终因新进入者的模仿而消失，然后会有新的企业家不断打破这种均衡。显然，企业家的创新过程是具有间断性的，这种间断性一方面来自企业家个体的更迭，熊彼特论述道："新组合并不一定要由控制被新过程所代替的生产或商业过程的同一批人去执行，虽然这样的情况也可能发生”，也就是说，持续以创新活动打破产业均衡的是一般意义上的企业家群体，而非特定企业家个体。另一方面在于创新并不一定来自同一类产品生产领域或行业，企业家并非技术的发明者而是推动技术应用商业化的人，而同一类技术可能会应用在多个产品领域，当然，不同类技术也会应用在同一类型产品中，即熊彼特所说的“并不是驿路马车的所有者去建造铁路”。

事实上，第一次产业创新中的企业家可能会成为下次产业创新的抵制者，抵制的原因可能来自对上次创新成果的迷恋，以及对即将被再一次创新取代的不甘，甚至来自对新挑战的恐惧等，如直流电的创新英雄爱迪生坚决抵制使用交流电，亨利·福特对自己的创新成果T型车的顽固迷恋等（夏保华，2004）。熊彼特并没有解释企业家这种间断性创新的产生原因，但是从他对企业家创新困难的分析中却能够总结一些原因。熊彼特认为，企业家的创新成功可能并不是“知识”优势，而是胆识和机遇，所以企业家创新需要冒着很大的失败风险，企业家通常缺乏目前能够反映现状的数据和信息供他正确决策；原企业家往往由于上次成功带来的“思维定式”和“路径依赖”等心理作用而拒绝接受新事物；社会嵌入性因素的制约，原有创新开创的利润空间中利益集团的抵制，新的创新合作者的搜寻，重新赢得消费者等困难，“特别是在竞争性的经济领域，新组合意味着对旧组合通过竞争而加以消灭”。

（二）大企业的持续性创新

在大企业崛起的背景下，已经具有较为成熟的创新理论体系的熊彼特开始不断强调垄断大企业在创新中的作用，熊彼特描述了大企业创新的情境，“当产业出现创新机会时，某家或某些家大企业实行创新，技术来自于企业内部的创新部门，成功的创新使企业获得超额利润，形成暂时的垄断，大量模仿者的加入削弱了垄断者的地位，超额利润消失，新的创新又会再次出现”。然而，同企业家创新不同，下一次“新组合”不再来自另外一群人，而很可能出自同一个企业，“如果竞争性的经济被巨大的联合组织的增长所打破，像今天在所有国家日益增多的情况那样，那么这在现实生活中必然会变得越来越真实，而新组合的实现必然会在越来越大的程度上变成同一经济实体的内部事情”。

大企业持续性创新的原因还在于创新竞争的出现，不同于要素优势带来的垄断地位，创新不仅能够带来垄断的超额利润，也能够迫使企业不断自我创新以保证在创新竞争中生存和发展。熊彼特强调，“这种竞争所打击的不是现存企业的利润和产量，而是在打击这些企业的基础，危及它们的生命。这种竞争和其他竞争在效率上的差别，就如炮击和徒手攻门间的差别”。创新的高度动态性特征颠覆了人们对垄断的认识，处于垄断地位的企业的不断创新带来的社会收益要远高于造成的消费者剩余的损失，不断革新的技术发明，新的替代产品、商业模式和新型组织模式等随时都使企业处于一种高度戒备的状态。

大企业的制度化优势也是保证持续创新的重要原因。大企业的体制化实现了熊彼特所说的创新活动的理性化、职业化与专门的 R&D 部门等现代企业的组织特征，保证了创新成为企业内部大批专门研发人员的日常工作，熊彼特指出：“一个现代企业，只要它觉得花得起，它首先要做的事就是建立一个研究部门，其间每个成员都懂得他的面包和黄油取决于他所发明的改进方法的成功。”科层制结构等管理制度的完善和管理方法的改进又保证了组织成长与持续创新相一致，使创新“按照可以预测的方法进行工作”。此外，大企业创新也利用了其在社会中的影响力，积极将用户、设备供应商、相关或联盟企业以及大学和政府部门纳入与自己相关的创新体系中，从而保证创新从源头到市场商业化的顺畅。

熊彼特是作为同企业家间断性创新相对比提出的大企业持续创新观点，结合当时大企业在经济生活中的重要作用，熊彼特意识到大企业内部对创新活动的惯例化，以及外部影响市场结构的能力，可能会使创新的不确定性大大降低，甚至能够选择创新的技术轨道。这种差异造成的改变大到足以成为资本主义社会历史中两个时代的分水岭。

（三）企业家创新和大企业创新的关系

熊彼特认为，企业家创新是人格化和非理性的，人的有限理性和人们之间的差异使得创新呈现出很多不确定性，而大企业创新正是向着理性创新和惯例化发展的，所以随着创新中可预计的因素增多，大企业创新将取代企业家的创新，“完全官僚机关化了的大型产业单位，不仅会赶走小型中型的厂商，剥夺它的所有权，而且最后也会撵走企业家”。然而，这一观点的前提是创新不确定性的最终消亡，事实上，无论是创新的技术属性还是经济属性都难以达到创新过程摆脱不确定性，而且大企业的科层组织与创新的颠覆性之间又有着本质上的不相容性，创新仍然需要那些基于有限信息作出正确决策并敢于冒风险付诸实施的人。所以熊彼特的这一观点只是“熊彼特假设”的又一次重申。

企业家创新与大企业创新也并非只有简单的对立和代替，在创业创新实践中，二者也出现了一些共存和互补形态，典型的如“内部企业家”，大企业为了防止组织僵化和对市场反应迟钝的问题，将企业内部设置为较为独立的经营单位，每个经营单位模拟小企业创新环境，企业家在大企业内部实施创新，并可以利用大企业丰富的创新资源。这样间断的企业家创新连续起来成为持续的创新过程。大企业创新也可以与企业家创新结成联盟，比如产业集群，核心大企业与联盟小企业在产业创新的作用各有侧重，可以形成优势互补共同打造市场竞争地位。还有就是大企业创新同企业家创新的竞争，大企业创新对企业家创新的密切关注有助于大企业保持持续竞争优势，富有创意的企业家创新有时会为大企业创新提供启发，甚至会使大企业陷入巨大的危机中。通过股权收购和联合开发等形式也是大企业保证持续性技术创新的竞争手段。

第三节　创新的不确定性与产业动态演进

一　创新的不确定性

前文提到企业家推动的间断性创新之所以不能完全被大企业创新替代，根本原因在于创新的不确定性。创新的不确定性已经广为认同，甚至成为创新的一种独特魅力，弗里曼和苏特（Freeman & Soete，1997）在《工业创新经济学》中较早地论述了创新面临的不确定性问题，并将不确定性的来源总结为市场的不确定性和技术本身的不确定性。尼尔森和温特（Nelson & Winter，1982）在综合这两种来源的基础上又提出了创新竞争的不确定性，但不确定性的基本来源仍主要是市场和技术。

市场的不确定性主要是指厂商无法准确预知创新产品的市场需求规模、消费者接受程度以及竞争对手推出创新的时机，所以企业的研发投入可能因为商业化问题而不能获得较为准确的创新收益。就已有文献来看，格雷纳迪尔（Grenadier，1996）、豪氏威马和考特（Huisman & Kort，1999）对创新的市场不确定性的研究具有代表性，其核心思想认为市场需求是影响厂商研发投资门槛的重要因素，而市场需求是一个服从几何布朗运动的随机变量，在假设企业研发投资存在先动优势的前提下，厂商之间以适应市场需求的博弈行为决定了各自领导者和追随者的角色，从而形成了不同的均衡状态和市场结构。熊彼特分析的创新竞争是无处不在、无时不在的，但是在现实市场上创新随具体的产品市场需求的变化是存在着周期的，如耐用品市场就会比一般产品市场的创新周期长，库特苏提和扎巴尼克（Kutsoati & Zabojnik，2005）认为，这类市场的创新通常以改进质量的工艺创新为主，工艺更新换代会使那些并不局限于实际功用的消费者预期更出色的产品而推迟购买，在这种情况下垄断厂商往往也会选择推迟更高版本的产品面市，以获得现有产品更多的市场利润，但为了防止其他竞争者出现，垄断厂商进行技术升级和产品更新换代的 R&D 活动却并不是停止的，所以即使没有替代产品出现，厂商的 R&D 动力也是过度的（Ellison & Fudenberg，2000）。大量的能够推出更高版本产品的技术专利被开发出来束之高阁，形成了“专利沉睡”，造成了 R&D 研发支出并没有带来消费者福利增加的现象。所以，当面对消费者选择的不确定性时，垄断和高强度的 R&D 会造成一种社会福利损失，解决的好办法就是加强相关领域的市场竞争。

技术的不确定性是指人们探索未知领域的科学研究和研发活动无法准确预见，即使给定研发成本也无法确定研发是否成功和成功的具体时间，也就是说对于研发活动，投入与产出之间的函数关系是不固定和难以预料的，加大研发投入只能在一定程度上提高研发成功的概率。此外，技术的不确定性还要根据具体创新领域而定，技术有自身发展的独特轨道，在成熟轨道上的创新属于持续性创新，而不成熟技术领域的创新则属于突破性创新，霍普（Hoppe，2000）认为，在持续性创新中，技术的不确定性表现为企业工艺创新成功的概率，而同一轨道上的技术发展是同技术存量密切相关的。而在新兴技术领域，技术范式的相互替代可能会出现毁灭企业甚至产业的情况发生，如数码照相和存储技术带来传统胶片行业的毁灭性打击，网络和信息技术的应用对传统影像产业的冲击等，克里斯滕森和沃道夫（Christensen & Overdorf，2000）认为，在有新的技术范式引发的剧烈创新中，大企业却往往由于内部资源、流程和价值观的固化难以对未来的创新方向作出准确的判断和灵活的应对。而剧烈创新下的市场结构和技术突破往往能够使小企业迅速成长，并确立在新技术范式下的领导地位，如微软和苹果公司，同时也会出现大企业之间对新技术标准的激烈竞争。

在微观企业决策层面，技术风险常常表现为对不同 R&D 项目所带来的不确定性的判断，格尔莱西、兰德和斯塔尔（Gerlach，Ronde & Stahl，

2005）以美国制药行业的具体数据分析了创新项目的技术风险对企业创新行为的影响，大企业往往选择那些技术风险和创新成功不确定性较大的项目，因为这些项目的预期利润较高，创新过程也会有较少的竞争对手，竞争对手提前推出创新产品威胁本企业研发前景的可能性也较小。数据显示，美国前50位的制药企业将超过70%的研发资源投入到不超过20种具有突破性意义的新药的研发上，而全国每年的新药种类实际上超过500种（王俊峰、周绍东、章仁俊，2010），由此产生的结果是那些市场结构趋于垄断的产品市场上，高风险和高不确定性研发项目的竞争反而最为激烈。

二　产业生命周期与动态演进机制

产业生命周期理论是在产品生命周期理论基础上发展而来的。弗农（Vernon，1966）提出了产品生命周期理论原型，随后经阿伯内西和厄特巴克（1975）以产品的主导设计为主线发展为著名的A－U模型，该模型将产品的发展划分成流动、过渡和确定三个阶段。在此基础之上，1982年，戈特和克莱珀（Gort & Klepper）通过对46个产品最多长达73年的时间序列数据进行分析，按产业中的厂商数目进行划分，建立了产业经济学意义上第一个产业生命周期模型。克莱珀（Klepper，2002）认为，产业生命周期是产业演进的外在形态，而企业创新与市场结构的互动演化过程（Coevolving Process）是产业演进的决定力量。在产业周期的不同阶段，技术创新与市场结构的关系呈现出截然不同的特征。产业在其兴起和高速成长的过程中，大都会经历一个进入企业数量大于退出企业、竞争不断加剧的阶段，也会在此后呈现出退出企业数量超过进入企业、产业集中度不断提高的特征，从而形成寡头垄断的市场结构。并且，无论是前一阶段企业数量的上升，还是后一阶段企业数量的下降，都是在一个相对较短的时间内完成的，从而在很多产业都形成了鲜明的“产业震动”（Industry Shakeout）现象。

从现有文献来看，产业演进的影响因素主要有以下三种：一是技术生命周期的影响。这一理论由阿伯内西和厄特巴克提出，理论认为技术发展主要经历产品创新和工艺创新两个阶段，而且首先源于产品创新，新技术范式出现的早期阶段是一个技术动荡期，大量不成熟的产品创新和新技术被广泛使用，直到一种被市场普遍接受的产品模式出现，主导技术确定了新的技术轨道，也结束了剧烈创新（Radical Innovation）以及市场结构的剧烈变化。创新开始沿着主导技术的方向进行渐进式的工艺创新，在这一过程中没有尽快找到主导技术的企业无法实现企业最小有效规模（Least Scale of Efficiency），而被采用主导技术的企业淘汰出局，留下来的企业凭借技术优势和生产优势垄断市场，主导技术的出现成为划分市场结构与技术创新相关性特征的临界点。二是企业 R&D 比较优势。大企业的 R&D 成果由于用到更大规模的生产中而获得递增收益，而 R&D 成本也由于较大的产量得以分摊。后进入产业的企业需要有更强的 R&D 优势才能获利，如果在企业规模上无法超越则需要有更高的创新效率，否则随着时间的推移，推出新的创新产品和产量的提升将使产品价格下降，不具有规模优势和不成功的创新者将被淘汰出局，市场被创新效率高的大企业垄断。三是纵向产业链的技术机会差异。产业生命周期也受到来自上下游关联产业的影响，上下游产业的技术变革和市场结构调整也会影响关联产业的市场结构，马莱尔巴和尼尔森（Malerba & Nelson，2008）给出了一个关于电脑和半导体行业的例子。半导体行业在 20 世纪经历了从晶体管到集成电路再到微处理器技术的几次大的变革，然而半导体行业从晶体管到集成电路的技术革新并没有引起下游产业的变化，这是因为下游的电脑还都是大型电脑主机，市场需求非常有限，有限的市场需求导致电脑产业集中度较高，而作为供货商的上游半导体行业则处于高度竞争的状态。这种情况直到个人电脑市场带给微处理器技术的巨大技术机会而发生改变，半导体厂商在巨大的市场需求面前开始了加强对新技术的研发，产业在“创新震动”（Innovation Shakeout）之后形成了自己的主导技术，同时英特尔公司成为行业的领军者。而相比之下，下游电脑行业的技术创新空间有限，CPU 技术成为电脑行业最为核心的技术，由此电脑行业转为高度竞争的市场结构，并且半导体和电脑行业开始分离，新的技术机会在改变同一产业内部市场结构的同时也改变了相关行业的市场力量对比。

上述分析表明，企业规模、市场结构与技术创新之间的关系是动态变化的，产业内企业之间的效率差异、产品差异以及这种差异的随机分布特征决定了市场进入企业对在位企业的替代，这是一种市场选择过程和企业之间的创新竞争过程，包括新产品、新技术等的创新过程最终决定了企业的进入、退出和成长，以及新的市场结构的形成。最为典型的代表就是前文提到的从技术变化角度分析产业内企业数量变化过程的 A－U 模型，通过总结技术生命周期不同阶段技术创新特征的变化，以及分析这种变化对企业异质性分布和相互竞争形成的市场优势变化的影响，体现技术创新与市场结构关系在产业演化不同阶段的变化趋势。

尼尔森和温特（Nelson & Winter, 1982）进一步指出不同的产业技术特征和产业演化阶段，存在着企业家体制（entrepreneurial regime）和常规体制（routinized regime）两种产业技术创新体制。其中企业家体制体现了企业家在创新中的主导作用，消费者偏好和技术轨道选择上的不确定性的存在，使得企业家必须承担起判断创新方向和承担创新风险的角色。尽管创新的成功性不可预见，但是这种带有“创造性毁灭”特征的创新方式是新进入企业摆脱要素竞争劣势和现有市场地位的捷径。而常规体制强调企业在获得不可转移的技术经验积累上的优势，在位企业的研发活动遵循“顺轨创新”，作为既定技术轨道的延伸和发展，确定产品标准和发展学习曲线成为重要的竞争优势（Tushman & Anderson, 1986）。

第四节 封闭式创新与开放式创新

一 封闭式创新的良性循环

熊彼特提出创新概念以来，人们对创新的关注主要集中于企业内部，即使是企业家面对不确定性时发挥的作用也主要表现为如何尽快获得技术诀窍打破现有的市场均衡。直到小企业借助创新成长为大企业，企业内部研发实验室的建立部分取代了企业家的创新职能，而通过自己的研发力量获得领导行业的技术垄断能力是20世纪绝大多数时间里大公司选择的创新模式。内部研发中心被视为企业的战略资产，技术研发过程受到绝对的保密，并独享和垄断技术专利权，这需要企业具有使内部资金供给和有限研发能力相结合的控制能力，企业必须自己研发技术并生产、销售产品，以及提供售后服务和财务支持，切斯布罗格（Chesbrough, 2003）称这种创新模式为封闭式创新。

事实上，当所有的企业都将内部研发作为创新成功的必经途径，这种封闭式的创新方式也的确形成了自己良性的循环体系（见图2—1），企业史学家钱德勒就通过自己的研究证明了企业中央实验室在实现业务自然垄断和规模经济中的重要作用，大公司都建有自己的中央研究实验室，如杜邦公司的杜邦实验室、朗讯科技公司的贝尔实验室、IBM公司的沃森实验室、HP公司的中央实验室和施乐公司的帕洛阿尔托研究中心（PARC）

等，这些实验室使得具有新特性和市场应用的新产品不断涌现，创新产品又创造了新的商机或规模经济，企业获得巨额利润后再投资于内部研发工作，这种良性循环机制直接导致企业实验室的规模不断扩张。例如，贝尔实验室从1925年的2000人发展到1985年的26000人，遍布美国各地进行基础研究和制造开发，不仅为通信领域的基础研究提供了基础科学和科学训练所能提供的最佳组合，而且将基础研究的成果同公司已经瞄准的商业导向相融合作为实验室方针。在大企业封闭式和高度集权的内部研发实验室体制驱动下，涌现了大量重大基础研究成果和商业性科研成就，如贝尔实验室发明电话、IBM实验室发现超导现象、杜邦实验室发明合成纤维尼龙、施乐公司发明静电复印技术等，在成功实施企业关键性战略的同时也极大地促进了现代工业的飞速发展。

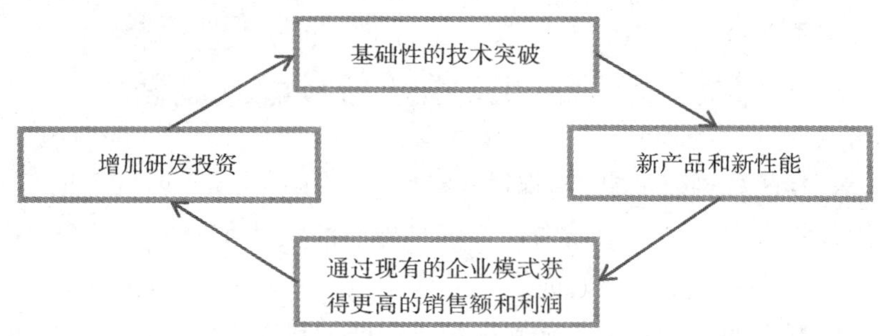

图2—1 封闭式创新模式下企业研发活动的良性循环

资料来源：Chesbrough，*Open Innovation*，the new imperative for creating and profiting from technology，2003.

二 封闭式创新的困境

封闭式创新尽管形成了自己的良性循环，但是这种体系的有效运作基于两个基本前提：第一个是外界创新环境相对稳定，第二个是企业有足够的组织和市场控制力。显然，保证这两个条件长期不变是不现实的，外界环境首先发生了巨大的变化，人们开始了解创新的本质，创新不等于发明创造，尽管有发展前途的创意在大企业的研发实验室中诞生，但依靠封闭式创新的行业内创新效率低是不争的事实，而且行业领先者的创新能力也无法保证一成不变，即使是AT&T、西门子、Motorola和富士通这样全球闻名的行业领先者也难以避免研发投资率越来越低，技术成果转移越来越困难的现实。大部分研究成果开发出来之后由于不适合现有业务被束之高阁，或者用于有计划的渐进性创新而极少产生突破性成果。更引起注意的一个现象是，一些被大公司遗弃的项目却在其他公司的支持下创新出了有影响力的产品，如苹果、微软等公司的成功都得益于帕洛阿尔托研究中心研发成果的技术溢出，这些研发成果为社会创造了大量的经济价值，但是却没能给母公司带来利润。同时，领先企业遇到了持有“突破性创新”的众多新兴企业的有力竞争，这些新兴企业几乎不具有基础研究能力，但却凭借对市场和技术走向的敏感性具备很强的创新能力，善于利用其他公司的研究基础进行创新，并创新出多种获得新创意的方式进入市场。

上述现象的出现都是创新环境变化的结果，知识创造和扩散速度的加快，高级人才的广泛流动以及风险资本的盛行，都使得企业越来越难以控制其专有的创意和技能，这在客观上加速了企业进行新产品开发和商业化的速度。企业竞争使得创新速度的重要程度超过了创新质量，产品生命周期越来越短而外部技术机会越来越多，加之在卖方市场向买方市场的转变过程中，消费者和供应商的专业知识也越来越广博，消费者和供应商主导企业经营的时代逐渐到来，所以很多被企业搁置的研发成果可能会在企业之外找到实现价值的机会。

实行封闭式创新的企业能力难以适应环境变化。封闭式创新模式过分强化和控制自我研究功能，使得企业必须具备强劲的研发能力和内部控制能力，而随着研发规模和层次的升级，企业在获得由此导致建立市场垄断优势的同时，也过多地将注意力放在了企业内部控制上。严格的内部控制使得企业一方面无视外部已经存在的同类研究成果或更有发展前景的突破性，另一方面在现有的技术轨道上创新研发技术逐渐同市场需求相脱离，由此技术会因过度开发被搁置并导致企业内部不断有怀揣重要创新成果的骨干力量离职出走、另立门户。更为严重的是，企业因局限于既有的组织资源、知识和能力而不能应付快速变化与新兴的市场，出现所谓的“创新者困境”和“硅谷悖论”，前者是指既定的思维模式和已有的知识不足以支持对突破性变化进行判断，往往那些实施封闭式创新的企业内部管理得越好，反而越是对原有创新模式的维护，而不能将实现突破性技术商业化的责任下放给规模恰好与目标市场相匹配的下层组织，否则就会被小型市场上出现的突破性创新和成长机会所颠覆；而后者是指最善于进行技术创新的企业往往也是最不善于从中赢利的企业，典型的例子就是施乐的PARC研发中心，其建立初衷是为了避免破坏性创新对企业的伤害，其研究人员的大多数创新为整个社会尤其是计算机领域作出了巨大的贡献，但是并没有为施乐的复印机业务带来好处，施乐“副产品”的市场应用甚至超过了主营产品。由此可见，企业实施封闭式创新的条件很难维系，封闭式创新的良性循环模式已被打破，如图2—2所示。

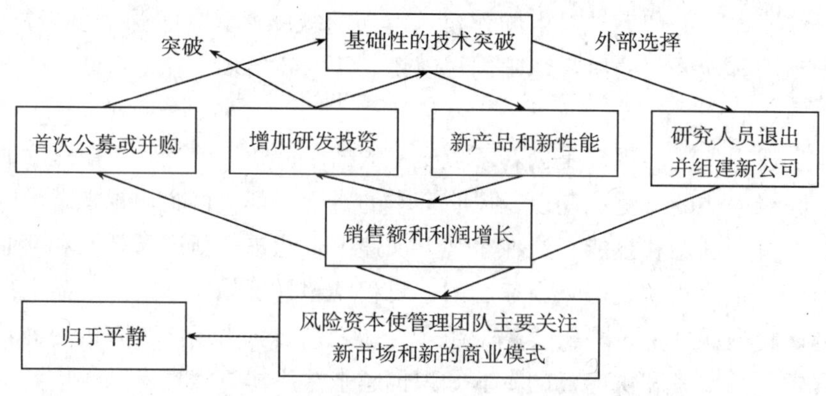

图2—2 封闭式创新模式的良性循环被打破

资料来源：Chesbrough，*Open Innovation*，the new imperative for creating and profiting from technology，2003.

三 开放式创新的新规则

封闭式创新遭遇的困境使得企业开始系统地在组织内部和外部的资源中寻找创新途径，有意识地把企业现有的能力和资源与外部的机会和资源相整合，多渠道、多主体地开发市场。这是一种思维模式的变革，创新并不等于研发，创新所需的核心创意和市场化渠道可以来源于企业外部，在以最小成本和最短时间获得创新收益的竞争环境下，外部创意和外部市场化渠道的作用与传统创新模式下的研发中心同等重要，企业创新的战略目标已从寻找技术诀窍转向寻找最合适的合作者。创新环境、创新主体、创意来源和创新资源的开放性模糊了企业、科研机构之间参与创新的界限，共享创新成果给创新合作主体带来的收益大大超过付出的成本，并分摊了封闭式创新的创新成本和创新风险，公司也不再锁住其知识财产，而是通过技术许可、短期合作伙伴和其他安排设法让其他公司利用这一技术，自己则从中获利。切斯布罗格（Chesbrough，2003）将这种企业在创新链的各个阶段与多种合作伙伴开展多角度的动态合作创新模式称为“开放式创新”，如图2—3所示。

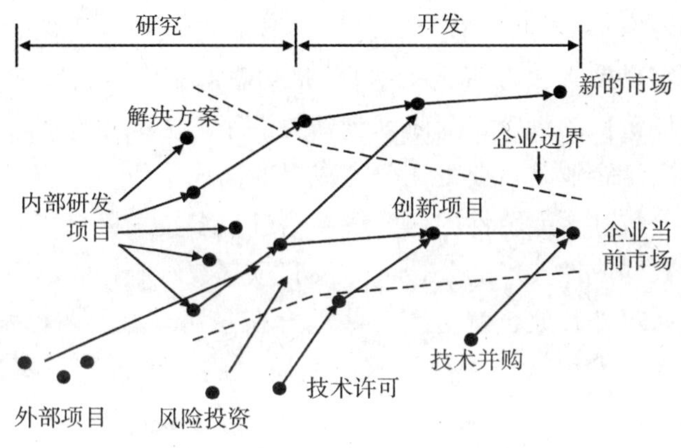

图2—3 开放式创新机理

资料来源：Chesbrough，*Open Innovation*，the new imperative for creating and profiting from technology，2003.

开放式创新要求企业在研发以及项目控制的过程中，同步观察市场和技术的变化。在这种情况下，创新俨然成为一种全局性、并行性甚至是灵机一动的有趣活动，而在这一活动中起至关重要作用的主角又从企业的研发实验室转向了企业家，“熊彼特假设”的创新源在新经济时代下又指向了最初的企业家精神，只是同自由竞争市场下企业家精神推动创新不同的是，企业家并不仅仅是通过搜寻先进技术独自实现商业化的人，而是搜寻正确的合作者，通过相互合作共同研发技术或互补创新资源和商业化渠道，再共同持有和分享创新成果。同时发生变化的还有企业的研发实验室，在开放式创新背景下，企业内部仍然需要建立研发机构，只是内部研发机构的作用已从之前唯一提供企业垄断市场的技术来源，转变为从外部丰富的创新资源中挑选有利于企业形成更为复杂的创新组合的互补性资源，同时了解被外部企业技术体系所需要的与自身业务不符的研究成果，以通过出售或授权使用获得额外的收入和利润。企业研究人员的职能也从原来单纯的发明新技术扩展为判断技术流入和流出对企业创新的价值，在负责企业技术更新换代之外还是推动企业技术流动的中间人。

开放式创新改变了“非此地发明”的思维，并克服了“非此处销售”的偏见，外部丰富的创新资源和商业化渠道是单一企业难以获得的，而且联合起来的竞争对手要比“封闭式创新”条件下独立的研发竞赛更加可怕。另外，同封闭式创新相比较，开放式创新也非常善于清除“假肯定”，也就是那些初看起来有市场前景，但是实际上却没有市场价值的创意，而且更容易挽救“假否定”，也就是初看起来没有市场前景，但是实际上却有市场价值的创意。封闭式创新关注于自己的内部业务，而且仅凭自己的判断决定企业是否要发掘研究成果的商业价值，这使得那些同现有业务有较大分歧甚至颠覆性的研究成果错过很多技术机会，如柯达公司作为最先拥有数码成像技术的公司，却没有掀起数码照相的革命。通过将自己的研究成果对外开放，就会有一些适合在公司现有业务模式之外发展，或需要与外部技术相结合来释放潜能的研究成果得以为公司创造更大的价值。

事实上，20 世纪 80 年代以后开放式创新模式已逐渐被很多行业的领导企业所接受。例如，IBM 自身拥有庞大的专利库，通过对专利、专门知识、交易机密和其他形式的技术进行许可，并通过开放源代码以较低的成本获得顾客。英特尔实施开放式创新的方法在创新过程中应用外部资源。表现为通过大学研究赞助、大学周边的开放式合作研究实验室、公司内部研究项目以及公司收购建立了自己的研发战略体系。朗讯科技公司在 1997 年创立了新风险投资基金（NVG），目的是将那些贝尔实验室开发出的、不符合朗讯现有业务的新技术进行商业化应用。宝洁以“联发”（Connect and Develop）的形式，通过外部资源寻找新的创意和发明并尝试建立全球创新网络，使大约 80 名研发人员成为“技术侦察员”或“技术企业家”负责从公司外部搜索新的机会并获得创意。飞利浦偏好协作方式的联合投资，飞利浦的研究中心最具开放性，它提供了极富创新意义的设施、互动的工程支持以及与飞利浦研发者一起工作的机会。思科的创新策略是内部开发、战略联盟和收购相结合。思科是活跃的收购者和投资者，1993 年以来，共收购了 108 家公司，30% 的收入来自收购和开发活动。思科收购是为了获得稀缺的人力资源和智力资产，而几乎所有的生产都采用了外包的形式。

本章小结：“熊彼特假设”的新经济时代解读

开放式创新提供了一种新的创新模式，在这种模式下创新源内部的规则发生了变化，这种变化提供了一种关于“熊彼特假设”的新的理解方式：封闭式创新条件下大企业研发实验室对企业家精神的替代仅仅是“研究”层面的替代，企业家没有独立的科研能力，但是却能够在不确定的条件下预见或冒险实现新技术的商业价值。而在开放式创新条件下，企业家精神在“开发”层面实现了对大企业研发实验室的替代，需要在企业家精神的推动下去寻找能够相互协作、资源互补和利润共享的合作者，从而以更低的成本、更快的商业化过程和更低的风险创新，在同其他企业的合作过程中或技术并购决策中，企业家的“新组合”能力、眼光甚至企业家之间的惺惺相惜尤其起到决定性作用。然而，作为一个完整的创新过程，研究开发过程是缺一不可的，企业家精神和研发实验室作为两种功能不同的创新源互补性越来越强于替代性，企业家精神开拓新的创新途径之后，企业的快速成长需要研发实验室“顺轨创新”的支持，而为了加速创新和提高研发实验室创新成果的转化率，又需要企业家根据自身的研发资源和技术能力，在丰富的外部创新资源和创新市场化渠道中选择正确的合作者和技术流入、流出的具体方式与时机。因此，新经济条件下，“熊彼特假设”提示的创新源问题仍然具有很大的研究价值，企业家精神如何同研发实验室互补的机制和组织形式，演化视角下企业成长模式和技术创新的互动方式，有利于企业创新的企业规模结构和产业分布，具体产业情境下企业的创新方式选择和对市场结构的影响等问题都是有价值的研究方向。

第三章 “熊彼特假设”：研究范式的演进与拓展

“熊彼特假设”是研究企业规模与技术创新之间关系的基本理论中不可回避的争议性问题，它由两个核心命题构成：一是垄断与创新之间存在着正相关的关系；二是大企业更有利于创新，企业技术创新的活动规模以超过企业规模增长的比例增长，具有规模递增效应。这两个假设被视为引发关于企业规模与技术创新关系争论的源头。许多学者（Scherer，1965；Mansfield，1968；Schwartz，Kamien，1975；Soete，1979；等等）试图对这一假设加以验证，尽管实证的方法经历了几次重大的改进，然而支持和反对的结论并存，垄断和大企业更有利于创新的观点并没有得到普遍的认同，“熊彼特假设”似乎陷入了困境。

熊彼特在《经济发展理论》（1912）和《资本主义、社会主义与民主》（1942）中明确提出一个观点：人们不能用均衡概念解释创新或不能对创新加以模型化。在熊彼特看来，企业家精神和创新的本质决定了创新在经济中发挥的作用是“内生性”和“不连续”的，这种“非均衡”的研究范式贯穿于熊彼特的创新理论之中。“熊彼特假设”是熊彼特对传统均衡理论和创新理论本身进行批判的典范，尽管产业组织领域研究中“熊彼特假设”似乎有着最多的实证检验的文献（Cohen & Levin，1989），但是“熊彼特假设”的意义并非只追求一个命题的真伪，而是由这一命题启发的对技术创新发生条件和作用机理的探索，实证检验极大地推动了对“熊彼特假设”的研究，但检验得到的相互的矛盾结论也从一个侧面说明，对“熊彼特假设”的研究仍然适用于以结构和过程为核心的“非均衡”的研究范式。

第一节 实证检验的演进路径

在技术要素“外生化”的条件下，小企业作为完全竞争均衡状态的微观主体是传统经济理论中对经济发展最有效的企业形态。熊彼特则认为“经济学的中心问题不是均衡而是结构性变化”，微观层面上的创新和企业家精神对经济结构内生的“创造性的破坏”才是资本主义经济发展的本质（熊彼特，1912）。这里，熊彼特所指的企业家是集“企业的所有者和经营者于一身的传统小企业主”，也就是说，在熊彼特的动态非均衡经济理论中，小企业作为创新的主体仍然是推动经济发展的有效企业形态。然而，熊彼特生活的年代正经历着资本主义世界大企业的崛起，大企业组织很快在经济中发挥了主导性的作用，并且成为技术创新和技术扩散的主要力量，熊彼特观察到了这一现象并在《资本主义、社会主义与民主》中对早年的观点进行了修正。他认为，企业家的创新职能越来越被大企业的实验室所替代，创新成为大企业一贯化的活动，并且企业规模越大越有利于创新，大企业主导下的垄断程度与创新之间存在着正相关的关系，即所谓的“熊彼特假设”。“熊彼特假设”包含了企业规模和市场结构与技术创新关系的两个核心命题，对企业技术创新而言只是同一个问题的两个方面，企业规模是内因，垄断的市场结构是外因，“熊彼特假设”本质上则是“非均衡”研究范式下大企业技术创新优势论的一个线性命题。

技术创新作为推动经济发展的内生性要素已经得到了普遍的认可，而“熊彼特假设”关于推动技术创新的企业主体特征的基本命题一直极具争议性。

加尔布雷斯、苏特、卡米恩和舒瓦茨（Galbraith，1952；Soete，1979；Kamien & Schwartz，1975）等学者提供了支持“熊彼特假设”的研究成果。加尔布雷斯（Galbraith）被视为“大企业优势论”的代表学者之一，在对美国经济发展历程的企业案例分析中，他认为“现代社会的特征在于大企业体制，技术创新的主体不是个人而是名为‘专家组合’的集团”；苏特（Soete）以《商业周刊》提供的美国 1975—1976 年间 700 家大公司的 R&D 支出数据进行实证分析，结果显示 R&D 费用与销售额之比随着企业规模的增加而增加，从而支持了“熊彼特假设”；卡米恩和舒瓦茨采用了登姆塞茨（Demsetz，1969）的竞争和垄断市场下的创新激励模型，并比较了不同产业结构下的创新需求弹性，结论表明：产业需求曲线的弹性越大创新的激励就越强，在相同的产业需求曲线弹性下，垄断者有着更大的创新激励。

也有很多学者提出了反对的研究结论，沃利（Worly，1961）用研究开发活动作为技术创新评价指标，以从业人员作为企业规模的自变量，研发投资作为因变量，建立对数线性函数并对八个行业进行实证分析，结果只有炼油行业和电气行业满足“熊彼特假设”；谢勒尔（Scherer，1965）做了大量的实证性研究，他提出用三次式来表述企业规模与技术创新的关系，主张用专利数代表技术创新，用销售额代表企业规模，并取样美国《幸福》杂志的500家企业，得出的结论否定了“熊彼特假设”；不同于谢勒尔（Scherer）的多项式方法，汉伯格（Hamberg，1966）、科曼纳（Comanor，1967，1985）和霍洛维茨（Horowitz，1999）仍然采用对数线性函数，并以R&D强度代表技术创新，结果发现R&D费用与销售额之比与企业规模的正相关关系非常微弱，从而否定了“熊彼特假设”；贾菲（Jaffe，1988）运用美国1976年537个企业数据，在对技术水平、市场需求、溢出效应等变量进行控制后，发现R&D对销售收入的弹性均小于1，从而表明小企业比大企业拥有更大比例的研发支出。

在持否定观点的直接检验中突出地体现了两个质疑：一个是小企业在技术创新中的重要作用与“熊彼特假设”的矛盾，另一个是行业效应对“熊彼特假设”的质疑。20世纪70年代初到80年代初，资本主义世界出现了两次严重的经济危机，大企业垄断市场和政府干预政策开始受到质疑，小企业对技术创新和经济增长的推动作用受到极大的关注。很多学者开始将这两个质疑在研究中综合起来，曼斯菲尔德（Mansfield，1968，1988）的研究表明，并不是规模越大越有利于创新，很多产业中的小企业对技术创新具有重大的贡献，几乎不存在“熊彼特假设”的那种关系；阿克斯和奥德茨克（Acs & Audretsch，1990，1991）所作的实证分析被公认为较全面地比较了不同规模企业技术创新，他们的重要结论就是大企业和小企业在不同行业中的技术创新活动和对技术创新的贡献是不同的。

而基于谢勒尔的三次多项式函数的技术创新与企业规模的倒U模型在某种程度上也兼顾了小企业创新和行业效应对“熊彼特假设”的质疑，倒U模型认为企业规模扩张到某种程度之前，符合“企业规模越大越有利于技术创新”的关系假设，而超过这一临界值，企业规模与技术创新水平就出现了负相关，规模临界值在理论上最有利于技术创新。倒U模型指出了大企业创新水平下降的可能性，并且用销售收入及其平方项和三次方项作为解释变量也降低了行业的影响作用。倒U模型得到了很多学者的认同，支持“熊彼特假设”的苏特（Soete，1979）、卡米恩和舒瓦茨（Kamien & Schwartz，1982）也在后续的研究中得到了支持企业规模与技术创新倒U模型的结论，尼尔森（Nelson，1982）更加直接地认为熊彼特关于大企业和垄断更有利于创新的理论是一个临界值理论，企业规模超过一定临界值后，与创新之间就不存在显著正相关性，并且这一临界值随产业的不同而不同。倒U模型反映了技术创新与企业规模之间关系的拐点，开启了对这一问题的非线性研究。

第二节 倒U关系形成的“过程黑箱”

20世纪80年代以后，谢勒尔（Scherer，1982）、科恩和克莱珀（Cohen & Klepper，1996）、弗里曼和苏特（Freeman & Soete，1997）等学者逐渐意识到“熊彼特假设”的研究意义不仅在于对命题真伪的检验，更在于对有利于技术创新的产业组织和企业规模特征如何发挥作用的探索，研究的重心也主要从以验证结论为目的的实证方法的完善转移到以分析企业规模与技术创新互动机理和互动过程为目的的研究角度和研究范式的拓展，这一趋势在对倒U模型的研究中得到了体现。

对倒U模型的解释来自不同的研究视角。阿洪（Aghion，1992，1997）从竞争度的角度将企业规模与技术创新的关系分为两个阶段，在最初竞争度较低的情况下，创新是企业提高竞争度以保持垄断地位的有力手段，这一阶段企业规模和技术创新是正相关的。当行业竞争度普遍提升之后，一方面垄断利润降低导致研发能力下降，另一方面创新速度加快，创新成果很快被替代，所以市场竞争与技术创新之间是在二维坐标上的倒“U”关系；谢勒尔（Scherer，2001）在《技术创新——经济增长的原动力》一书中对各种行业的技术创新活动与企业规模之间的关系作了描述，他认为存在一个最佳的集中区域，在此之前企业创新活动增加，在此之后创新活动减弱，两者呈现出倒U形的关系，垄断竞争的市场结构更有利于经济增长；卡普罗（Cabral，2002）从产业组织理论中的企业规模出发，讨论了小企业和大企业各自的创新优势和不足，认为企业的技术创新水平是由创新动力和创新能力共同决定的，企业规模的变化对技术创新的能力和动力有着不同的影响效果，进而综合影响着技术创新的水平，二者遵循着倒 U 关系。倒 U 模型隐含的推论是企业规模过小或过大都使得技术创新能力与技术创新动力的综合作用达不到最佳状态，企业技术创新遵循适度规模的原则。

按照谢勒尔的多项式方程，可以得到图 3—1 的倒 U 模型，这个模型有两个关键点：一个是一次导数为 0 时的企业规模，反映的是理论上最有利于技术创新的临界值，在临界值前后企业规模与技术创新的关系发生了质的改变；另一个是二次导数为 0 时的企业规模，这一点反映了企业规模的积累效果，即所谓的阈值（threshold）。阈值是跨入和淡出技术创新适度规模的临界值，卡米恩和舒瓦茨（Kamien & Schwartz，1981）在对大量各国企业实证分析的基础上发现化学工业等有一个特殊的现象，“市场结构和厂商规模上都有一个阈。低于这个阈，就没有什么创新了”。阈值效应也从另一个角度支持了适度规模的说法，并得到了很多学者的认同。萨品泽（Sapienza，1989）和欧曼塔（Omta，1994）在对医药产业的研究中发现 R&D 同持续性技术创新之间存在着明显的阈值效应，也就是说，在医药产业，只有企业的规模足够大以保证 R&D 投入达到一个临界规模，才会产生“规模经济”；卡勒·李提能和格里高利·罗斯（Kalle Lyytinen & Gregory M. Rose，2004）在论述系统性发展组织的突破性创新时，认为当前企业中信息系统的普遍使用，使得学习经验的积累更有效，这样能够明显降低企业组织的规模阈值和采用突破性技术的阈值；加布里埃尔·优

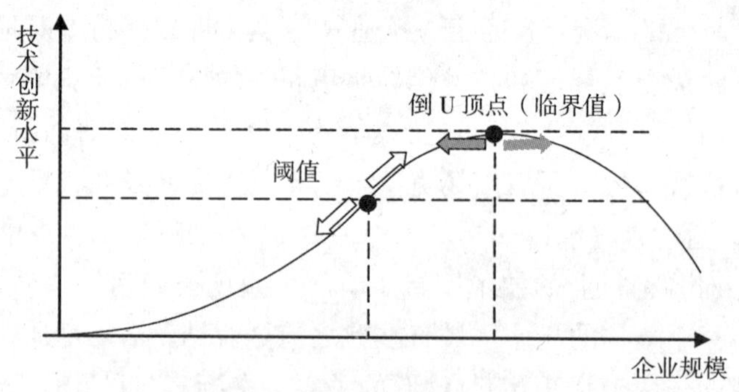

图 3—1　技术创新适度规模的阈值与倒 U 模型

资料来源：笔者整理。

格和法比奥·布斯彻里尼（Gabriel Yoguel & Fabio Boscherini，2000）在以阿根廷为例分析企业技术创新能力的发展环境时，企业规模阈值被作为分析当地技术创新发展环境的核心假设（central hypothesis）之一。

倒U模型两个关键点的变化反映了企业规模与技术创新之间关系的“突变”现象。通过阈值和倒U顶点的移动，我们可以动态地观测技术创新与企业规模的关系，这些方面都继承了熊彼特创新理论对于结构和动态的“非均衡”研究范式。但遗憾的是，迄今为止，还没有关于阈值形成和转变的详尽论述，除了相当数量的实证支撑外，采用熊彼特的“非均衡”范式在理论上的研究远远不足；相比之下对倒U模型的研究较多，但对于倒U顶点漂移的动因和方式也没有系统的论述。此外，如果我们将技术创新的效率作为评价企业成功实施战略的重要指标，那么在企业发展壮大过程中，当企业规模发展到了保证技术创新效率的上限时（所谓的规模不经济临界点），企业规模结构变化、发展趋势与跳跃升级方式等一系列重要问题尚无深入的研究。因此，技术创新适度规模的提出实际上是大企业和小企业对于技术创新的优势和劣势达成的一种“均衡”状态，同企业“黑箱”理论类似，企业技术创新适度规模的形成及最优规模的跳跃升级也是一个“过程黑箱”，而对于技术创新与企业规模的互动机理仍然没有十分清晰的认识。

第三节　“非均衡”范式下的拓展研究

倒U模型虽然为研究技术创新与企业规模的非线性关系提供了基本的路径和研究方法，但是这种非线性关系仍然只停留在理论框架的层面，来自现实的新情况、新问题并不满足于当前的理论，尤其在新经济时代，信息化的普及改变了人们原有的认识，企业规模的演变不只局限于大、中、小，为了迎合技术创新的需要，并受技术创新的反作用，大企业可以由众多相对独立的“小企业”组成，大企业和小企业也可以各自或组合形成集群的企业生态系统，出现“大中有小”和“小中有大”，并且随着技术创新的加快，企业规模的形态和结构也加快了变化。由此只能寻找适合“过程分析”的研究范式去揭示技术创新与企业规模之间互动关系的“过程黑箱”。

熊彼特围绕“创造性的破坏”创立创新理论的过程中，也针对技术创新的特性提出了基本的研究范式，即动态演化。动态演化包括互动因果关系和生命周期等研究手段，熊彼特曾指出，资本主义经济发展具有演进的性质，熊彼特也由此被认为是演化经济学的创立者之一，尼尔森和温特（Nelson & Winter）合著的《经济变迁的演化理论》（1982）正是在对熊彼特经济理论和西蒙的行为理论全面反思的基础上完成的。动态演化为研究技术创新和企业规模之间的互动关系提供了新的思路。在吸收了自然选择理论和组织行为的综合分析框架的基础上，使用惯例、搜寻、创新和选择环境这些概念研究经济学中的自然选择。熊彼特认为，“如果不考虑创新与企业成长间的交互作用，就极可能得出错误的结论”，“企业规模内生于创造性的破坏中”，显然企业规模与技术创新具有明显的互为因果的演化关系，正是经济自然选择的典型。

按照厄特巴克（1978）的技术创新生命周期理论，技术创新分为产品创新和过程创新两个前后衔接的阶段，前后两个阶段的技术创新对于企业规模的要求是不同的，这就是克里斯滕森（1997）所发现的技术创新与企业组织之间所谓的“创新者困境”，产品创新往往以突破性创新为主，而过程创新则以渐进性创新为主。产品创新讲求组织灵活性，并不要求有大的企业规模为依托，而得益于对市场的灵活性；过程创新则专注于工艺水平的提升，要求创新具有定向性，往往在大规模的 R&D 驱动下进行，创新也依赖管理的规范性。企业技术创新的特有方式就是“惯例”，每个企业创新的方式都是不同的，就相当于企业的 DNA，但不论是先天的还是后天的，惯例都是可以“遗传”的，企业的惯例在一段时间内将保持一定的稳定性。但为了适应市场以及企业发展战略，企业进一步技术创新往往遇到知识瓶颈（突破性创新）或是规模瓶颈（渐进性创新），这样就需要企业将可能的惯例进行调整，这种调整行为就是“搜寻”，企业的研究开发活动及市场开拓活动等都属于搜寻行为，企业此时规模的扩大和缩小都是搜寻过程中的尝试，创新的研发方式和组织结构的调整是对搜寻过程中良性效果的反馈，为了获得更大的竞争优势，企业需要改变惯例。当然，企业在进行选择方案时也要受到环境的影响，包括外部环境和内部环境，所以，选择环境对企业的兴衰成败也有很大的影响。由此可见，技术创新与企业规模之间的关系并非线性的，而是阶段性变化的，这一点也被很多实证分析的学者证实（Holmes，Hutton & Webber，1991；Bertschek & Entorf，1995）。如图 3—2 所示。

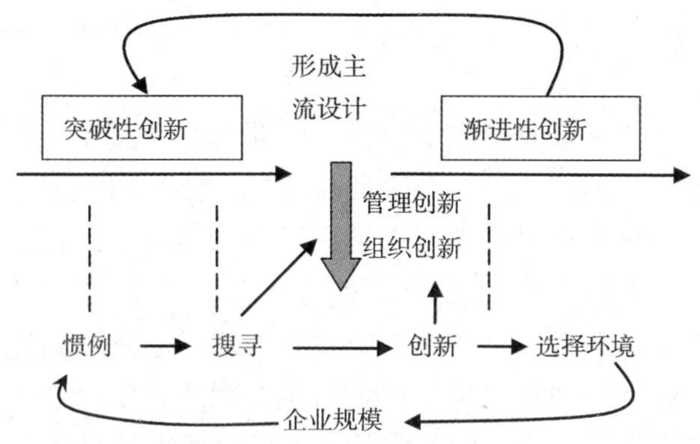

图 3—2 演化经济学分析框架下的技术创新与企业规模

资料来源：笔者整理。

从动态演化的角度尝试打开技术创新与企业规模关系形成的“过程黑箱”的努力已经取得了一些成果，亨里克·宋尼莲（Henrik Sornn－Friese，1998）通过分析丹麦公路托运部门的技术创新行为，说明了在演化经济学框架下企业作为经济活动的主体，内外经济关系对企业活动的影响，其中包括企业规模与技术创新的互动适应性，得出的基本结论是经济关系是我们认识经济活动以及企业和产业动态演化的关键。边卡普蒂和罗伯托·巴西尔（Bianca Potì & Roberto Basile，2000）在以意大利为例解决通过系统创新方法促进国家经济增长问题时，在对外部性和溢出效应的三个重要方面——合作与网络内企业的关系、地区集群和内组织（机构）关系进行论述时，采用了经济演化的典型方法，如组织学习以及知识资源和创新机会的作用，并在熊彼特经典理论的基础上，加入了内组织机制、技术外溢、政策和产品创新的偏好等变量，重新思考企业规模与技术创新的关系；扎根（Gagen，2003）将尼尔森和温特的经济演化模型进行一般化处理，用以说明单个企业乃至整个产业的进入、退出和成长的动态变化，并将信息度量作为企业惯例的一般规则，分析众多规则同企业利润的相关性，并以此作为创新带来的新秩序，构造一个演化经济学中的技术创新多重博弈模型，表明如果将形成的第一个和最后一个企业惯例保留，其他企业惯例的进化过程省略的话，企业规模将趋于收缩；巴特·努托鲍姆（Bart Nooteboom，2004）在分析技术创新、学习与企业集群之间的演化关系时，认为集群是沟通企业技术创新与企业规模之间矛盾的一种组织形态，创新行为和集群的演化可以分为机制培育型、结构培育型和关系培育型三种。

此外，针对企业规模与技术创新之间动态演化过程中的自组织、协同等复杂非线性关系的研究，系统动力学是近年来解决此类问题发展最快的一种分析方法，从研究工厂管理过程到世界经济发展极限，凡是结构复杂、关系错综的非线性系统这种方法都很有效。从目前的文献来看，使用系统动力学方法对技术创新和企业成长系统的研究很多，并基本分为两种情况：一种是以技术创新为参照系统，研究影响技术创新的内部因素，如时间、R&D、组织结构、企业战略和企业文化等，而企业规模则表现为众多关系的复杂性，影响技术创新的因素越多，各因素之间的关系越复杂，就需要更大的企业规模支持（Gagnon & Sheu，2000；Pavitt，1999；Richard Blundel，2006）；另一种是以企业成长为参考系统，技术创新往往作为影响企业成长的核心因素，其他因素包括销售额、组织结构、员工队伍、制度规范等，并且研究的手段常常和企业（组织）生命周期结合起来（Sastry，2001；Tushman & Romanelli，1985；Kathleen，2002）。

综上所述，研究企业规模与技术创新的关系实际上就是探究企业成长活力的“形”与“神”的互动演化与协调统一。从“熊彼特假设”提出至今，研究方法从线性的逐步转化为非线性的，再到复杂非线性的，这是因为随着时代的转变和研究的深入，“熊彼特假设”的意义和内涵也不断拓展。尽管“熊彼特假设”仍是一个悬而未决的问题，但是对这一问题的认识已经经历了由给出一个实证结果到探究互动机理的过程，形成了前后继承和不断发展的研究体系。然而，对于技术创新与企业规模之间的互动机理问题还有相当多的问题有待深入，如在技术生命周期周而复始的循环中，作为企业成长和企业生命周期重要标志的企业规模是如何同技术生命周期相互作用的，作用的结果又是如何影响企业生命周期的，是否可以将两个生命周期的变化图谱绘制到同一个时间坐标中。此外，当企业规模发展到一定程度的时候，通过哪些“搜寻”机制找到跳跃升级的方式，跳跃升级之后的“选择遗传”又是怎样保存的，这个过程中技术创新与企业规模的相互影响等问题都是进一步研究的方向。

第四节　互构和演化的研究视角

一　互构的研究视角

互构最常用于社会学、管理学和生态科学等，着重表示系统内各种要素的相互影响，而并非是两个以上事物的简单组合。互构的研究视角在经济管理领域也有较多应用，如戴维·奥利弗和彼得·伯吉（David Oliver & Peter Bürgi，2005）讨论了战略与组织身份在实践层面的相互关系，他们的结论认为组织身份与组织战略并不是一方构建另一方的，在实践中这是一种典型的互构关系。保罗·斯巴罗和吉拉德·霍奇金森（Paul R. Sparrow & Gerard P. Hodgkinsonf，2006）讨论了战略管理中竞争性战略与人们的认知水平和组织能力的相互关系，个人行为在组织内部相互影响最终形成组织特征和社会性的互动，有效地管理这种社会互动有助于组织各种行为的互构，帮助组织表达和设计必要的组织活动，从而演化出系统的组织学习战略以更有效地应对突发事件。苏珊妮·肯尼卡（Susanne Kianicka，2006）以瑞士的 Alpine 村为例分析当地居民与游客对于旅游地不同的感觉，进而是不同的行动对于旅游地的冲击和影响，他们认为，是当地居民与游客的愿望相互构建形成了旅游地独特的发展路线，从而达成经济发展与长远发展的统一。此外，互构理论还被广泛地应用于其他社会科学中，如组织隐性知识的形成受到组织成员知识与组织结构、组织制度的互构，全球气候变暖是科学、政治制度与社会发展互构的结果。又如互联网的形成是经过第一阶段的标准化之后，由技术与组织互构形成第二阶段，并且这种互构活动也是互联网最终形成的社会—技术系统（Socio - Technical system）模式的基础等。无论哪种具体互构形式，它们的共同点是存在一个动态的系统，并且这个系统的运动方式受到系统内很多因素的影响，这些因素的相互作用共同决定了系统的运动轨迹，这种相互作用的过程就是互构过程。

互构过程呈现出很多体现基本内涵的特性，下面就对互构的系统性、自组织与互动演化这三个重要的特性做系统的梳理和挖掘。

互构的系统性是从认识事物的角度看待互构基本特性的，互构的系统性也是其他两个特性的基础。互构本身就是一个系统形成或系统运动的过程，互构的双方（或多方）作为一个母系统，互构各方作为子系统，遵循整体性、关联性、层次性和目的性的系统原则。在系统的观点下，互构要素之间的关系同互构要素各自的特征同样重要，互构是系统运动的一般动因，构建方式将导致系统功能和结构发生变化。郑杭生（2003）在研究当代中国社会转型期的社会学基本理论时体现了这种互构的系统性，他在前人研究基础之上将社会学的知识对象归纳为社会系统，强调社会人群关系的系统性和整体性，并且丢弃了结构与行为的二元对立，提出以个人和社会两大行为主体的互构共变关系作为当代中国社会转型期的元问题和基本问题。阿伯特·珍妮特（Abbate Janet，1999）在研究互联网产生的历史以及互联网的发展趋势和对人类社会的影响时，也使用了互构的系统性原理，她提出了社会—技术系统的概念并建立了开放的社会—技术模型，对历史的研究表明，互联网的发展轨迹是组织与技术互构的结果，这种互构形式既以社会—技术系统为背景条件，又对社会—技术模型的结构和开放性产生重要影响。

互构在各种自然系统和社会系统中的出现并不是人为现象，这说明互构各方在构建过程中的协调动作和有序活动往往出于一种自发形态，一些互构现象的直接原因源于系统内部，因此我们认为互构是自组织的一种形式。自组织理论研究的重点是有序结构的形成和变化问题，而有序组织的形成要符合开放性、远离平衡态、非线性相互作用以及涨落现象的条件。互构的过程需要物质和能量的交换，互构要素有些本身就是一个体系，不同系统之间的构建体现了组织的开放性；互构各方的影响力量是不对称分布的，并且互构各方不断同环境进行交换从而改变自身的影响力，因此互构建立的系统远离平衡态；互构要素往往不满足简单的线性叠加原理，在形成系统时会涌现出新的性质，这种非线性相互构建是系统形成有序结构的内在原因；涨落现象是系统演化的原动力，这种随机现象的产生也是互构各方影响力量变化的结果。可见，互构能够推动组织的有序化。赖斯·加塞（Les Gasser，2001）在研究动态自组织和多元代理信息结构时，详细地介绍了结构、行动与含义（meaning）之间的互构过程，结论认为语言的使用是一种有组织的社会行动，而社会行动又构建了语言，信息代理结构的出现就是社会系统的自组织。甘特·库佩斯（Günter Küppers，2000）研究了物理学之外的社会自组织现象，社会自组织的重要表现就是看似简单的社会元素的互动却产生了整个复杂的社会秩序，他认为认知科学应该重新考虑知识与学习的动态性，并且重新构建社会学的理论体系以更好地理解社会行为与社会结构之间的互构现象，进而解释社会秩序的产生。

互构是一个动态的过程，不断地影响系统的结构和功能，在时间序列下组织从无序到有序，从简单到复杂表现出了系统的演进性。互构既表现为互构元素自身的动态变化，也表现在互构元素构成系统的动态变化，互构的影响往往通过系统的整体演化表现出来，而其中的动因就是系统内部各要素相互构建以适应环境的复杂非线性活动。丽萨·波克（Lisa Burke，2006）在研究自然灾害的社会结构同国际援助配额之间的关系时，认为自然灾害的“发生”在某种意义上是一个国家的政治、自然和文化的互构过程，并以此为基础从“意外”自然灾害与预期自然灾害的识别角度分析国际援助配额制度的演化过程。普泽本、马蕾和品宋内特、阿莱恩（Pozzebon、Marlei & Pinsonneault、Alain，2000）在吉登斯（Giddens）结构理论的基础上研究了信息科学中结构理论的使用模式和方法论，他们详细地讨论了技术要素对于组织变革的影响作用，并以信息科学为例从技术—组织系统选择合适的结构、相互塑形和社会组织观三个方面考察多元互构方式。

在技术创新领域，互构理论和研究视角也十分常见，帕特洛和帕维特（Patel & Pavitt，1997）提出了技术轨道多样性结构模型，该模型指出创新公司规模大小、产品类型、创新目标、创新源和创新场所是技术创新的源泉和方向在行业间存在显著差异的根本原因，其中创新目标、创新源和创新场所都属于组织范畴，产品类型属于市场范畴，可见技术轨道就是公司规模、组织与市场围绕技术范式的互动演进轨迹。乔·泰迪、约翰·拜萨特和凯斯·帕维特（Joe Tidd、John Bessant & Keith Pavitt，2006）从战略管理与系统集成的角度介绍了企业技术创新与竞争优势的关系，他们认为技术创新的基本过程就是技术、市场与组织变革集成的过程。保罗·斯巴罗和吉拉德·霍奇金森（Paul R. Sparrow & Gerard P. Hodgkinson，2006）在论述战略管理中竞争性战略与人们认知水平和组织能力的相互关系时提出了互构的三个特性，即互构的动态性、自组织性与系统性，这些特征符合技术创新与企业规模关系在当前研究中侧重过程性的特点。

二 演化的研究视角

20 世纪 70 年代以来，自然科学的发展尤其是生命科学的进步催生了一种借鉴生物进化思想方法和综合运用系统论、博弈论、自组织理论等自然科学领域研究成果，探索事物发展和进步过程的研究范式。这种研究范式在经济学领域使得基于经典物理力学的静态均衡决定论分析复杂经济问题的新古典经济学受到威胁，新古典经济学存在着大量的“过程黑箱”和过多的参数假设，事实上，过程和参数的变化规律恰恰是当前企业和经济发展的核心环节，因此，一种以动态的、演化的理论来分析和研究经济现象和行为演变规律的经济学流派——演化经济学成为经济学发展的重要领域。

而演化论观点在熊彼特的创新理论诞生伊始就被用于解释经济发展，熊彼特将企业家对资源的创新性重组作为经济发展的内生因素，解释了产业创新的一般过程和资本主义经济自我演进和自我更迭的动态规律。在熊彼特理论的基础上，尼尔森和温特（Nelson & Winter，1982）通过构建一个与生物相似的企业研究框架来解释整个经济发展呈现的不同周期形态，并尤其强调了微观企业中的“惯例”、“搜寻”、“创新”和“环境选择”在指导和预测企业行为方式方面的重要性。演化方法在技术创新领域的成功引起了国内外学者的关注，多西（Dosi，1982）在上述研究的基础上进一步提出了技术范式（Technological Paradigm）和技术轨道（Technological Trajectories）的概念，证实了技术发展过程具有明显的路径依赖性和技术范式的选择效应，并且指出技术轨道的突破将出现重大技术创新，出现阶段跳跃式演化（Stage - Skip）和路径创造式演化（Path - Creating）的技术创新非线性演化轨迹。

回到关于“熊彼特假设”的研究中，人们在验证“熊彼特假设”的时候，往往忽视了熊彼特在看待技术创新与企业规模关系这一问题时的整个理论背景和研究范式，熊彼特认为，“如果不考虑创新与企业成长间的交互作用，就极可能得出错误的结论”，“企业规模内生于创造性的毁灭过程中”。显然这里包含着关于企业规模与技术创新关系的两个重要思想，一是“互动”的思想，二是“演化”的思想。也就是说，企业规模与技术创新之间是相互影响、互为因果的，并非一方决定另一方。并且在技术创新淘汰旧有的技术、组织甚至经济形态的时候，企业规模在这一过程中与技术创新的关系是内在的和有选择性的，即演化的。但是，熊彼特并没有指出企业规模与技术创新这种关系就是纯粹的直接互动演化，波特（Porter，1984）、图斯曼（Tushman，1996）、纳斯瓦斯迪和奥布莱恩

(M. Nagswasdi & C. O’Brien，1999)、官建成（2003）等的研究表明，同企业技术创新和企业规模相关的其他企业特征（组织结构、市场地位、企业家和信息技术等）也影响着二者的关系。也就是说，除了技术创新与企业规模之间的直接构建，技术创新和企业规模的变化通常也与其他因素相互作用，在动态研究中我们不能主观地剔除这些影响因素，因此需要考察包含技术创新与企业规模的其他构建体系内，相关因素在技术创新与企业规模间接构建中所起的重要作用，即多种因素互相构建下的技术创新与企业规模的互动演化关系。

综上所述，研究中的“互构”既包括技术创新与企业规模的直接互构，也包括企业创新系统、产业创新系统甚至更加宏观的经济系统中，技术创新与企业规模通过与其他要素相互作用的演化特征，这也是“互构”和“演化”研究视角在本书中的完整的内涵诠释。

本章小结：技术创新的非线性机制

创新的不确定性决定了创新对经济发展的预期作用以及创新利润的挖掘空间。由于创新本质是对尚未存在的新价值的追求过程，无论是新创意的产生、创新要素的新组合、创新主体的多样性以及外界影响因素的复杂变化都将创新指向了一种未来状态，因此，存在着创造过程在认识和实践中不可避免的不确定性因素。在认识上，创新的目标与对象只不过是逻辑推断或非逻辑想象的产物，而在实践中，创新是与时间密切相连的尚未到达创新目标的未至“空间”，这个空间不仅随时间变化，而且创新活动是全方位、多角度、多层次、多自由度和多维度的变化方式（欧庭高、刘华桂，2004)。正如多西（Dosi，1982）所指出的，从某种本质意义上讲，创新涉及探索、发现、实验、开发模仿以及采用新产品、新工艺和新的组织结构。而科莱恩和罗森伯格（Kline & Rosenberg，1986）也认为，如果创新存在基本维度的话那就是不确定性。

既然这种不确定性是创新的本质属性，那么以线性视角对创新问题进行研究必然要设置大量有悖现实的假定条件，在这些条件下线性情况只是对现实中非线性环境的一种近似性研究。动态方法、系统观和演化方法在面对非线性问题的使用中，则使研究问题更加接近真相。创新在现在与未来的关系中是非线性的，创新内部各种因素之间的相互作用也是非线性的，这是创新不确定性的根本来源。回到熊彼特提出创新的最初，创新在经济发展中的作用正是作为改变均衡经济的突变要素出现的，这种突变要素不是在严格假设条件下产生的，而是内生于市场竞争和人们存在非经济性的社会生活本源中，即使人们一直希望通过某种方式降低创新的不确定性（因为创新本身总是带有意想不到的破坏性），如发展大企业的研发实验室，但却从未从根本上消除创新的不确定性，这也是不切实际的。所以，对熊彼特创新理论和“熊彼特假设”的研究，要返回现实状况的复杂性和非线性中来，正如达内克（Daneke，1998）认为的那样，非线性和复杂性科学对研究熊彼特的创新有补漏作用，非线性机制适用于理解和掌握创新过程。

第四章　技术与组织互构中的企业成长模式

第一节　经济组织形式划分与广义企业成长

一　经济组织形式划分

组织的出现源于人的群体性特征以及功能群体的分化和群体的正式化趋势，组织行为往往源于个体行为但却存在较大的差异。以经济组织为研究对象，结合信息、不确定性、交易成本与合约等要素，现代经济理论将经济组织划分为三大类：一是企业内部组织，二是企业间的市场组织，三是介于企业与市场之间的中间组织。

企业理论和制度经济学理论对经济组织划分的解释基于不同组织的资源配置方式不同。市场不仅是指集市、商店、交易所等一切商品交换的场所，而且指参与商品买卖的主体和场合的统称。基于社会分工和价值交换的需要，市场利用价格机制、供求机制、竞争机制和风险机制等配置社会资源，从而调节市场主体的经济活动。市场作为一种自发性组织的特点是其效率源于自愿和等价原则，然而价格信号在现实交易协作中的信息是不充分的，并且交易也存在由人的有限理性、环境的不确定性、资产的专用性和机会主义等导致的摩擦和成本，所以交易不能仅仅依赖于价格信号还需要通过声誉、信任、监督、抵押等机制对交易对象进行身份识别与评价，甚至有时必须通过一体化将交易转变为同一利益主体控制下的协作行为（程斌武、谭力文、杜敏，2008）。

市场交易成本导致企业内协作成为必要，企业内部的科层制结构通过计划、领导、控制等手段保证了部门之间协调一致的协作活动。一体化的中心计划和命令体系减少了职能部门和生产环节之间的可能冲突，避免市场机制的重复环节以及转换和交易成本，而且企业有统一的创新质量标准和考核体系，业务边界的扩大也使得技术成果更多在组织内部扩散而不是向外溢出。钱德勒认为，“当通过行政协调使得单位成本大大下降，当生产技术允许进行标准化的批量生产时，管理这个有形之手就替代了市场这个无形之手”。而且，在技术提供的生产能力和市场规模都足够大时，“看得见的手”才能比“无形之手”控制下的市场创造更高的效率，从而使得管理协调能逐步取代市场协调。

在威廉姆森（Williamson，1975）从不确定性、交易频率和资产专用性程度三个维度区分了资源配置的市场与科层制企业两种基本形式的基础上，拉尔森（Larson，1992）将资源依赖的观点引入交易分析中，并且他认为市场原则和组织原则能够同时存在，而中间性组织就是“看不见的手”和“看得见的手”相互之间的“握手”。丸川知雄（1992）则指出，企业与企业之间的关系可以采取介于一体化（合并）和偶然而短暂的市场交易关系这两级之间的各种形式，这就是中间性组织形式，其特征是在企业之间互相保持独立性的条件下，建立比较长期而稳定的交易关系。在一些特殊情况下，单纯采用市场机制和科层制都可能出现组织成本过高的情况，但在资源配置效率最大化的约束条件下，就可能会模糊企业组织和市场边界，市场交易带有企业特征，而企业行政命令又结合市场手段。在新经济条件下，现实经济生活中已经出现诸如虚拟企业、网络组织、战略联盟、企业集团和产业集群等具体的中间组织形态。

二 广义企业成长

企业成长的直观特征表现为经济学上的企业规模扩张。这里的企业规模有几种含义：一是指企业的生产规模，生产作业分工和专业化的不断提高引起规模报酬的递增效应，并由于规模经济对资本的需要，使得生产规模的内涵扩大到资本存量规模，进而出现大企业代替小企业的成长趋势；二是指企业的市场规模，竞争获胜的企业不断占领市场直至获得行业垄断地位，企业成长体现为市场影响力的日益加强；三是指企业的管理规模，格兰特（Grant，1991）认为资源存量仅是企业成长的要素之一，还需要确立资源有效配置的企业组织形态及其蕴涵的制度特征，获得与企业生产规模和市场规模相适应的资源配置效率。

企业能力被视为推动企业成长的内因，尼尔森和温特（Nelson & Winter，1982）将企业能力定义为组织分工协作过程中表现出来的具体惯例，认为不同企业在资源及其积累方面的差异性决定了各自竞争力与成长的差异性，而企业能力就是将这种资源差异转化为竞争优势的企业特质。普拉哈里德和哈默（Prahalad & Hamel，1990）认为，企业能力的实质是“组织中的积累性学识，特别是关于如何协调不同生产技能和有机结合多种技术流的学识”。其中，能够有机整合企业关键性技术和技能的独特知识和经验就是企业的核心能力。核心能力支持核心业务，核心业务产生核心产品，核心产品保持企业竞争优势并带来企业持续扩张或成长。

如果企业规模扩张是量变层面的企业成长，那么通过企业能力的增强，企业成长是否也会完成向质变层面的转化？熊彼特认为，创新能够使企业获得新的增长空间，在企业家精神的推动下企业为了不断发展壮大并在市场上争夺垄断地位，不得不从事技术创新，并将旧的技术不断淘汰出市场。钱德勒（Chandler，1977）对美国大企业成长的研究为熊彼特创新理论充实了现实内容，令人信服地证明了现代大型一体化工商企业的诞生是技术和市场发展的必然结果，技术和需求能够引起企业在生产和分配领域的根本性变化，这种变化创造出了企业对管理协调的需要和机会，也同时导致一系列经济组织形式上的反应，即现代企业对古典企业的取代和家族式公司向经理式公司的转变。从这个角度来讲，技术创新以及创新的市场需求引起了企业形态和赢利模式的演进，是一种体现质变的企业成长。

无论是企业规模还是技术创新，事实上都能够综合地表达为一系列企业能力，如企业规模扩张是由企业生产能力、资源获取能力、市场主导能力和管理协调能力等作为支撑，而技术创新则主要是由市场实现能力和技术研发能力等作为支撑的，因此，企业能力事实上充当着企业成长在量变与质变之间转化的重要途径。然而，传统企业能力更多强调对企业规模和技术创新的连续性和积累性作用，事实上，信息时代市场和科技的快速变化使得由企业规模和技术创新建立的竞争优势以更快的速度被侵蚀掉，外部环境迫使企业快速整合、建立和重构其内外部资源和能力，迅速形成改变其作为竞争优势基础能力的能力，即动态能力（Teece，Pisano & Shuen，1997）。这种不断捕捉短暂成长机会以持续地获取竞争优势的能力需要重新建立同企业规模和技术创新的关系，并从新的角度表征企业成长。

企业家精神提供了这种同动态能力的契合性，在快速适应新环境和搜寻成长机会特质上，企业家精神能够推动组织变革以主动适应内外环境，能够在相对小的管理规模下实现生产规模的扩张；企业家精神能够不断推出新产品以创造新市场，从而突破现有市场需求容量和来自竞争者的约束。基于企业能力的企业积累性竞争优势同基于动态能力的获得机会性竞争优势通过企业家精神联系起来（见图4—1）。

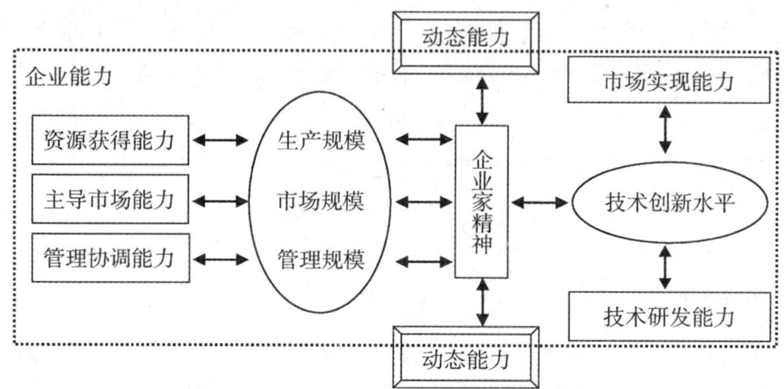

图4—1 企业成长判断标准及相互关系

资料来源：笔者整理。

第二节 企业控制力：技术与内部组织互构的企业成长

一 技术与内部组织互构的特征

熊彼特定义创新的五种情况里，技术要素（产品、技术、生产资料）并非是唯一的创新内容要素，此外还有商业模式和组织创新，也就是说，广义来讲，技术创新从产生到取得市场认可，并非是单一技术要素能够实现的，技术的产生离不开组织要素。早期人们对技术与组织关系的研究分为两种趋势：一种是技术决定论，尤其是技术对内部组织结构的决定，伍德沃德（woodward，1965）研究了艾塞克斯（Essex）地区的100家企业，根据技术的复杂程度把技术分为三类：用于小批量生产的技术、用于大批量生产的技术和用于连续生产的技术。她的研究结论是，用于小批量生产的技术可以有比较灵活的组织结构，用于大批量生产的技术使组织更加科层化，运用连续过程生产的技术则要求更加有计划的组织结构。管理学中的权变理论也认为，技术越复杂和越不确定，组织就越可能采用有机的而不是机械的结构形式。20世纪60年代，在组织理论和技术科学中都引入了社会因素，组织被视为社会功能的基本单元，技术则是一种社会现象，这就赋予了技术除了物质属性之外的另一种特性，即抽象的社会属性。比克和罗（Bijker & Law，1992）、马肯泽（MacKenzie，1985）认为技术是社会建构的，布拉萨德（Prasad，1993）、福克（Fulk，1993）和托马斯（Thomas，1994）等人更直接地认为在技术与组织的关系中，组织建构了技术系统并赋予技术系统以意义。我们认为技术与组织都具有物质属性和社会属性，而同一事物的物质属性与社会属性又相互决定，所以技术与组织的关系无论是物质属性上的技术决定论还是社会属性上的组织决定论，作为关系的整体都是相互构建。

技术与内部组织的互构对于研究技术创新与企业规模很有启发性，它使人们认识到，企业规模与技术创新的互动关系不可避免地要加入组织因素，尽管这样会使技术创新和企业规模的关系更加复杂，但是却能够很好地解释为什么两者直接作用的理论体系会出现那么多悬而未解的问题。楠（Kusunoki，1992）和哈里森（Harryson，1998）认为，技术领先过程中常常蕴藏着一种自相矛盾地阻碍着开创性创新的机制，技术创新成功带来的企业规模和市场优势，使企业专注于内部的组织和管理，从而对技术和市场的敏感度下降；技术创新双核心理论（the dual - core theory of innovation）也认为组织有技术和管理两个核心，突破性技术创新和渐进性技术创新主要受组织结构的影响。此外，从技术与组织互构性出发，技术与社会因素和组织结构与组织目标共同构成了组织的基本要素（Leavitt，1965），企业规模属于影响组织形成的社会因素和组织目标之一，企业规模扩张直接导致企业组织形态的变化，对技术创新会有极大的影响。德鲁克（Drucker，1954）对企业规模与组织的关系有精辟的论述，"'合适的'规模所要求的结构，有助于取得业绩和发挥作用，而'不合适'的规模所要求的结构，恰恰会成为一种障碍。一个组织愈复杂，就愈需要在更大结构的原则基础上来组织。复杂程度决定于规模大小，而规模大小又决定于复杂程度"。显然，德鲁克认为企业规模同组织结构之间是一种相互影响的关系，并且组织的变革往往是其他因素变革的集成形式。综上所述，企业技术创新和企业规模变化的物质基础和制度基础源于组织形态。因此，企业技术创新适度规模的形成并非是技术创新与企业规模直接简单的互动关系，是技术创新与组织创新共同作用的结果，技术与组织的互构导致对企业规模的选择与互动，并在企业成长过程中突破规模极限，促成适度规模的跳跃升级。

对于一个组织来说，基础的、核心的技术往往是在组织内部产生的，或者说是在组织原有技术的基础上加以改进形成的，这种内源性的技术不会对组织的结构提出实质性的挑战。那些从组织之外系统引进的外源性的技术往往使用在组织的某一个部门或者领域，一般属于辅助性的技术。这种外源性的技术内在的逻辑要求往往与组织的整体结构和制度设置相冲突，组织在使用这种技术时并非单纯地引进，而是技术接受方与技术设计方不断相互协调的动态过程。由此可见，技术与内部组织的互构突出了技术创新管理中的问题，互构的结果使创新不仅具有技术属性还具有管理属性，企业规模与技术创新的关系在这一视角下则是对技术属性和管理属性的平衡，能够更多地从组织内部考察技术创新与企业规模问题。从技术与内部组织互构的角度研究技术创新与企业规模要兼顾以下问题。

第一，既要考虑企业与外部市场的相互作用，又要考虑企业内部的管理行为，因为技术创新的最终目标是商业化（Freeman & Soete，1997），同时，技术创新一定要和管理行为结合起来，企业技术创新本身也是一个管理问题。

第二，不能只从静态的角度考虑，要加入动态的分析，因为大企业和小企业是可以相互转化的，而且技术创新本身具有“破坏性”，能够打破现有的平衡，如卡尔拉森（Carlsson，1990）的研究表明，技术进步降低了生产的最小有效规模，因此在中小企业中出现规模经济的可能性大大增加了。

第三，要结合行业的特点去分析，因为行业本身对技术的要求不同，并且技术创新的频度、对资源的依赖性各不相同，笼统比较是不科学的。

第四，要找到合适的角度，能够反映技术创新和企业规模的变化，也就是说，既是技术创新的因变量也是企业规模的因变量。

基于以上分析，我们采用了既兼顾企业内部管理行为又考虑产业组织和市场结构的分析视角——企业控制力。

二　企业控制力的逻辑

控制力这一概念源于法约尔（1916）在他的著作《工业管理与一般管理》一书中提出的管理五项职能之一的控制职能。而组织控制力的出现要远比它在学术文献中出现得早得多，只要有组织存在，无论规模怎样，就存在对组织的控制，没有控制职能其他几项管理职能就如同空中楼阁，甚至有的学者认为管理就是一种控制活动（徐激，2004），可见控制的重要性。传统认为的控制力就是用来描述对组织生产、人员、财务等要素的控制程度，但是随着管理内涵的日趋丰富，组织与市场边界的日渐模糊，对控制力的理解也应更加全面，控制力已不仅仅是对计划职能的反馈，对组织的调控，作为指挥和协调职能的保障，还代表着组织的影响力和组织的稳定性，并且控制的范畴也不应局限在企业内部，企业的利益相关者以及上下游产业链的企业都和组织有着控制和被控制的关系，控制力在企业外部还表现为市场控制力，即对价格的控制力。因此，控制力是和竞争、垄断以及企业规模密切相关的内容，此外，企业规模的转变通常伴随着企业生命周期的演化，企业创新力与企业控制力的关系深刻地影响着企业的可持续发展，因此，从控制力的角度研究企业技术创新与企业规模符合上文所提到的动态观点的要求。

我们将控制力分为企业内部控制力和市场控制力。企业内部控制力定义为保证企业目标以及保持企业稳定性的一切科学有效的控制手段，这里既包括企业规章制度、行政命令以及财务控制等硬性控制方式，还包括建立企业文化、贯彻企业核心价值观等软性控制方式。除了使企业朝着正确的既定目标发展之外，企业控制力的另一大作用在于保持企业的稳定性，不稳定的企业的生命力是脆弱的，复杂的环境与企业的内部失衡都会导致企业处于困境，当企业通过创新等方式快速发展壮大时，内部控制力成为决定企业成败的关键。企业的市场控制力通常是指企业左右市场的能力，它的核心是对产品价格和产量的控制，而企业的市场控制力源于企业在所处行业中的地位，表现为产品的市场占有率、对产业链上下游企业的依赖程度，以及对营销网络和分销渠道的掌控等。企业的市场控制力在某种程度上是对外界环境的控制，大规模的企业凭借自身实力确实在市场控制力上占有优势，但是环境的变化常常是出人意料的，创新本身就是环境变化的一种表现，而对环境控制的根本途径莫过于不断创新（赵锡斌，2005），因此，小企业仍然可以凭借创新获得很强的市场控制力，从这一点上来看，企业的控制力与企业的创新之间是矛盾统一的。

三　基于企业控制力的企业成长

有了以上的逻辑支持，就可以着手从企业控制力的视角分析技术创新与企业规模的关系。我们首先在坐标轴上建立一个分析模型，如图 4—2 所示。

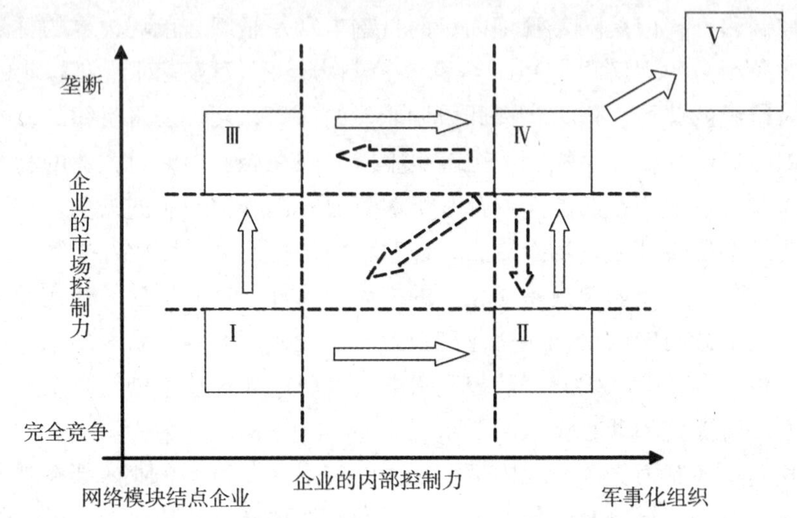

图 4—2 基于控制力的技术创新与企业规模分析模型

资料来源：笔者整理。实线箭头代表企业家的努力和企业技术创新路径，虚线箭头代表兼并与收购。

我们分别以企业的内部控制力和企业的市场控制力作为横纵坐标轴，企业市场控制力的末端就是垄断企业，产品由一家企业提供，并且不可替代，企业可以根据边际成本与边际收益相等原则规定产品产量和产品价格；最弱的一端是完全竞争状态下的企业，静态环境下产品同质，被动接受价格。企业内部控制力的末端称之为军事化组织，也就是说，这是一种等级森严、各种规章制度完备、组织内部成员的自主决策权十分有限的极端条件下的组织类型；而最弱一端完全相反，是一种扁平的组织结构，团队式的工作方式，组织成员自主决策权很大，彼此之间以自愿合作的形式为共同目标工作的组织类型，这种组织具有自律、自适应、自我调节的功能，党兴华、张首魁（2005）称之为模块化技术创新网络结点。

我们选取坐标内四个具有代表性的区域进行分析。首先在Ⅰ区域内，在接近完全竞争的环境下，充斥的是一些网络模块结点企业，这些结点企业具有独特的智力资源优势，迫于竞争的压力，企业会自发技术创新或者具有不同智力资源的企业相互整合形成小型技术创新网络。又由于企业内部是松散的组织结构，没有压抑创新的因素，因此这个区域内是一个技术创新的高发区。符合这样要求的组织除了那些具有独特智力资源的小企业外，还包括各类研发机构或者是相对独立的大企业的研发部门。我们说这样的创新是一种不定向的创新，完全由企业的原始智力禀赋决定。但是一旦技术创新成功地商业化，这一区域的企业就会分化进入下一个区域。

技术创新有好多种，一种是系统创新，一种是核心技术创新，另外一种是外围创新（谢伟，2006）。我们说系统创新通常不会出现在Ⅰ区域内，因为系统创新实际上是对竞争体制和范围的界定，因此会伴随着市场类型和产业整合的大规模动荡，这不符合对Ⅰ区域的界定。而核心技术创新和外围技术创新是可以发生的，我们知道核心技术是难以模仿的，因此会在一段时间内伴随垄断出现，而外围技术容易模仿，创新频繁所以不能形成稳定的垄断。这时我们认为产生核心技术创新的企业以垄断为主要特征进入区域Ⅲ，而产生外围技术创新的企业则以模仿为主要特征进入区域Ⅱ，我们先分析区域Ⅱ内企业的情况。

区域Ⅱ内企业最主要的特征就是外围创新的模仿性较强，由于外围创新一定是依附于核心创新之上的，因此外围创新是一种定向创新，这必然要求企业将松散的资源整合起来以服务于比较明确的创新目标，与此同时，企业会在竞争的迫使下加强自身的管理，通常会采取强硬的管理手段掌控并有效配置资源。为了获得更多的资源，企业必须有选择地联合或兼并具有同质资源的企业（横向联合或兼并），并进一步扩张企业的规模。我国相当多的企业处于这个区域内，如电子芯片、航空航天以及装备制造各行业等，没有核心创新的支持，区域Ⅱ内企业规模的扩张是不稳定的，对企业的强控制力会导致管理成本越来越大，企业只有逐渐靠近核心技术的创新，向区域Ⅳ进军才可能发挥规模的优势，否则将面临瓦解的危机。

如果区域Ⅰ内企业产生了核心技术创新，情况是大不相同的，这部分企业将向垄断靠近。市场份额的巨大变化与垄断利润的获得，将促使企业规模迅速扩张，进入区域Ⅲ。区域Ⅲ中的企业是一些快速成长中的企业，这些企业成长的重要特征就是企业规模的扩张，但是有了核心技术的保证以及企业在市场上的利好，也无法保证企业的内部控制力随之增强，一旦企业在成长中失去应有的控制力，超出力所能及的范围，则纳入企业内部的资源不但不能得到有效的配置，还会增加企业的运营成本和经营风险。并且在企业内部控制力不强的情况下，企业的技术创新是不定向的，新的技术创新成果将需要大量的企业资源，这会导致企业规模的进一步扩张，并在企业内部争夺资源，更有甚者还会导致企业分拆，这时企业规模反而缩小了。因此，这个区域的企业也是不稳定的，处理不好技术创新与企业控制力的平衡会使企业不堪快速发展的重负，我国一些民营企业的失败是最好的例证，广东爱多 VCD 就是典型，短短两三年时间里员工由 200 多人猛增到 6000 多人，但企业高素质的管理人才严重缺乏，管理制度极度不规范，这种不稳定的状态导致了最后的失败。因此，区域Ⅲ内的企业只有加强企业的内部控制力，才能发挥规模经济的优势，保证企业健康发展，因此向区域Ⅳ过渡是很好的出路。

根据我们的推论，在区域Ⅱ和区域Ⅲ内，企业的规模是在不稳定中壮大的，没有核心技术创新的大企业和缺乏控制力的大企业，最终的出路就是向区域Ⅳ发展，否则就会被自身的规模拖垮。然而，模型中区域Ⅳ内的企业未必都是大企业，因为这个区域内的企业是在市场上垄断并且内部控制力极强的企业。如果经营者不是把利润看得很重的话，企业的规模可以不大，比如一些拥有祖传秘方、工艺绝活等的家族式企业，在市场上是垄断的，企业内部也有森严的等级制度，却并没有受利润驱动扩大规模。但是大多数企业都是很看重利润的，这部分企业由区域Ⅱ和区域Ⅲ成功转化而来，具有很大的规模，企业规章制度完善，并且创新是定向性的，企业在这个阶段实施的是系统的创新，我们说企业这时走上了健康高速的发展之路。然而企业是有生命周期的，没有哪个企业永远不会衰落，技术创新常常以颠覆者的身份出现，这时考验企业的不是资金的威胁、研发人员的匮乏，而是具有远见的战略眼光，企业会密切关注行业动态，将有潜力的技术创新纳入企业当中，无论是外围创新还是核心创新。因此，这个时期的企业收购兼并活动频繁，企业规模进一步扩张，企业的风险也越来越大，为了抵抗风险，企业逐渐向多元化发展（区域Ⅴ），企业的控制力要随之增强以保持稳定，这样会促使能够提升控制力的新的组织形式产生，如事业部制以及企业总部等形式，这样发展下去，企业内技术创新之间的关联性越来越小，以至于每个部分如同在一个企业名称下的网络联盟，联盟下的众多企业又分别对应区域Ⅰ、区域Ⅱ、区域Ⅲ从而进入了下一个循环发展的坐标系。

我们将企业在不同区域内的特征总结成表4—1。

表4—1　　不同区域内的企业特征

企业特征＼区域	区域Ⅰ	区域Ⅱ	区域Ⅲ	区域Ⅳ
企业典型形态	松散的小企业或研发机构	具有一定规模的配件生产企业	快速发展的民营企业	大型企业集团、跨国公司
企业优势	独特的智力资源	模仿性创新的成本优势	市场垄断利润	规模经济与范围经济
企业稳定性＊	不稳定/稳定	不稳定	不稳定	稳定
创新类型	不定向创新（核心创新/外围创新）	定向创新（外围创新）	不定向创新（核心创新）	定向创新（系统创新）

资料来源：笔者整理。＊表示稳定与否并不是绝对意义上的。

我们选取的是企业控制力坐标系中具有代表性的区域，实际的企业形态远比我们研究的形态复杂得多，坐标系中每个区域之间都存在着很多过渡形态，我们不是要将每个形态一一弄清，而是要找出影响企业运动的支配因素，找出企业控制力与技术创新的相互作用对企业规模的影响。从中也可以看出，技术创新具有很多种类，追求稳定的企业与追求规模的企业同样可以具有较强的技术创新能力，而无论是市场控制力还是企业内部控制力，最终的结果都会在某种程度上抑制创新。

我们将企业的市场控制力和内部控制力合在一起，并结合企业生命周期共同说明企业规模的变化情况，见图4—3。

图4—3中的圆圈表示企业，我们将市场控制力和企业内部控制力统称为控制力，控制力与技术创新力的合力克服企业扩张的阻力，这里把企业扩张的阻力定义为市场竞争、技术、人才、管理制度等方面的制约（李晓莹，2005）。

我们将控制力与技术创新力分解为用来抵消企业扩张阻力的横向合力，以及相互制约的纵向合力。这几股力量的大小产生了不同的企业规模发展路径。如表4—2所示。

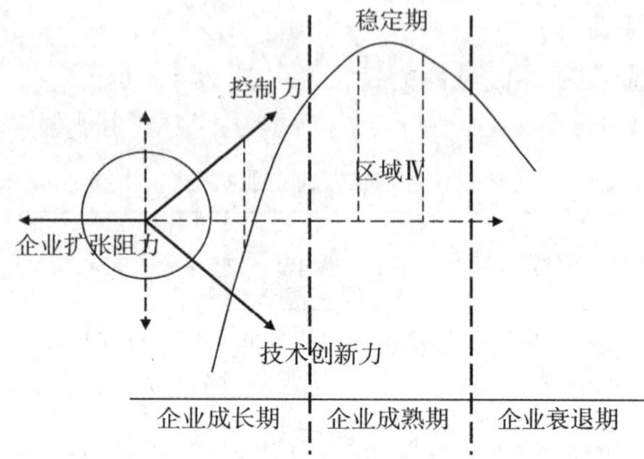

图 4—3 企业规模发展路径与企业生命周期关系分析模型

资料来源：根据王成慧、彭星闾（2002）"企业控制力与创新力示意图"，以及艾克·艾迪思（Ichak Adizes，1989）"企业生命周期示意图" 修改而成。

表 4—2 不同控制力、技术创新力与企业扩张阻力作用下的企业规模发展路径

横向合力 纵向合力	横向合力大于企业扩张阻力	横向合力等于企业扩张阻力	横向合力小于企业扩张阻力
纵向控制力合力大于纵向技术创新力合力	A 企业的规模扩张，但企业的扩张并非主要由技术创新引起	B 企业倾向于被动控制企业规模，创新能力被抑制	G 企业将萎缩或消亡
纵向控制力合力等于纵向技术创新力合力	C 企业规模扩张，企业发展平稳	D 企业稳定，创新不活跃，企业规模变化不大	
纵向控制力合力小于纵向技术创新力合力	E 企业的规模扩张，企业的扩张主要由企业技术创新引起	F 企业规模不变，但是具有很强的技术创新能力	

资料来源：笔者整理。

根据企业生命周期各阶段的特征，我们认为 A、B、E、F 处于企业的成长期，都具有不稳定的特点；C、D 处于企业的成熟期，D 是比较典型的成熟期企业，而 C 还有进一步扩大规模的空间；G 则是企业的衰退期。

综上所述，企业控制力既是一个分析企业技术创新和企业规模关系的新颖的视角，也是一个具有说服力的视角。结合本书开头提出的问题，我们发现企业规模与技术创新之间并非简单的是非问题，根据控制力的观点，大企业和小企业在技术创新的能力、动力和市场结构上有着各自的逻辑，我们得出以下结论。

第一，以控制力为视角，小企业和大企业都可能是技术创新的高发者。从对图4—3模型的讨论，我们发现将控制力分为内部控制力和外部控制力之后，小企业和大企业在Ⅰ区域、Ⅳ区域内都可能是技术创新高发者，这是因为在Ⅰ区域内，企业的内部控制力和外部控制力都很小，这和小企业的规模相适应，很小的控制力使企业有足够的灵活性，并能够寻找市场空缺，企业就像具有独特技术创新资源的网络结点，结点内部或结点之间随时都可能产生创新的火花，并且这些小企业能根据创新的性质向下一个区域转化；在Ⅳ区域内，企业的规模对应着强有力的内部控制力和市场控制力，企业研发具有较强的针对性，并且强大的资金和研发实力既能够保证企业进行投资大、周期长的过程创新，又可以将相关领域内前景好、技术新的产品创新型企业兼并过来，所以这一区域内的大企业也是频繁创新者。

第二，控制力是技术创新管理属性的重要表现。技术创新的最终目标是创新产品的市场化，因此技术创新并不是单纯的技术问题，也是一个管理问题。技术创新除了要具备必要的技术资源外，企业组织的支持、对市场和顾客需求的反应程度、企业发展战略的调整等都对技术创新产生重要影响。技术创新具有创造的毁灭性，熊彼特（1912）是从创新对资本主义经济演进和循环的角度提出技术创新这一特点的，然而从微观的视角看，技术创新对企业而言也具有创造的毁灭性，这就表现为对企业控制力的考验：当企业具有很强大的控制力，那么技术创新使企业规模快速扩张的同时，企业仍能够高效地运作，调动资源，协调好各种关系；而当企业控制力很差的时候，即使是小企业的创新行为，也难以适应变化，把握住机遇。

第三，企业控制力是企业的内部控制力和外部控制力的结合。法约尔提出的管理的控制职能，主要针对的是企业内部，随着管理内涵的扩大，控制职能的内涵也在不断扩大。企业与市场的边界越来越模糊，控制力针对的不只是对管理其他职能有效性的保证，还表现为对市场的影响和对价格的控制。只有在这种条件下我们才能够讨论企业控制力如何与技术创新和企业规模结合起来，技术创新能够破坏组织的稳定性，企业规模能够改变组织的影响力，而反映企业影响力和稳定性的重要指标就是企业的控制力。内部控制力针对企业技术创新的内部资源，针对企业规模的内部协调；外部控制力针对企业技术创新的商业化，针对企业规模扩张后的市场垄断程度。

第四，技术创新力、控制力的合力和企业扩张阻力之间的相互作用决定着企业的发展路径。我们认为企业发展是各种作用力的结果，不同时期不同作用力之间力量对比的变化形成了企业独特的发展路径。当然，企业的发展还和许多因素有关，我们只研究技术创新力、控制力和企业扩张阻力之间的关系，把这几个关系弄清楚就能够应用企业生命周期理论解释小企业在成长为大企业的过程中技术创新与企业规模之间的动态变化关系。

第三节　垄断与商业模式:技术与市场互构的企业成长

一　技术与市场互构的特征

如果将市场视为一种特殊的组织，那么从一般角度而言，作为社会形式的组织和作为社会现象的技术存在着互构关系，决定了技术和市场一定存在着互构关系。在这里我们区分市场和企业内部组织，目的是突出市场同企业内部组织的不同之处与技术互构的基本特征。我们首先要分别讨论技术对市场的构建与市场对技术的构建两个方面，然后再分析两者互构对技术创新与企业规模关系的作用。

（一）技术对市场的构建

技术是人类改造客观世界的系统知识。具体来说，技术是人们对某种产品的设计、工艺方法的改进和对生产提供某种技术服务所需要的系统知识，本质上来讲人类掌握技术也并不是为了交换。然而，技术的商品属性却使其具有价值和使用价值，技术产品大致可分为两大类：一类是实物型技术产品，包括电子计算机、精密仪器设备等各种先进生产手段、产品、原料等实物形态，但这些实物包含着新的知识，实物只是它的外壳。另一类是非实物型技术产品，如设计图纸、工艺配方、专用技术资料，以及计算机程序等“软件”产品。技术作为知识产品，本身是一种无形产品，必须投入生产过程才能转化为有形的物质产品，鉴于技术同时具有这两种属性，技术商品对市场就存在不同于其他实物商品的作用，这主要表现在技术商品的交易过程中。刘学（2000）总结了技术交易的六个主要属性，即信息的非对称性、信息的不完全性、公共物品属性、产权的易逝性、合约的不完全性和交易成本高昂，这六个属性决定了技术市场是一个不完全市场，存在着严重的“市场失灵”问题。因为首先，市场经济就是合约经济，合约的有效履行是市场经济正常运行的前提。但技术合约的不完全性使得合约只能得到部分履行，这样技术市场的有效性就会受到限制。其次，市场机制的运转还要求收益能够抵偿成本，或者要求成本能够追踪到具体使用者身上。由于技术具有公共物品属性，使得技术的所有者不能毫无代价地监督和排斥他人的消费，所以，市场机制的正常运作也会受到影响。杨壬飞、仝允桓（2005）总结了时间维度上技术市场的不同形式，从开始的经营机构常设化到技术供给的组织化，再到技术市场综合化和技术经营的经纪化，直到现在流行的技术市场的网络化，都是市场随着技术商品表现出的特殊性质与技术的复杂性和不可预测性的发展方向所作出的结构上的调整。

（二）市场对技术的构建

市场是人类特有的一种组织形式，通过这种组织形式人类能够满足生活中的各种需要，并大大节省了获得的成本，市场代表着“社会需求”使得技术具有价值，市场也促进了技术的更新换代。顾客使用成本和市场交易成本都会影响技术的发展路径，并且对技术具有选择效应，布赖恩·阿瑟（W. Brian Arthur，1989）和保尔·大卫（Paul A. David，2001）最早将路径依赖理论纳入技术创新过程研究，他们指出，在具有收益递增的动态经济过程中，技术演化存在的是多重均衡而非传统经济学分析结构赖以存在的单一均衡。同时，技术演化敏感依赖于初始状态，即对初始条件中偶发的、微小的历史事件十分敏感，它们影响和决定技术最终朝哪一个方面发展，而一旦某一技术（往往此技术并非最优技术）因偶然性因素而被采用，收益递增机制便会促使它进一步流行并呈现前后连贯、相互依赖的特征，而很难为其他潜在的甚至更优的竞争技术所替代。大卫著名的QWERTY键盘的例子非常形象地说明了市场对技术的选择：现行普遍使用的QWERTY标准键盘主要是由肖尔斯（Christopher Sholes）在1868年提出并申请专利的。QWERTY设计之前的键盘中普遍存在着当操作者的速度提高后，某些键常常会被卡住的现象。为避免卡键，QWERTY布局把最常用的键安置在相反的方向，从而放慢了击键速度。针对QWERTY

键盘的这一弊端，德沃拉客（August Dvorak）设计了一种新键盘，打字速度比 QWERTY 键盘快得多，并在 1936 年申请了专利。但是德沃拉客的设计从没有被广泛采用过。为什么不好的设计反而生命力持久呢？因为 QWERTY 设计虽然效率不高，但人们已经习以为常，如果采用德沃拉客键盘，则意味着巨额的转换成本问题。

（三）技术与市场互构对技术创新与企业规模关系的作用

技术创新是发明创造的首次商业化实现，技术和市场是整个技术创新过程的起点和终点，技术创新过程也就体现了技术和市场互构的特征，技术创新动力的推拉结合模式是技术与市场互构最典型的说明。企业规模在技术与市场互构过程中起到了重要的调节作用，不同规模的企业中技术与市场互构模式不同，如果我们将技术简单地分为突破性技术和持续性技术，将市场分为竞争性市场和垄断市场，如图 4—4 所示。

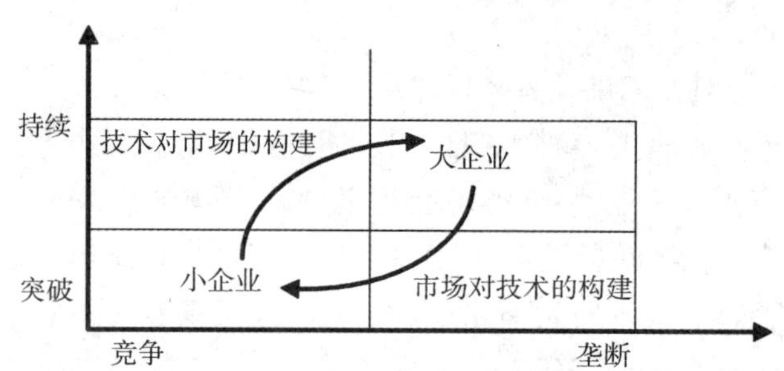

图 4—4　技术与市场互构下的技术创新与企业规模

资料来源：笔者整理。

小企业成功地进入市场往往都是凭借着突破性技术创新，此时除了小企业自身规模的限制之外，来自市场的技术锁定效应也会限制企业的发展，所以技术带来的市场前景不会自己转化成市场利润，小企业只有改变原有的商业模式才能够尽快地使突破性的技术成为主流技术；对大企业而言，垄断能够带来丰厚的利润支持，但是困扰大企业的除了组织管理成本外，还有来自突破性技术创新的威胁，大企业要获得可能性的突破性技术就要以小企业的思维来看待市场，充分认识市场对技术的构建，巨大投资换来的先进技术也许并不受到市场欢迎。综上所述，技术与市场互构对技术创新与企业规模关系的作用表现在两个方面：一个是商业模式对技术创新与企业规模关系的影响，这主要体现了技术对市场的构建；另一个是不同市场结构对技术创新与企业规模关系的影响，这主要体现了市场对技术的构建。

二　市场结构对企业成长的影响

“熊彼特假设”有两个著名的命题，一个是企业规模越大越有利于技术创新，另一个是垄断的市场结构更有利于技术创新。显然，这两个命题一个是关于企业规模与技术创新关系的，一个是关于市场结构与技术创新关系的。那么，不同的市场结构下企业规模与技术创新的关系又是怎样的呢？奥德茨克（Audertsch，1987）和多夫曼（Dorfman，1987）曾指出公司规模对创新的相对作用取决于行业条件，尤其是市场结构。相当一部分经济学家认为，完全竞争的市场结构最有利于技术创新。阿罗（Arrow）就曾指出，在完全竞争性市场中，技术创新收益大于垄断市场的收益，因此竞争市场比垄断市场更能诱导企业进行创新。虽然经济学家从效率方面推崇完全竞争的市场环境，认为完全竞争市场能带来高效率，但其行业中所有企业均生产完全相同的产品，企业之间唯一的竞争方式是价格竞争，这样的企业技术创新愿望不是很强烈。同时，由于完全竞争企业的规模都较小，企业实力不强，因而也没有技术创新的能力。所以，完全竞争的市场结构只能带来资源分配的高效率而很难促进技术的进步。

熊彼特提出了不同观点，他从垄断企业的规模特征方面认为垄断相对于竞争更有利于技术创新，垄断企业往往具有雄厚的实力能够提供创新的投入并抵御创新的风险。对产业组织理论和专利的研究也表明，企业通过专利法规寻求保护，技术机会——发明或专利使用的可能性随企业规模的增加而增加，这也说明企业规模对技术创新的重要性。从四种市场结构中企业的数量和规模也能看出，集中度越高的市场结构往往企业规模相对也越大，对市场控制力也越强，这样企业就能避免产业过度竞争。而市场竞争能加速创新的技术扩散，刺激同行企业产生模拟行为，对创新者的创新收益有一定的影响，这样就不利于企业的创新活动产生，所以产业的市场集中对技术创新是有一定正影响的。

对完全竞争、垄断竞争、寡头垄断和完全垄断四种市场结构进行比较（见表4—3）表明，垄断竞争的产业结构相比之下更有利于技术创新。

表 4—3　　不同类型市场结构特征比较

市场类型	完全竞争	垄断竞争	寡头竞争	完全垄断
企业数目	很多	较多	不少	一个
进出产品	容易	较易	不易	不能
市场价格	接受者	影响者	寻求者	制定者
需求曲线	水平	略斜	较斜或很斜	最斜
均衡价格	最低	较低	高于完全竞争低于完全垄断	最高
均衡产量	最多	较多	存在	无
超额利润	无	无	有	有
规模经济	缺乏	存在	存在	存在
技术进步	较快	最快	较快或慢	较慢
经济效率	最高	较高	较低或很低	最低

资料来源：黎诣远：《微观经济分析》，清华大学出版社 1987 年版。

在垄断竞争的市场结构下存在着三类竞争：一类是处于相对垄断地位的企业之间的竞争，一类是相对垄断企业与小型企业之间的竞争，还有一类是小型企业之间的竞争。第一类竞争迫使企业为了保住已有市场份额，在重大创新上保持持续的先进性，同时相对于小型企业保持这种相对垄断地位能够获得垄断收益。而小企业同小企业之间的竞争也并非完全是价格竞争，由于大企业的存在，小企业就能够通过更快地对大企业的创新产品进行模仿而获得收益，收益的大小取决于模仿速度和模仿质量，这在客观上有利于技术在行业间的扩散。同时小企业之间又可以形成联盟对大企业造成威胁，更为根本的是，小企业的突破性技术创新常常会改变既有的竞争格局，甚至市场结构。因此，这类市场结构的创新动机既有垄断前景诱惑式的，又有竞争压力推动式的，企业规模对技术创新的效应也更加明显。

在实证方面，王子君（2002）针对 AT&T 分拆的案例所做的基于 TFP 的效率与竞争关系的研究最能够说明问题。AT&T 公司原为美国受管制的行业垄断者，分拆后各个独立业务公司在市场上将面对其他公司的竞争，但凭借原有实力仍然是相对垄断的企业。企业面对市场结构的转化，通过比较分拆前后的研发与企业规模的关系，可以得到一些非常有价值的结论。实证结果表明，在分拆之前 AT&T 的企业规模与技术创新的关系符合“熊彼特假设”，但是分拆之后研发并没有因为规模的缩小而下降，研发投资仍然持续增长，尽管如此并不能说明企业规模并没有影响，因为在分拆前产出系数（产出系数衡量的是规模效应）与研发是必然的正相关，在分拆后相关性出现了某种程度的下降，但这种负面影响是偶然的，说明规模经济仍然存在。因此实证的结果只能说明市场结构不同，竞争强度的差异会影响企业规模与技术创新的关系，竞争要素对技术创新的规模效应有一定的替代作用，也就是说，垄断程度高创新的规模效应就大，竞争程度高创新的规模效应就小，如图 4—5 所示。

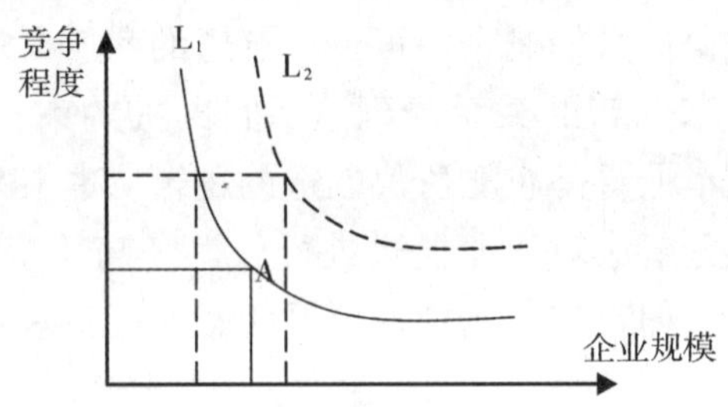

图 4—5　市场结构与企业规模对技术创新的无差异曲线

资料来源：笔者整理。

三　不同商业模式下的企业成长

（一）商业模式与商业模式创新

关于商业模式的概念罗珉（2005）给出了比较系统的研究综述，他认为商业模式至少包含三个层面的含义：（1）任何组织的商业模式都隐含有一个假设成立的前提条件，如经营环境的延续性、市场和需求属性在某个时期的相对稳定性以及竞争态势，等等，这些条件构成了商业模式存在的合理性。（2）商业模式是一个结构或体系，包括组织内部结构和组织与外界要素的关系结构，这些结构的各组成部分存在内在联系，它们相互作用形成了模式的各种运动。（3）商业模式本身就是一种战略创新或变革，是使组织能够获得长期优势的制度结构的连续体。

显然，这三个层面综合起来将商业模式视为一种高度依赖于市场条件的企业战略层面的制度安排，如果说这一特性体现了市场对技术的构建的话，那么商业模式创新的目的则体现了技术对市场构建的特征，商业模式创新是为了追求熊彼特租金（Schumpeterian rents），即打破现有企业优势的“创造性破坏”，其核心是技术创新的颠覆性，也就是说，商业模式创新常常伴随着技术创新的出现。因此，如果动态看待企业商业模式的演化，就会发现商业模式是技术与市场互构的结果，那么商业模式对技术创新与企业规模关系的影响也就反映了技术与市场互构下技术创新与企业规模关系的演化方式。

（二）商业模式对技术创新与企业规模关系的影响

罗珉（2005）认为，企业组织本身无论有多大多小，其经营的目的不是组织本身，而是创立、维护、发展其运作的商业模式，组织是实现模式的结构性载体，这一运动的驱动在于：企业参与商业模式创新的各方均可能以不同形式获得更大的剩余。可见，合适的商业模式是企业经营的目的，企业规模与技术创新的关系受到这一目的的约束，原磊（2007）认为，商业模式从根本上讲是企业价值创造的逻辑，本书采用能够反映企业竞争战略的价值链分析法对商业模式进行分类（高闯等，2006），并研究不同商业模式对技术创新与企业规模关系的影响（见表4—4）。

表4—4　　商业模式类型对技术创新与企业规模关系的作用

商业模式类型	商业模式特征	企业规模与技术创新的变化，以及对相互关系的影响
价值链延展型企业商业模式	将原本在企业外部的价值活动纳入企业经营范围内，能够节省交易费用，增强整体竞争实力和赢利能力	纵向规模扩张、横向规模扩张或多元化扩张，企业人员增加；并购带来管理成本，不利于内部技术创新投入；扩大企业的影响力和垄断优势，但管理成本增加使企业规模与技术创新呈倒U趋势
价值链分拆型企业商业模式	企业实现资源、要素和能力的优势互补，降低总成本，提高企业敏捷性和柔韧性	企业实体规模缩小；有利于企业进行定向性技术创新；企业规模与技术创新正相关趋势
价值创新型企业商业模式	能够产生很强的协同效应，提高运营效率，降低运营成本，增强核心竞争力	提高规模质量，实体规模不变；有利于非定向性技术创新；企业规模与技术创新负相关趋势
价值链延展与分拆相结合的企业商业模式	整合优化，整体协同效应	企业规模变化复杂化；有利于定向性技术创新；管理成本增加使企业规模与技术创新呈倒U趋势
混合创新型企业商业模式	优势互补和灵活反应、提高差异化经营能力	整体规模呈现小型化趋势；定向性技术创新与非定向性技术创新并存；呈周期性变化

资料来源：笔者整理。

商业模式创新是企业系统的整体变革，追求在未来竞争环境下的与众不同（Gary Hamel & C. K. Prahlad，1994），但并不是简单的技术创新或产品创新，尤其是对外部市场和外部环境的依赖，同时对由规模产生的技术创新能力以及由需求产生的技术创新动力有增强的效果，这对于技术创新与企业规模关系有重要的影响，也是创新动态研究的重要方向。

第四节 网络创新:技术与中间组织互构下的企业成长

一 技术与中间组织互构的特征

（一）技术对中间组织的构建

尽管源于不同学术背景的学者对中间组织的说法不同，但有一点认识是基本一致的，即学者们都认为这些新型组织具有无边界、无等级、动态性、高度灵活的特点，突出地表现为处于市场与企业组织的中间地带，其内部既有市场的价格体制，也有企业组织调控机制，即今井贤一所说的“有组织的市场”和“有市场的组织”。对于中间组织的出现人们往往将原因归结为其制度上的优越性（卢建新，2005；郭劲光、高静美，2003），然而从技术的角度而言，中间组织的出现也是技术在构建企业组织和外部市场过程中，基于技术自身实践性的一种组织创新，是企业控制力和商业模式创新交叉作用的结果，这里以信息技术对中间组织的构建最为典型，因为兴起于20世纪90年代的信息技术不仅自身发展迅速，更为突出的特征是能够极大地推进其他技术的发展。这里将信息技术的作用归结为针对生产的技术和针对交易的技术两种来分析其对中间组织的构建，企业同时受到这两种类型信息技术的推动是中间组织产生变化的重要原因。

针对生产的信息技术能够有效地降低生产的成本以及提高技术创新的频率，从而推动企业变革。理查德·诺兰（Richard L. Nolan，1979）总结的信息技术对企业组织的影响最具代表性（见图4—6），从中可以清晰地看出信息技术对组织影响逐渐向更高级的活动过渡。

针对交易的信息技术能够有效地降低交易成本。第一，信息技术导致了电子商务等新的商业模式的出现，信息发布、信息搜索和信息处理功能能够极大地提高发现可信的潜在交易对象的效率，并对可能出现的机会主义行为采取事前预防措施和有效的约束；第二，信息技术降低了企业的资产专用性。资产专用性源于交易特定性资本（transaction - specific capital），用于其他交易资产的价值就会下降，信息技术的硬件投入投资交易特定性低，并且允许企业以销定产，从而弹性地安排生产、降低库存，从而降低资产专用性。

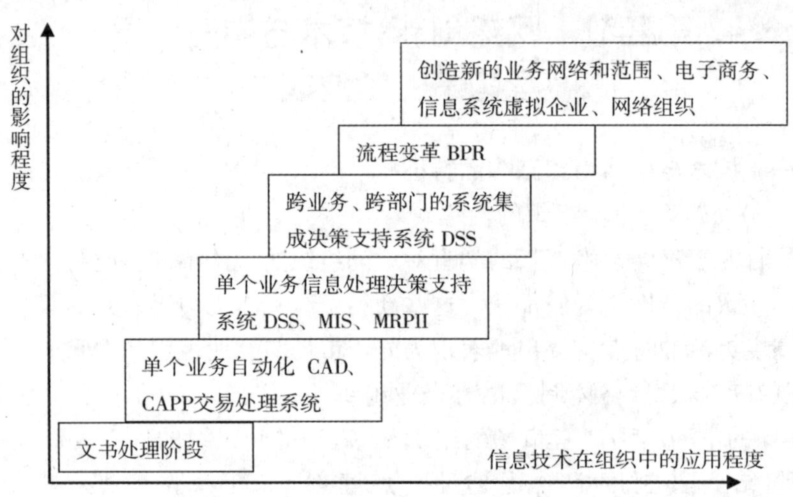

图 4—6　信息技术在企业中的应用程度

资料来源：理查德·诺兰（Richard L. Nolan，1979）的六阶段划分模型。

（二）中间组织对技术的构建

任何技术在使用过程中都需要两方面的逻辑构建——技术的内在逻辑构建和外在逻辑构建，内在逻辑是合理地集成成熟的技术，外在逻辑是通过组织制度设计合理地组合技术和外部商务环境的连接。这两种逻辑的构建过程都需要一种价值判断，这种价值判断表现为企业的竞争战略或是企业的社会需求，只有满足这一价值判断才能够充分地发挥技术的效用，如组织战略为企业技术发展明确方向，组织结构的设计允许人们在一定的秩序下使用技术，并提供完成任务的流程等。中间组织的崛起为信息技术提供了大发展的契机，中间组织的虚拟性、网络性使得信息技术在即时通信、网络化、商务平台、数据库开发等领域的进步得到极大的激励。中间组织往往具有独特的战略意义，比如大企业之间的联盟有助于共同开发一些前瞻性的技术，降低新的风险，并能够一直保持技术上的前沿性，同时确保竞争对手不会在技术上先于自己；而小企业联盟则很注重创新资源的共享和网络价值链的增值，以及虚拟性的可信度等；集群式的中间组织则以地域或者产业为单位，关心技术集群系统内技术创新的活跃性以及技术扩散的速度等。这些都为信息技术提出了不同的发展要求和创新方向，大企业联盟式的中间组织要求信息技术进一步提高智能化程度，小企业联盟的中间组织要求信息技术的低成本，企业集群式的中间组织则要求信息技术的普适性程度。中间组织越发达、越复杂对信息技术的要求也就越高，构建的程度也就越广泛。

完全以企业的等级制度或是市场的价格机制为原则都不能保证资源配置效率最高，企业的运作和在市场上的交易都可以视为信息处理—决策系统，采用哪种制度的依据使这种制度的运作成本更小，这样更能有效地降低资源配置的成本，而技术是降低运作成本的硬性条件。当信息技术有效地降低企业组织成本的时候，企业就有理由通过扩张增加企业实力，而信息技术有效地降低交易成本的时候，企业也有理由缩减企业规模并更多地通过外部交易增强企业实力。由于这两种由信息技术带来的优势并不相互排斥，战略联盟、外包、虚拟企业等企业现象同市场博弈由一次到多次、由短期到长期的特点催生了经济组织的中间化。而此时企业规模的变化往往只出于战略考虑。

二　网络创新的非 R&D 优势

进入信息经济时代，信息技术的普及大大加速了企业创新，并使得企业规模呈现出两极化趋势（刘东，2005）。以制造业为例，以美国为代表的制造业强国和以韩国为代表的新兴制造业国家出现的一系列新情况、新现象是现有理论所不能完全解释的。首先，无论是美国还是韩国的制造业都出现了中小企业繁盛的状况，不仅是数量上的激增，而且中小企业释放出了巨大的活力，尤其是对技术创新的贡献更加突出，并且中小企业的组织形式也并非是传统意义上的，通过网络化和各种联盟在整体上更加有序。其次，就整个制造业而言，美国制造业近年来的整体规模并未扩张甚至出现较明显的收缩迹象。造成整体产业规模收缩的主要原因是大企业引起的，大型制造企业逐步将利润增长点放在产品标准的制定上，下一代产品的创新成了企业保证垄断地位的屏障，而与核心能力相关不紧密或前景不乐观的部分就从企业分离出去，宁愿通过外包、贴牌等方式接续产业链

（陈佳贵，2002），这是大企业发展出来的典型的中间组织形态。另一方面，以韩国为代表的新兴工业化国家却延续着大企业为本的制造业发展模式，韩国经济界有一句名言“大马不死”，是指企业的规模越大，就越能获得更多的规模收益，在竞争中越能立于不败之地。同时，制造业的技术创新仍然是基于大公司投入的大规模研发预算和政府行政支持的传统资源配置形式，这使得技术创新与企业规模几乎同比例增长，企业规模与技术创新的相关性较强（谢国忠，2000；张发余，2001）。在信息技术与中间组织互构下，要解释具有中间组织特色的技术创新与企业规模的关系，传统的技术创新分类方式存在局限性。除了技术创新本身的过程外，技术创新方式、技术创新的实现形式以及创新技术的来源等对于研究技术创新与企业规模也是至关重要的。高良谋（2006）提出了将厄特巴克定义的产品创新和过程创新放在一起称为主导创新，而将技术引进、技术改造、技术的消化吸收和信息化辅助平台等称为辅助创新，这种分类方式对于研究基于中间组织的技术创新与企业规模问题非常具有适用性。

辅助创新具体是指从研发到取得市场成功的技术创新各个阶段所进行的针对技术的以提高创新效率为目标的创新过程，包括生产工具的技术改造、先进生产工艺的消化吸收、生产程序的优化、更有效地实施技术创新的方式等，辅助创新的本质是以主导创新为核心并为主导创新服务的。我们提出的辅助创新与主导创新最本质的区别是：辅助创新不直接改变产品本身，强调的是创新方式的选择与创新效率的最优化；主导创新则从核心概念和质量等方面改变产品本身，强调的是产品市场的差异化。对产品创新、工艺创新起服务作用的一系列辅助创新方式和技术创新实现形式的创新往往并不占用企业的R&D，而是属于企业的非R&D投入。这些辅助创新同一国制造业的大环境密切相关，也与一个企业的技术创新文化紧密联系，但有一点是共同的，那就是辅助创新越是发达则企业技术创新越强劲、越活跃。图4—7说明了主导创新与辅助创新之间的关系。

三　基于辅助创新的企业成长

在辅助创新的分类体系下，可以进一步研究技术创新与企业规模之间的动态关系。加入辅助创新因素的动态模型可以将产品创新和过程创新分解为两个阶段，如图4—8所示。

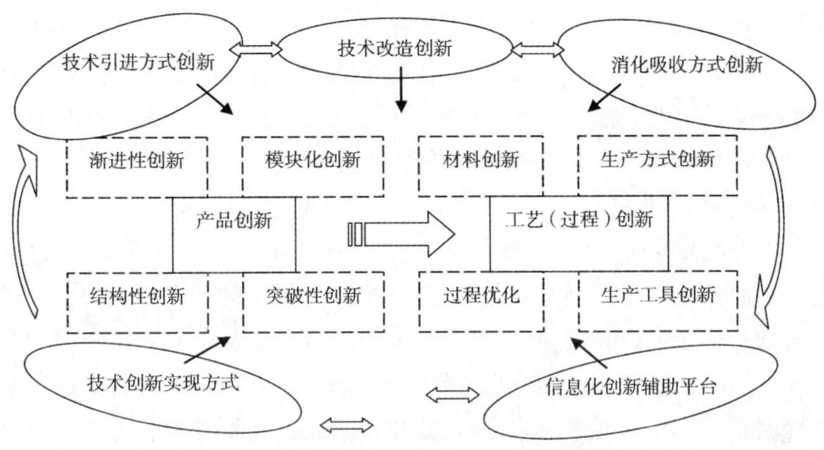

图 4—7 主导创新与辅助创新之间的关系

资料来源：笔者整理。

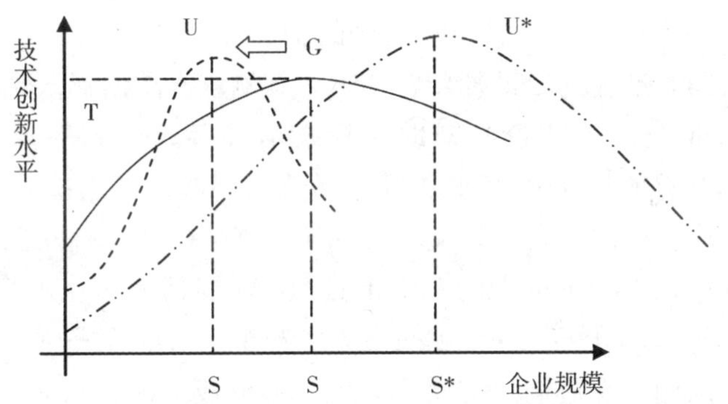

图 4—8 加入辅助创新的企业技术创新水平与企业规模的关系

资料来源：笔者整理。

辅助创新是为产品创新和过程创新服务的以效率为核心的概念，辅助创新首先能够极大地促进产品创新：先进的生产工具能够加速渐进性创新和突破性创新，生产流程的再造能够使创新更加面向市场需求，有利于结构性创新，信息技术的使用极大地推进了模块化创新和突破性创新，新的加工工艺又使渐进性创新加速，结构性创新成为可能。其次，辅助创新同过程创新具有相似的内容，过程创新侧重于新工艺技术的研发，而辅助创新则主要是对新工艺技术研发方式的辅助和服务的创新，过程创新是对产品实现形式的优化，辅助创新是对创新过程和实现形式的优化。辅助创新能够使产品创新和过程创新发生反向移动，也就是说，当辅助创新侧重于产品创新时，同样的 R&D 投入下，企业的最优产品创新规模向左移动（见图 4—8）；而当辅助创新更侧重于过程创新的时候，同样的 R&D 投入下，企业的最优过程创新规模向右移动，企业只有在更大的规模下才能保证技术创新更好地输出。这是因为产品创新较过程创新具有更大的风险性，强大的辅助创新能力能够使企业试错的成本下降，避免大量的 R&D 损失，从而在相对小的规模下就达到持续产品创新的状态；而过程创新针对产品创新的定向性使企业常常面对长期的科研攻坚，客观上需要企业有长期的 R&D 投入支持，大量的科研人员保证，如果有较强的辅助创新支持过程创新，则大量地投入科研人员和科研经费会带来大量的技术创新成果，提高资源的使用率，缩短产品开发时间，而不至于出现科研人员闲置，研发资金回报率低的情况。这样就给了我们一个很好的解释工具：美国的制造业技术自主创新能力很强，所以制造业在整体上规模收缩，除了企业战略和融资减负的考虑外，发达的辅助创新体系也是一个重要的原因，并且美国制造业的辅助创新整体上尤其侧重产品创新，典型的例子就是美国制造业先进的计算机辅助创新技术（Computer Aided Innovation, CAI），是近年来在欧美国家制造领域迅速发展起来的新技术，已被广泛地使用在企业新产品研发、制造系统和流程优化的设计阶段，成为很多企业创新设计过程中必不可少的一个工具。CAI 能帮助企业进行现有产品、系统和流程的诊断分析，并帮助研发人员辨识、解决或避免各种已出现或即将出现的问题，在短期内实现最高效、最低成本的创新。近年来，CAI 在全球航空航天、汽车、船舶、铁道、机械制造等行业中得到了长足的发展和广泛的应用，至今，世界 500 强企业中已有近 400 家企业在研发流程中采用 CAI 技术，因此产品创新在辅助创新的作用下超过了辅助创新对过程创新的作用，使达到最优创新的整体规模减小。而韩国这样新兴工业化国家的制造业是从为发达国家代工，逐步技术引进、技术的消化吸收做起的，尽管近年来出现了如三星这样优秀的企业，在相关领域中具有相当的产品技术创新实力，但从整体上来讲自主创新能力不强，创造性的吸收仍占主流。也就是说，辅助创新偏重过程创新服务，这样过程创新曲线拉动整体技术创新曲线向右移动，使得企业规模为达到最佳创新点而继续扩张。

制造业中小企业的兴起，尤其对技术创新的巨大作用，也可以用辅助创新来解释。首先中小企业缺少大规模 R&D 投入来源，因此技术创新多集中于产品创新；其次在网络经济形势下中小企业往往可以通过网络相互联系，使得彼此具有互补优势的中小企业共同把握一个创新机会，实现资源联盟。这种外部企业网络也是一种辅助创新，但是由于中小企业的规模不大，所以管理成本也较小，企业规模对技术创新的抑制不明显，辅助创新表现为一种成功实现技术创新的方式甚至是一种新技术，此时它的作用变为在尽可能小的企业规模下实现规模经济。正如卡尔拉森（Carlsson，2002）的研究表明，技术进步降低了生产的最小有效规模，因此在中小企业中出现规模经济的可能性大大增加了，可见卡尔拉森所指的技术进步不仅包含了产品创新和过程创新的技术进步，也含有辅助创新的技术进步。

综上所述，企业的技术创新是技术与企业组织互构的结果，辅助创新是信息技术与中间组织互构的结果，辅助创新使得中间组织具有成为促进主导性技术创新的动力源、吸收技术创新的转化中心以及获得市场成功的战略系统的可能性，辅助创新的功能也直接影响着技术创新与企业规模的关系。

第一，信息经济时代，企业规模往往更倾向于控制力和影响力的巨大，在产业链中的核心地位、大规模定制能力、产品技术标准的权威性等能力特质是规模的体现。而本身就是一种创新的信息技术开创了一个新的经济时代，人们从没有像今天这样将技术创新普及成为一种企业常例，各种创新方式层出不穷，而且网络化、虚拟化、知识资源共享等随之而来的价值创造模式和中间组织形式消除了技术创新的实体规模壁垒。

第二，针对产品创新的辅助创新能够降低企业达到最优创新规模时的规模，也就是说，如果针对产品创新的辅助创新非常完善则企业可以提前达到最优规模，根据最优规模的含义，也就是企业可以提前达到竞争力的最强阶段，或者在企业的实体规模不是很大的时候却具有很大的能力规模，进而使企业既实现了规模经济和范围经济，又降低了企业的管理成本，从而具有很强的控制力。这一结论并非对“大企业更具技术创新优势和动力”或其相反观点的全面否定，而是提供了一个动态研究的方法：实体规模上的中小企业是否在产品技术创新上具有和大企业发挥同样重要作用的可能。

第三，主导创新和辅助创新要同步发展。一味地通过兼并收购扩大企业规模，盲目多元化是不可取的，企业发展的每个阶段都有最佳的企业规模，单纯地以扩大规模和研发投入拉动产品创新将会造成很多潜在问题，唯有扩大企业规模的同时加强辅助创新投入，积极建设信息化平台，用战略的眼光引进先进技术，并加强对技术的消化吸收，同时不失时机地进行技术改造和产业升级，才能保证企业在相对短的时间内，以相对较小的规模实现创新的稳定输出，从而获得企业最核心的竞争力。

第四，辅助创新的普适性。作为一种技术创新的辅助方式，辅助创新具有各种形式，流通行业商业模式的创新、金融行业的智能网络化、高科技农业的技术引进和转化过程，以及建筑业、娱乐业的计算机辅助开发和设计等都是辅助创新的具体形式。辅助创新往往能够加速主导创新的过程，并使得创新的种类趋于多样化，创新的成果能够更加流畅地转化为经济利益，因此也是将定制化和大规模生产联系起来的有利保证。

第五节　企业非常规成长现象的合理性解析与案例研究

一　企业非常规成长的界定

“熊彼特假设”将企业规模与技术创新这两个企业成长的判断标准联系到了一起，认为企业家致力于扩大规模能够为技术创新提供充足的资源，并以市场垄断减少技术创新的风险，企业规模越大、市场集中度越高越有利于技术创新。尽管这种企业规模与技术创新的单调线性关系受到很多学者的质疑，但是从企业成长的角度来讲，企业规模与技术创新并不是各自独立的系统，而是一种由量变到质变，再由质变到量变的过程，即企业规模是量的范畴的企业成长。技术创新是质的范畴的企业成长。假设企业在某种技术水平下生产，企业为了获得规模经济会扩张企业规模，同时扩大自己的销售份额占领市场，随着生产和市场规模的扩大企业会扩大相应的管理规模，然而这时存在着两个极限：一个是生产规模同管理规模相对应的极限，生产规模不能无限扩大，如果管理协调规模不能够满足生产规模则会出现生产效率低下、产品质量降低等问题；另一个是市场份额极限，如果企业是市场的垄断者，则这个极限源于市场需求容量，如果企业不是垄断者，则极限源于其他企业的竞争。熊彼特认为，企业家精神的价值就是为了解决这两个极限，创新精神是企业家精神的核心，技术创新是企业家驱动企业成长的常规途径，企业家推动的技术创新能够在相对小的管理规模下实现生产规模的扩张，从而突破生产规模受到管理规模约束的极限；能够创造出新的产品从而创造新的市场需求，扩大企业的市场主导优势和垄断市场规模，突破市场需求容量的约束，并且技术创新尤其是核心技术的创新能够在市场竞争中处于优势地位，从而不断扩大企业的市场份额，突破来自竞争者的约束。企业在一个新的技术水平上运作，企业规模不断扩张最后依然会遇到上述两个极限，技术创新将再次对极限进行突破（见图4—9），这就是熊彼特所说的“企业规模内生于创造性的毁灭（创新）之中”的微观含义。而这种周而复始的企业成长过程我们称为企业的常规成长。

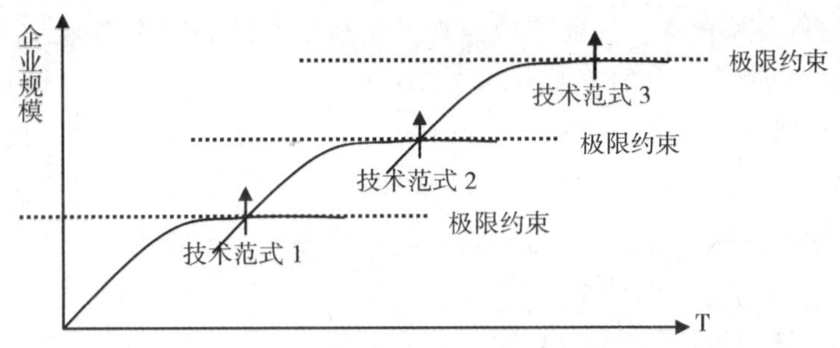

图4—9　企业常规成长中的企业规模与技术创新判断标准

资料来源：笔者整理。

常规性企业成长只涉及了在企业家精神发挥作用的过程中，企业规模通过对技术创新能力与动力的影响与技术创新之间的作用与反作用，这种关系是直接的，没有涉及企业规模和技术创新分别与企业组织和市场的相互作用，进而影响技术创新能力与动力的间接作用。事实上，企业成长并不总是常规性的，本书认为，其中一个重要的原因就是企业规模与技术创新通过企业组织和市场媒介的间接作用。

按照常规性企业成长特征我们给出企业非常规成长的界定，符合以下三个特征之一的则视为企业非常规成长：一是技术落后条件下企业规模不断扩张的企业成长；二是企业规模不断扩张条件下企业技术创新落伍的企业成长；三是企业规模扩张停滞甚至收缩条件下企业技术创新却表现强劲的企业成长。当然，这三个特征都是在严格的前提条件约束下表现出来的，对于第一种情况，简单地说就是以落后的技术发展企业，并且采用新技术的企业已经是市场的垄断者，这种情况下以落后技术发展的企业却取得了成功，企业规模不断扩张；第二种情况是企业曾凭借技术创新成为本行业最先进技术的拥有者，企业规模不断壮大甚至达到垄断地位，企业具有进一步技术创新所需的资源和研发能力，但是没能通过技术创新突破规模增长极限实现企业成长；第三种情况是企业技术创新非常活跃，但是企业往往并不独自进行一项完整的技术创新，技术创新的整个过程是开放式的，企业规模并没有随着技术创新的不断升级而不断扩张，企业有时甚至需要刻意限制自身规模的增长。

二 企业非常规成长的成因假设

从现有文献来看，企业规模与技术创新之间的关系主要通过技术创新能力和技术创新动力的变化调节（Richard C. Levin，Wesley M. Cohen & David C. Mowery，1985；Weslyey M. Cohen & Steven Klepper，1991；Rosenberg，1995），因此，在分析企业非常规成长的成因时，也主要从对企业技术创新能力和动力的影响角度研究对应的三个主要方面。

（一）市场需求拉动视角

技术创新不同于发明创造的一个最本质的特征是市场实现性，技术发明必须通过市场交易完成向技术创新的转化，而市场交易的前提是存在市场需求，满足市场需求是技术创新最主要的动力（J. Schmookler，1966）。满足市场需求不仅是拉动技术创新的动力也是推动企业规模扩张的动力，这里蕴涵的一个重要逻辑就是技术创新并非是创新后的技术一定要比创新前的技术“先进”，也并非是先进的技术创新出来之后，原有的技术范式就没有市场需求了，事实上，市场需求对技术创新的引领甚至超过了科学技术本身的推动作用（Utterback，1974），在满足顾客需求的同时企业还能够发现更多的技术机会并加强企业对市场的主导力量，这些条件都有利于企业扩大规模。当然，任何企业的技术创新都要通过满足市场并进行市场交易实现，差别是当创新技术是较现有技术“先进”的技术范式时，企业是创造性地满足市场需求，通过垄断达到企业规模扩展的目的是最有效的；而当创新技术是较现有技术“落后”的技术范式时，企业是补偿性满足市场需求，通过发现市场中的技术机会不断增加企业的创新动力，从而扩张企业规模。

从市场需求拉动视角上，本书提出命题1：“技术落后—规模扩张”

型企业非常规成长的原因主要是由于落后技术并非不能进行技术创新，落后的技术仍然能够通过补偿性地满足市场需求不断发现技术机会，从而间接地增强企业的技术创新动力，实现企业规模的不断扩张。

（二）企业组织支持视角

企业技术创新是一个相对独立的运作体系，组织不仅为技术创新提供智力资本和物质资源，还提供了资源的配置方式和独特的制度支持。熊彼特经济理论中的企业家既是企业的所有者又是企业的经营者，随着企业规模的扩张，创新、冒险、勇于承担风险等企业家精神和管理协调职能开始分化，企业家作为企业管理者的角色开始减弱，这时使得技术创新保持强劲的因素主要有两个方面：一是靠企业家“天才”的预见性和“英明”的决策不断发现技术机会；二是以独特的组织职能代替企业家的创新职能，如大企业的研发部门，熊彼特在《资本主义、社会主义与民主》一书中认为，现代大企业的研发部门取代了原本属于企业家的创新职能，技术创新前所未有地成为大企业的例行活动。技术创新被融入企业的行政体系，有了管理协调的保障和制度化的安排，但是这种技术创新活动所具有的明确研发目标和实现路径却不一定总是比靠“灵感”和市场“洞察力”产生的技术创新更成功，尽管大企业的技术创新方式要比靠企业家独特的能力更具有稳定性，但是往往过分受制于企业内部等级约束，而扼杀研发人员的积极性。随着企业规模的扩张，制度化的研发模式似乎成了大企业主要的技术创新方式，企业管理者推行制度化，一方面能够保证用于技术创新的资源高效配置，另一方面却在本质上弱化了企业家精神。

从组织支持角度上，本书提出命题2：“企业规模扩张—技术创新落伍”型企业非常规成长的原因主要是由于制度化条件下的技术创新并非一定比靠企业家的“灵感”和市场“洞察力”产生的技术创新更成功，企业规模扩张条件下，增加的管理协调在为技术创新提供更多的制度支持的同时也会扼杀企业家精神，从而间接地减少企业的技术创新能力，导致企业的技术创新落伍。

（三）中间组织网络视角

以信息技术为特征的知识经济的到来，使得低成本的信息资源共享成为可能，这为介于市场价格机制和企业等级制度之间的一种中间组织形态的兴起提供了条件。通过资源共享、战略联盟等合作方式，中间组织内部的企业之间在互相保持独立性的条件下，建立了比较长期而稳定的交易关系，中间组织的运作成本能够同时低于实施价格机制和等级制度所发生的成本。中间组织能够降低成本的一个重要原因是中间组织内部网络关系的建立。对于网络的理解有很多角度，约翰逊（Johanson，1988）将网络视作企业之间关系的复杂组合，企业通过与其他企业之间的相互作用而建立网络。哈坎逊和斯尼诺塔（Hakansson & Snehota，1995）从动态性和协调性等战略视角出发，认为网络既是一种由相互连接的经济（元素、成员、行动者）构成的具有动态边界的结构性组织，也是企业的一种长期战略导向行为。代尔（Dyer）等（2001）指出，企业之间特定的联结是竞争优势的一种关键资源，因为企业的关键资源可能会跨越企业边界，嵌入于企业间的惯例和过程。合作是网络产生和维系的基础，对于技术创新来说合作促进了资源共享，增加了创新过程的开放性，使创新资源和技术机会通过网络被放大，有利于企业技术创新能力的增加，对于资源相对较少、专业化程度较高的中小企业技术创新尤为有利。由于介于市场和企业之间，中间组织模糊了企业边界，企业规模会根据技术创新的需要进行调整，中间组织并不是通过规模扩张来实现企业成长，而更像是一个中介，通过获取和优化配置网络资源实现中间组织内部的企业成长。以扩张企业规模为判断企业成长的标准，中间组织并不利于增加企业的技术创新动力。

从中间组织网络视角，本书提出命题3：“技术创新强劲—企业规模不扩张”型企业非常规成长的原因在于中间组织通过发挥中介作用整合网络资源，提升创新过程中的开放性，有利于共享创新资源和增加技术机会，从而提升企业创新能力。但是中间组织模糊企业边界，以获得和优化配置网络资源实现企业成长，减弱了以扩张企业规模为目标的技术创新动力。

图4—10直观地给出了常规与企业非常规成长中的影响因素与推动力量，常规企业成长是技术创新与企业规模之间以企业家为主推动的直接互动，互动主要通过在科学技术推动和市场需求的拉动下，企业家精神和市场垄断地位成为技术创新巨大的动力，并推动企业规模的扩张，企业通过规模经济、充足的创新资源以及内部组织管理协调的加强，不断增强技术创新能力，进而形成技术创新、市场、企业规模、企业组织再到技术创新的常规企业成长轨迹。然而，企业并非总是按照这一路径成长，技术创新在市场需求的拉动下并不一定总是通过“先进”的技术实现企业规模的扩张，只要紧紧跟随顾客需求技术落后的企业也能够通过发掘技术机会，

不断提升企业的技术创新动力，以补偿性的技术创新实现企业规模扩张，这一路径是技术创新到市场，再通过技术机会到企业规模。随着企业规模的扩张，管理协调能力逐渐从企业家智能中分离出来，并有专门的管理者通过制度化的形式推动技术创新，但是这一过程并不一定能够增强企业的技术创新能力。作为企业技术创新能力重要组成部分的企业家创新精神在制度化过程中的缺失，将导致企业技术创新因缺乏活力落伍。中间组织对技术创新能力和动力都有作用，再与其他两种企业非常规成长方式结合，情况就更加复杂了，如对于技术创新能力而言，一个制度化非常完善的中间组织企业，究竟是网络化的开放式技术创新过程对技术创新能力的提升大还是缺失的创新精神对技术创新能力的损失大是比较难判断的，同样的复杂情况还有以“落后”技术范式实现技术机会的中间组织企业。

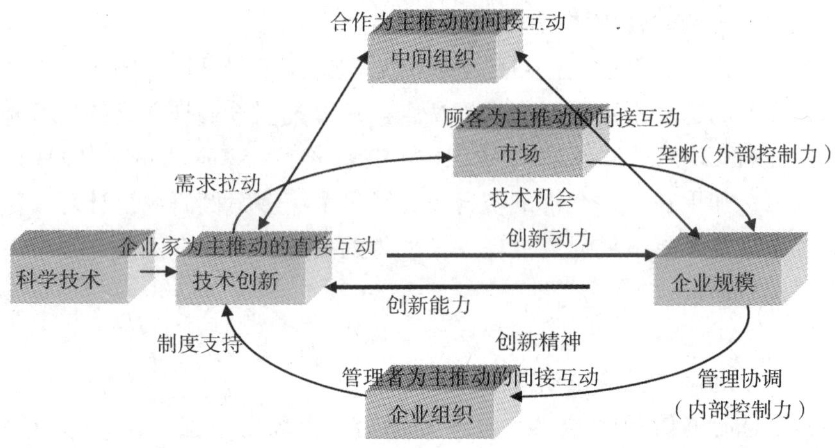

图 4—10　企业常规与非常规成长中的影响因素与推动力量

资料来源：笔者整理。

三　案例选择标准

行业差别是影响企业常规成长下技术创新与企业规模关系的一个重要因素。阿克斯和奥德茨克（Acs & Audretsch，1990，1991）对不同行业进行实证分析得出了不同的结果，证明了企业规模与技术创新的关系会因行业的不同各异。多夫曼（Dorfman，1987）也曾指出公司规模对创新的相对作用取决于行业条件，尤其是市场结构。谢勒尔（Schere，1984）坚持认为，研究和发展密集度的差别在不同行业之间要比同一行业不同规模企业之间大得多，所以当对行业变量不加控制时，很难得到一个一致的结果。因此，应以两个以上的不相似行业的情况来说明同一个问题，以尽量减少行业差别的影响。

企业规模本身也是一个重要的选择变量，因为企业规模发展的不同阶段对于技术创新的影响方式是不同的。阿克斯和奥德茨克所作的实证分析被公认为较全面地比较了不同规模企业技术创新，他们的重要结论就是大企业和小企业的技术创新活动和对技术创新的贡献是不同的，企业规模的选择实际上也可以理解为对企业成长周期不同阶段的选择。

企业性质也是一个重要的影响因素，本书的研究主要集中于以市场和企业组织为中介的技术创新与企业规模的间接互动导致的企业非常规成长，因此，对企业性质的选择主要是那些市场规律下根据市场机会和企业发展战略自主决策的企业，即实施现代企业制度的企业案例，而对于传统国有企业出现的非常规成长现象则不予考虑。

此外，由于案例研究的目的是归纳出理论，而不是计算频率，因此案例研究样本的选择不需要遵循抽样法则，只要案例本身具有足够的特殊性和典型性就可以（Eisenhardt，1989）。艾森哈特（Eisenhardt，1991）进一步指出，如果在条件允许的情况下，通过采用多案例研究设计可以更好地提炼出理论，单案例研究更像一个故事的描述，而多案例研究则可以形成好的理论建构。

四　市场需求强度拉动效应

本书选择通信行业的“小灵通”作为以市场需求强度拉动落后技术企业发现技术机会扩大企业规模的典型案例进行分析。

（一）小灵通在中国的商业化实现过程

小灵通，官方的正式称呼为“无线市话”，是由固定电话运营商经营的一种“准移动电话”性质的电信产品，小灵通采用微蜂窝技术，是以无线方式接入固定电话网的一种移动通信业务。由于微蜂窝技术覆盖范围较小，移动性能不及GSM等宏蜂窝技术，被认为是一种落后的技术。小灵通于1995年发源于日本，自1997年在浙江余杭首次开通小灵通以来，就一直受到争议，尽管官方最初将其定位于“固定电话的延伸和补充”——所谓“无线市话”，并限制“在中小城市发展”。但是，现在小灵通已经获得了广大消费者的认同，在全国各地包括各中心城市，小灵通业务的用户数量和市场份额均迅速增加。由于小灵通实行单向收费，资费显著低于移动电话，因此一经推出就受到了消费者的欢迎，在1998—1999年迅速蔓延到许多中小城市，构成了对传统移动电话的竞争。2002年小灵通业务在除京、沪之外的地区全面开禁，挺进各大城市，用户超过了1300万户，对传统移动电话构成了实质性的竞争。2003年小灵通业务进入北京，用户急剧增加到3700万户以上。2004年小灵通用户达到6500万户；2005年小灵通用户超过8500万户；2006年6月小灵通用户超过9200万户。图4—11显示了小灵通在中国的爆炸式发展历程。同时，图4—11的S形曲线形状较为完整，似乎表明小灵通已经成功地完成了一个商业化周期。小灵通在移动电话市场的份额（按用户比例计算），2001年为3.84%；2002年即迅速上升到6%，比上年几乎翻了一番；2003年再度翻番，涨至12.14%；2004年继续上升至16.23%；2005年达到17.82%。这一过程充分地显示了小灵通强劲的商业化能力，以及小灵通作为新产品引入的成功。

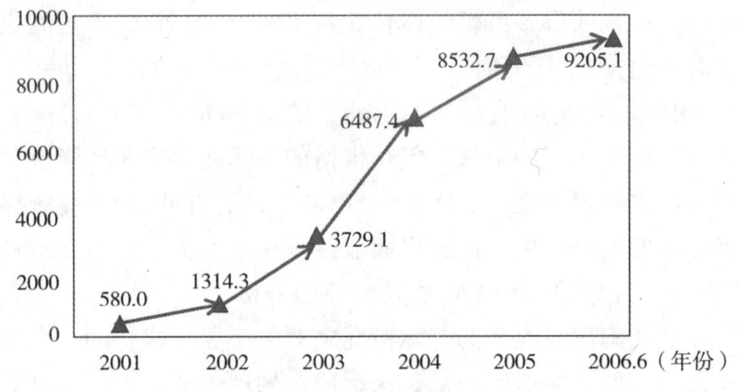

图4—11　小灵通在中国的发展历程（用户：万户）

资料来源：国家信息产业部编：《2002—2005中国通信统计年度报告》，转引自《从小灵通看“落后”技术的创新价值》。

（二）小灵通的创新价值

一是小灵通作为传统固定电话的互补品，为保持和提高传统固定电话的产量作出了重要贡献，这种对产量的贡献实际上也是对消费者福利的贡献。自小灵通引入市场以来，逐渐成为固定电话市场继续增长的生力军，在2002年固定电话用户的增量中，小灵通的贡献就已达到22%；2003年固定电话用户增量的一半来自小灵通；2004—2005 年固定电话用户增量的一半以上来自小灵通，可以肯定地说，小灵通就是给固定电话市场带来生机的新产品。小灵通的高速增长，不仅拉动了固定电话市场的继续增长，同时也使得小灵通自身的市场地位得到了不断的提升。2001 年小灵通占固定电话市场的份额仅为 3.22%；2002 年其市场份额翻了一番增加至 6.14%；2003 年其市场份额增加至 14.19%，再翻一番；2004 年小灵通占固定电话市场的份额突破了 20%；2005 年之后小灵通在固定电话市场的份额稳定在 1/4 的水平，已成为固定电话市场的一大支柱。

二是小灵通作为传统移动电话的替代品，迫使传统移动电话不断地降低产品价格，从而极大地提升了消费者的福利。小灵通作为一种“准移动”性质的电话业务，必然会对传统移动电话产生替代效应，传统移动电话的降价过程，始终伴随着小灵通的整个商业化过程。从 2001 年到 2004 年，传统移动电话的降价幅度高达 55%，小灵通的竞争至少是导致传统移动电话降价的主要因素之一。价格的下降反映了竞争程度的增加，而竞争程度的增加又将促进市场效率的提升，传统移动电话在价格大幅度下降的同时，产量获得了巨幅的增长。从 1999 年到 2005 年，传统移动电话的通话时长由 1181 亿分钟，以指数形式增长至 12509 亿分钟，总增长幅度高达 959%，年均增幅 48%。当然，传统移动电话的产量增长并不是价格下降这一因素作用的结果，但从价格的下降幅度来看，降价至少是导致产量剧增的主要因素之一。因此可以说，大幅度的降价给传统移动电话带来了大幅度的增产效果，而这里面显然包含了小灵通的重要贡献。

（三）小灵通网络运营企业成功的原因分析

第一，从我国居民收入的实际情况来看，小灵通成功的一个重要原因是由于通话费用低，在通话质量和通话成本的性价比之下，小灵通要比其他移动网络经济，并且由于我国居民收入水平增长缓慢，小灵通完全退出市场的时间尚早。

第二，小灵通的市场需求强劲，小灵通有两个重要的特质是最能够吸引消费者的：一是小灵通具有与固定电话捆绑的先天优势，由于存在这种特殊的捆绑关系，以及固定电话用户的庞大数量基础，只要固定电话市场继续存在，以固定电话为依托的小灵通就会有其存在的价值；二是小灵通绿色环保的品质对于收入不断增长的消费者反而更具有吸引力。

第三，小灵通有更大的技术机会，只要不断地注入新的技术，就会使得其产品档次不断地得到提升，即便不考虑消费者收入的原因，随着小灵通产品档次的提升，消费者对小灵通的需求将会继续保持下去。

五　市场需求广度拉动效应

以市场需求广度拉动技术落后企业发现技术机会，进而扩大企业规模的典型案例莫过于所谓的“天生全球化”（born globals）这类企业。所谓“天生全球化”企业是指那些刚成立或成立不久就快速进行国际化的中小企业，这类企业的出现极大地削弱了传统国际化理论认为只有企业规模和年龄达到了能够承受进入国际市场所面临的更大风险的程度才能实现全球化的基本观点。下面我们以拉斯·班特森（Lars Bengtsson，2004）提供的一个“天生全球化”企业 Decuma 的案例为例，理解市场需求广度的拉动效应。

Decuma 是 1999 年建立的、位于瑞士兰德科技园区的一家软件企业，它主要研制适用于移动设备（手机、手提电脑等）的手写文字转换软件。Decuma 公司的创始人是三个缺乏商业经验的大学工作者。但他们在从事科研的过程中，与兰德及其他地区的 IT 行业有过接触。在风险资本的资助下，这三个人将其科研成果向实践转变，并成立了 Decuma 公司。根据风险资本投资商的要求，公司招募了一个具有 IT 行业国际经营经验的职业经理人为 CEO。最初，Decuma 公司的文字转换软件是针对西欧的，后来根据移动设备制造商的建议，他们设计了适用于中国和日本文字特征的手写文字转换软件。2000 年年末，随着公司的发展，公司需要更多的资本投入，在这种情况下，一个在 IT 行业发展多年、长期和日本打交道并有广泛的个人网络的人投资企业成了董事会的一名成员。此外，公司还雇佣了一些职业营销人员，其中一些人来自跨国公司并具备在海外市场营销的经验。经过几个月的营销工作后，2001 年年初，公司和日本 Casio 公司签订了第一笔合约，该合约引起了其他公司（如 Hewlett Packard 和 Sony 等）的注意。因此，Decuma 公司可以说是天生的日本型企业。

在此基础上，Decuma 公司又在中国设立了办事处，并积极发展在中国的业务，但到目前还没有取得进展。虽然 Decuma 公司在日本的业务活动发展顺利，但公司赢利情况并不理想。为了发展它，需要进一步资金注入。这一次，日本企业 Sony 公司向 Decuma 公司注资并计划大规模在 Sony 公司产品中使用 Decuma 公司的软件。总之，Decuma 公司演示了一个小技术型企业国际化发展的轨迹。尽管缺乏商务经验，但企业创始人具有一种国际化定位视野。公司坐落在一个高新技术园区，在这里有许多国际商务活动活跃的跨国企业。公司最初的意图是在瑞士及其他北欧国家发展，但由于在这些市场发展缓慢，因此企业将目标转向海外市场。然而公司并没有选择心理距离近的国家如德国、英国等国家发展，而是选择了心理和地理距离都很远的日本和中国。从战略角度看，这是一个明智的选择，因为日本和中国是世界上最主要和最大的移动设备市场之一。由于风险资金的注入和一些具有国际化经营经验的人员加盟，使公司的举动更为可行。同时，公司还从其他邻近的国际化企业招募了一些具有国际营销经验的专业营销人员。在赢得了第一笔生意后，企业在日本建立了销售机构来处理和日本公司的业务，此后并着手向中国发展。

由 Decuma 公司的案例可以总结出这样一些命题：一是尽管企业规模不大，也不具备绝对的技术优势，但是仍可以借助对当前产品的需求广度找到合适的发展空间，对于移动设备的全球发展趋势判断帮助 Decuma 公司找到了更快的发展机会；二是天生国际化的企业的成功除了注重产品需求的广度，也从中发掘市场发展最快、最具有潜力的目标区域，因为这些区域更能够发掘技术机会；三是通过吸纳具有国际经验的专门人才，以及在目标市场进行本土化扩张，迅速推动企业成长。

六 “在位者惰性”与“创新者困境”

技术创新有渐进性创新和突破性创新之分，渐进性创新往往有明确的创新方向，而突破性创新则是与当前主流的技术范式不同。当突破性创新发生的时候，产业中能够成功进行渐进式创新的、原有的主导企业作为“在位者”（incumbents）常常不能继续保持领先地位，而被产业的“新进入者”（new entrants）超越。这种现象产生的原因是多方面的，其中，在位者面对突破性创新的挑战时所表现出来的消极的“在位者惰性”（incumbent inertia）是最主要的原因。所谓在位者惰性，指的是产业中的原有企业未能认识到突破性创新的威胁，在突破性创新来临的时候仍然坚持对原有技术进行渐进式的改进；或是即使认识到威胁，也反应不力，不能积极地投入突破性创新中。更为深刻的是，许多因在位者惰性失去竞争优势，甚至在产业中完全消失的企业，也曾经是以成功的突破性技术创新获得在位者地位的，克里斯滕森（Christensen，2003）称之为“创新者困境”。制度化的企业往往对于渐进性的技术创新有很好的支持效应，然而对于突破性创新则会遇到“有心去做，无力创新”的问题（Leonard－Barton，1992），也就是说，即使企业意识到了创新的必要性，但是组织结构的僵化也会使企业产生巨大的惰性，这种惰性根本上是企业家创新精神的缺失，也是企业非常规成长的原因之一，我们以柯达和施乐这两个曾经绝对的行业领先者为例分析创新精神缺失导致的企业非常规发展。

在进行数字化转型的大型跨国公司中，柯达算是一个典型。柯达是民用专业数码相机的鼻祖，也是第一台千万像素产品的先行者，柯达在十多年前就要进行“数码革命”，并在2003年宣布进一步推进数码革命的策略。然而柯达一直下不了狠心砍断连接传统胶卷业务和公司现金流的脐带，即使柯达已经认识到数字技术对其传统的核心竞争力将具有彻底的破坏性，并能够直接阻断其传统的主要收入来源。时至今日，传统业务仍然是柯达最大的收入来源，第二季度贡献利润1.3亿美元，与此同时，来自数码业务的利润只有400万美元。“在未来的路上，我们一只脚踩在油门上，另一只脚踩在刹车上，而且不管在任何时间，我们都不清楚哪一只脚应该踩得更重一些。”在2005年2月召开的PMA大会上，柯达消费型数码影像组总裁菲尔·法拉齐（Phil Faraci）坦诚地告诉与会者。这正是柯达在数字化转型过程中最真实的挣扎写照。柯达与许多大公司相似，过去辉煌的成就成为后来前进的惯性，也成为创新的惰性。

目前，柯达的民用胶卷业务正以每年1/4的速度缩水，2000--2003年，柯达的销售业绩虽然只是微小的波动，但净利润的下降却十分明显，从2000年的14.7亿美元，锐减到2003年的2.87亿美元，年跌幅超过46%。而导致这种跌幅趋势的，主要是传统成像产品业务，因为直到2002年，在柯达130亿美元的营业收入中，仍然有70%的比例是由传统胶卷创造的。而且由于传统胶卷销售下滑超过预期，到了2005年第一季度，柯达扣除一次性支出后亏损了1.42亿美元，国际评级机构标准普尔将其公司债评级降为“垃圾级”，还作出“核心业务加速下滑”的评语。

类似的一个案例是施乐的例子，1999年，佳能以低于施乐15%的价格向欧美市场大举进攻，取得巨大成功。2000年，佳能在美国已把施乐挤下第一把交椅，使之失去1/3的市场。又加上短期债券到期，无钱兑现还债，施乐陷入全面危机。施乐失败的首要原因在于长期形成的官僚体制。其实施乐早就意识到自己的企业已不改不行了，前后几次进行重大改革，甚至比照相机业龙头老大柯达的改革动作还快。但施乐与柯达遇到了同一问题：有了新点子，但没有执行这个点子的机构。它们的共同之处都是组织僵化，官僚们已不能自行调整，产品开发始终滞后于对手，失掉了一个又一个商机。施乐失败的第二个原因是经营战略的错误。办公设备数字化的风潮已经形成，但施乐没有迎着这个风潮进行战略转移。如果把施乐的复印机纳入企业电脑网络，通过电子邮件，根据需要随时可以复印出来，就可取代传统的复印机，但施乐无动于衷，仍然坚持传统复印机为产品中心的方向。这就使施乐面对不断创新的惠普等竞争对手时真有些力不从心了。施乐以开发新产品来维持旧事业架构是不会成功的，只有用新的经营方式运作新事业才能挽救原有的传统大企业。

总结以上柯达和施乐失去传统大企业的创新能力的案例，失败的原因并非主要归结于破坏性技术的出现，柯达就是数码影像这种破坏性技术的缔造者，更重要的恐怕是组织的官僚等级制度严重制约了企业家精神面对新的技术机会和市场机会时本应发挥的作用。

七　中间组织网络创新

作为中间组织中的企业，有效地维护和利用中间组织的创新网络是企业成长的一个重要标志，此时企业规模是以有效配置网络创新资源为目标进行调节的，因此企业规模与技术创新的关系往往具有很大的不确定性。中间组织创新网络的类型主要有两种：一种是以大企业为核心，其他企业合作的创新网络；另一种是以中介机构策动的无核心式企业创新网络。

丰田的垂直网络模式是以大企业为核心的创新网络的代表。丰田模式主要是指汽车制造企业丰田及与其合作开发生产汽车的供应商之间结成的知识共享及企业管理网络。知识扩散在丰田网络中较之于其他汽车制造商企业更加便捷与迅速，说明了丰田有效创造及管理网络层面上知识共享进程的能力，至少部分解释了丰田及其供应商们所享有的相对生产力优势。丰田主营汽车设计和组装，大部分零部件和其他投入则需要从与丰田有关系的公司或企业购买，其商业关系首先是以“执行”为基础，而不是以所有权为基础。丰田与180个一级供应商建立了战略网络，从而解决了合作和协调的问题。

丰田与供应商的网络始于20世纪50年代中期。当时，由于朝鲜战争的爆发带来了对卡车以及其他军事相关设施的需求，随后在日本出现了持续的对一系列工业品和消费品的大量需求，汽车就在其中。在这种情况下，丰田公司作为汽车行业的主导企业，充分认识到如果靠自己继续生产零部件就会有丧失市场份额的风险，将会延误企业国际化以及从国外引进技术的进程，而且还会占用大量的熟练劳动力和资本。一种更好的选择是主导企业集中于装配业务，而鼓励许多中小企业加入它们的行列，从事专业化的不同零部件的生产和供给。而另一方面，对中小企业来说，能够与丰田这样的大企业建立持久的联系并进行持续的供货也有极大的好处。中小厂商可以从这种以主导企业为核心的工业系列集团中寻求一种庇护，从而避免高度竞争的市场环境造成的不确定性。基于双方从这种网络中获得的利益，网络开始逐步被建立起来。

丰田与其供应商组成适应日本国情的独特的垂直创新网络。该网络的特点是，汽车制造商丰田是这个网络的中心。这主要体现在：丰田是网络中唯一与其他每个企业都有直接联系的公司，是网络的发起者，它不只与其他企业直接关联，而且与每个供应商都有内部的经济依赖性。因此，丰田也就成为从网络发展、提高中受益最大的一方。丰田知识共享网络每一步都在为“共享目标”的实现起着促进作用，并且让所有供应商相信他们是一个大集体的一部分。这些网络层面的学习进程使供应商们频繁进行面对面的交流，又创造了一个网络层面上的社会团体。当供应商逐渐确认网络时，他们会不知不觉地参加知识共享活动而不再需要任何形式的成本。

无核心式企业创新网络往往基于一个地区一个产业的集群发展。以大连软件产业为例，近年来，大连市高新技术创业服务中心在创新孵化模式和创新服务体系方面，特别是在软件产业创新集群发展方面进行了新的探索，实现了新的突破，有力地促进了科技成果转化，培育了一批具有自主知识产权的科技型中小企业和优秀的企业家。这其中创业中心的中介策动力量不仅建立了创业联盟合作基地，而且实现了大小软件企业的互动集群创新。

（一）中介策动效应

大连市高新技术创业服务中心充分发挥大连高新区管委会为入园企业搭建的中介服务平台、金融服务平台、通关服务平台的作用，对入园软件企业在“三个平台”服务方面更是周到细致。在创新孵化机制方面，创业中心以打造“大连市第一创业环境”为目标，以“鼓励创业、宽容失败”的理念全力支持创业者干事业，帮助创业者干成事业，为企业家提供全方位的优质服务。在政策、资金、人才、市场、培训、中介、咨询、物业等诸多方面，不断为创业者加油充电、排忧解难。在创业中心政策体系建设上，着力打造孵化政策优势，修订和出台切实可行的优惠政策。针对软件企业的特点，创业中心不断完善支撑服务体系，除为企业提供孵化场地租赁、物业管理、商务服务、工商税务咨询等服务外，还与有关部门联合为企业提供公证、会计事务咨询、银行信贷、ISO 国际质量体系标准认证、法律咨询、专利申请等服务。同时，重视发挥政府支持中小科技企业发展金融政策的导向作用，增强创业园对孵化企业的凝聚力，入园企业经过评审，不但可以在孵化场地的购买和租用上享受减免，还可获得一定数额的担保基金、风险投资基金、创业园种子基金等专项款的支持。

（二）非正式网络效应

大连市高新技术创业服务中心不仅在完善服务体系和营造良好环境方面下功夫，同时结合创业中心的实际情况，组织创业中心内的软件孵化小企业成立“创业者沙龙”，定期组织他们交流创业经验，通报软件产业发展信息。通过举办“软件企业创业论坛”，组织入园软件企业家学习创业成功企业的经验，体会和吸取海外学子归国创业的感悟与建议，掌握专业领域的国际发展前沿和动向，加强了企业间的沟通，加深了企业间的友谊与合作。在此基础上，创业中心与大连市软件协会在创业中心成立了大连市软件协会创业中心分会，为入园软件企业提供了一个新的发展平台。

（三）集群内部企业联盟

随着软件产业的发展需要，创业中心又组织园内软件企业成立了软件联盟大连创业园软件集团。该集团整合了具有丰富经验的 IT 技术团队和管理人才，可为客户提供高品质的软件开发和信息服务，凭借集团成员与日本、美国、加拿大及北欧等国家和地区客户多年的合作实践，通过国际化的融合和运作，不断提高创业中心软件企业的竞争力。创业中心还帮助软件联盟成员招聘人才，举办各种活动，特别是在中国大连软交会期间和在日本举办的软件展会上，创业中心把联盟成员组织起来集中参展，解决了孵化软件企业个体参展能力不足的问题，使入园软件小企业也可以和大企业一样在展会上展示自己，并获得最新的国内外软件产业发展信息。

八　案例的实证作用与基本结论

现将上述不同案例对于企业非常规成长的实证作用总结为表 4—5，

由此可以看出跨案例研究在很大程度上证明了之前提出的假设，由“熊彼特假设”定义的常规企业成长模式在具体的市场和组织情境下，技术创新过程呈现出复杂的变化方式，不同创新因素的相互作用和驱动力量强弱对比下，企业成长表现出了很多非常规性，小企业落后的技术范式和研发能力也会获得成功，而大企业僵化的组织形式也会导致失败。在速度经济和创新网络化背景下，企业规模和创新资源并不是创新成功的必要条件，有效利用外部的创新资源和把握技术机会更为关键。

表 4—5　　不同案例对于企业非常规成长的实证作用

<table>
<tr><th rowspan="2">企业常规成长</th><th colspan="4">企业非常规成长</th></tr>
<tr><th>假设</th><th>案例</th><th>实证作用</th><th>证明程度</th></tr>
<tr><td rowspan="5">技术创新与企业规模以企业家精神作为推动力量，直接增强技术创新能力和技术创新动力，实现循环促进的企业成长模式</td><td rowspan="2">“技术落后—规模扩张”型企业非常规成长的原因主要是由于落后技术并非不能进行技术创新，落后的技术仍然能够通过补偿性地满足市场需求不断发现技术机会，从而间接增强企业的技术创新动力，实现企业规模的不断扩张</td><td>“小灵通”以“落后”技术实现规模扩张</td><td>市场需求强度拉动效应</td><td>达成预期</td></tr>
<tr><td>“天生全球化”的 Decuma 公司</td><td>市场需求广度拉动效应</td><td>达成预期</td></tr>
<tr><td>“企业规模扩张—技术创新落伍”型企业非常规成长的原因主要是由于制度化条件下的技术创新并非一定比靠企业家的“灵感”和市场“洞察力”产生的技术创新更成功，企业规模扩张条件下，增加的管理协调在为技术创新提供更多的制度支持的同时也会扼杀企业家精神，从而间接地减少企业的技术创新能力，导致企业的技术创新落伍</td><td>柯达与施乐公司这种曾经作为行业领先者的大企业技术创新落伍</td><td>“在位者惰性”与“创新者困境”</td><td>基本达成预期(企业家精神缺失程度*)</td></tr>
<tr><td rowspan="2">“技术创新强劲—企业规模不扩张”型企业非常规成长的原因在于中间组织通过发挥中介作用整合网络资源，提升创新过程中的开放性，有利于共享创新资源和增加技术机会，从而提升企业创新能力。但是中间组织模糊企业边界，以获得和优化配置网络资源实现企业成长，减弱了以扩张企业规模为目标的技术创新动力</td><td>丰田的核心企业网络化创新模式</td><td rowspan="2">中间组织网络创新</td><td>基本达成预期（结点企业规模*）</td></tr>
<tr><td>大连软件行业的中介策动集群模式</td><td>达成预期</td></tr>
</table>

资料来源：笔者整理，* 为所选择案例与预期达到实证作用的差距。

通过以上的跨案例分析，得出如下结论：

第一，作为衡量企业成长的传统标准，技术创新与企业规模并非是各自独立的系统，“熊彼特假设”建立了关于技术创新与企业规模关系的企业常规成长模式，然而这种以企业家精神为主要推动力量的企业成长模式，并没有考虑市场需求和企业组织内部对于技术创新与企业规模发生间接互动关系的影响，这种影响导致了企业出现非常规成长现象。

第二，由市场需求的强度和广度引起的“落后”技术市场成功的企业成长现象，是由于需求的强度和广度足够大以至于“落后”技术仍然具有很多的技术机会和市场机会，从而推动企业规模不断扩张。

第三，由于规模扩张而导致的企业管理协调和制度化的完善，尽管对于企业定向性技术创新有非常好的资源支持和制度支持，但是却抑制了传统企业家精神，使得企业在面对突破性创新的时候反应迟钝甚至有心无力，出现了“在位者惰性”和“创新者困境”。

第四，中间组织的出现更是极大地凸显出企业成长模式与常规企业成长的不同，企业不是以规模的扩张作为企业成长的目标，而是以整个网络资源的拥有和有效利用为企业成长的标志，处于中间组织中的企业通过网络资源明显提升了技术创新能力，但是企业缺乏成为垄断企业的技术创新动力，因此企业规模从属于技术创新。

本章小结：组织创新与企业成长

深入组织的运行过程会发现，技术的复杂性、不确定性和组织嵌入性等对组织创新有很大的影响，而组织也会按照实现自身目标的经济性和效率等原则选择对技术的使用、开发和商业化方式，从而产生了组织对技术发展方向和使用方式等的构建。因此，从技术的角度来说甚至可以将正式组织看做技术的集合，而企业的成长就是对各种内部研发技术和外部引进技术创造新价值的规模和效率的表述，在这个过程中组织创新伴随企业对技术的使用和研发，既是企业成长的结果也为企业成长提供直接动力。

组织创新是熊彼特定义的创新情境中的重要内容，组织创新为技术创新提供了微观环境，同时又是满足自身内在成长的需要而对外部环境变化的创造性调整和适应过程。组织创新伴随着对资源配置方式的改变，通过新的资源配置方式与所处环境中的各种因素建立联系并且运用这些联系去接近各种资源，以更加有效地适应企业成长的需要。企业在不断优化配置资源的过程中实现规模扩张、能力增强和创新水平的提升，而企业成长过程同企业内外环境的相互影响又是组织创新的直接动力。现代企业理论认为，企业的成长主要是对市场机制更有效的替代结果，企业规模的变化、交易的内部化和能力的提升都需要组织在结构、制度和文化上的有力支撑，通过组织创新能够发挥降低交易成本、提高资源配置效率和提高竞争力的作用。组织创新还能够同技术创新产生协同效应，加速实现创新成果的商业化，帮助企业获得竞争优势。

在网络经济下，组织创新有助于从外部获得资源以突破企业成长的资源制约和技术创新的规模存量限制。各具优势的企业通过网络型组织联合到一起形成优势互补，不仅拓展了企业的生存空间，而且有利于节约搜寻成本和交易费用。大量介于市场和企业组织之间的中间组织的出现，突破原有的仅依靠企业自身逐渐积累性的成长模式，各种形式的战略联盟、产业集群和虚拟组织等能够借助外部力量实现企业的跨越式成长。

第五章　技术创新空间的形成与演化

第一节　技术范式、技术创新与技术轨道

从互构的角度来讲，技术从来就是一种社会现象，库恩（Kuhn，1962）从技术创新的源头——科学理论研究的演进方式角度进一步发展了“范式”（Paradigm）的概念，他认为“范式是指那些公认的科学成就，在一段时间里为实践共同体提供典型的问题和解答”，应用这一来源于社会学的概念研究科学技术，本身就包含了互构的思想。技术创新经济学家多西（G. Dosi，1982）将范式正式引入技术创新研究之中，并提出了技术范式的概念，技术范式并非是简单地将技术和范式的一般意义综合在一起，而是专指技术进步的主要社会意义——经济意义，多西将技术范式定义为“解决技术经济问题的一种模式”。技术范式并非某种具体的技术，而是经济社会在一定时期由各种具体技术组成的一个技术体系。其特征包括：技术所依赖的知识的性质、技术需要的资源类型及其性质、技术应用的主要生产领域、体现技术特性的产品等。每一“技术范式”都定义了自身技术进步的方向和内涵。换个说法，技术范式定义了进一步创新的技术机会和有关如何利用这些机会的基本程度。技术范式给技术创新提供了一个基本的经济社会范畴，也是厄特巴克（Utterback，1994）的技术生命周期理论有意义的条件，那就是一项技术如何被划分为突破性技术和延续性技术主要看它对技术范式的作用，强化这种范式的技术创新就是延续性的技术创新，而对当前技术范式具有颠覆性的技术创新就是突破性技术创新。

技术范式不是一成不变的，事实上，由于知识更新的推动力量和市场需求的拉动力量，技术创新总是不断出现，并且表现出周期性的规律性，这使得技术范式具有了演化特征。技术范式明显具有三个阶段，即技术范式的产生阶段、技术范式的形成阶段和技术范式的转移阶段。技术范式的

产生一般是由新技术引起的，虽然适合市场上某些特定领域的需要，但是产品功能不成熟，市场不确定性很大；随着市场需求的不断扩大，以及企业 R&D 投入的积累效果，新技术的普适性越来越强，技术结构趋于稳定，此时技术范式已经形成，在此技术范式下的技术创新主要是对产品功能的进一步完善以及对工艺的不断改进，企业把焦点放在提高生产效率和市场渗透上，企业的技术创新也具有某种程度上的可预测性。基于此，多西（G. Dosi，1988）发展了尼尔森和温特（Nelson & Winter，1982）演化论中自然轨道（natural trajectories）的概念，提出了技术轨道的定义，即"沿着由范式规定的经济和技术折衷的技术进步轨迹"，迪尔里克斯和库尔（Dierickx & Cool，1989）着重强调了技术轨道这种路径依赖的特性，把技术轨道定义为"追循一项技术发展的一系列路径依赖的经历"，也就是说，技术轨道是以技术范式形成作为起点的。任何技术范式都不能完美地解决所有技术经济问题，并且伴随着外部环境的变化其功能的不足将越来越明显。克里斯滕森（Christensen，1996）认为技术都存在"自然极限"，接近"自然极限"技术的使用效率越来越低，旧有技术范式开始转移，可能的替代技术不断涌现，新的技术范式在酝酿中，此时的技术轨道正在经历一系列的动荡，可能会通过一系列的跳跃和升级在新的技术范式下连续，也可能随着原有技术范式的转移就此消失，技术范式、技术创新和技术轨道的关系如图 5—1 所示。

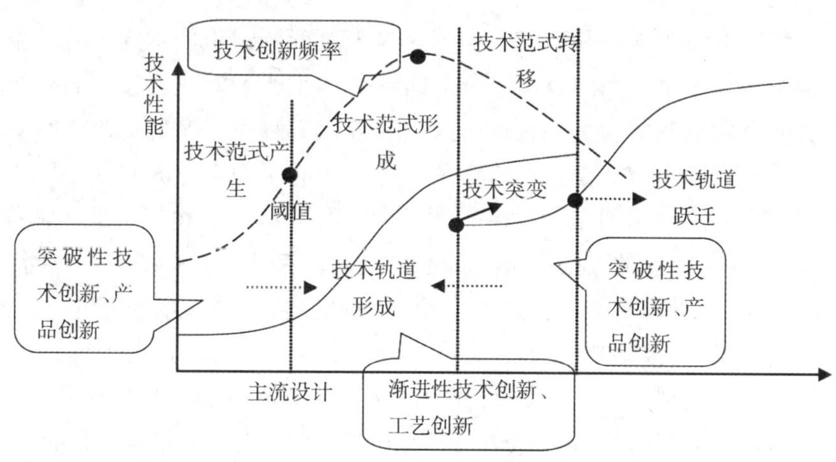

图 5—1　技术范式、技术创新与技术轨道的关系

资料来源：笔者整理。

技术轨道理论能够为我们提供一个研究技术创新、组织创新和企业规模的重要平台，技术轨道的形成与跃迁为研究技术创新与企业规模非线性关系中的协同性和不对称性也提供了重要的启发。本书认为，技术、组织与市场的互构是形成技术轨道的内在因素之一，企业规模与技术创新的互动演化在时序上最终要形成一条或多条技术轨道。

第二节　技术轨道演化与企业技术创新

一　技术轨道形成期的企业规模与技术创新

技术范式一旦确立下来，就开启了以技术范式为核心的技术轨道，然而技术轨道的形成过程是一个演化的过程，每条技术轨道的共同之处都是以同一技术范式为核心，不同之处则有赖于技术轨道形成之初的初始条件以及在不同环境约束下的路径依赖。多西认为，技术轨道并不是线性的确定性选择，它们可能处于不同的分支上，也可能存在不同的技术定位、方向和能力。在技术发展过程中选择的限定性在逐渐增加，即技术发展过程是在技术范式规定下，沿技术轨道方向发展的一种强选择性的进化活动。如果确定了一种技术范式的主导地位，那么经济约束就对技术轨道起到了重要作用，企业规模的经济作用在生产上更多地表现为企业的规模经济、范围经济和速度经济，而技术创新则是技术商业化的必然结果，技术轨道的形成路径在于技术创新对企业规模经济作用的选择，此外，企业规模还与技术创新的组织成本相对应，当一种技术创新的组织成本巨大时，企业规模就不可能太小，而当技术创新的组织成本很小的时候，过大的企业规模将造成管理成本的增加，也就是说，企业以哪种形式实现规模的经济性与选择的技术创新方式是相互构建的，这当中有组织发挥的间接作用，如果发挥规模经济作用的企业规模与技术创新的组织成本并不相符，则技术轨道就会调整，调整的过程就是技术轨道形成的特殊路径，如图 5—2 所示。

由图 5—2 可以看出，在技术轨道形成期，由于企业的技术创新是沿着技术范式的增量式技术创新（Freeman，1988），因此，技术创新对于企业规模的影响很大一部分是由于不断深入的技术创新而增加组织成本，企业不断进行 R&D 投入以不断完善当前的技术工艺，追求生产的低成本和对顾客需求的快速满足是这个时期技术创新的特点。然而，技术创新最终会遇到“自然极限”，顾客需求的多样化也会使单一形式的速度经济存在较大的不确定性，因此这两种企业规模的经济作用形式，最后都会转向范围经济，而企业的多元化扩张也是这一时期企业规模应对不断深入的技术创新的一种形式，企业内部分割为若干个事业部，外部的兼并收购活动也日益频繁，这都为企业获得突破性的技术创新，从而在新的技术范式下接续技术轨道创造了条件。

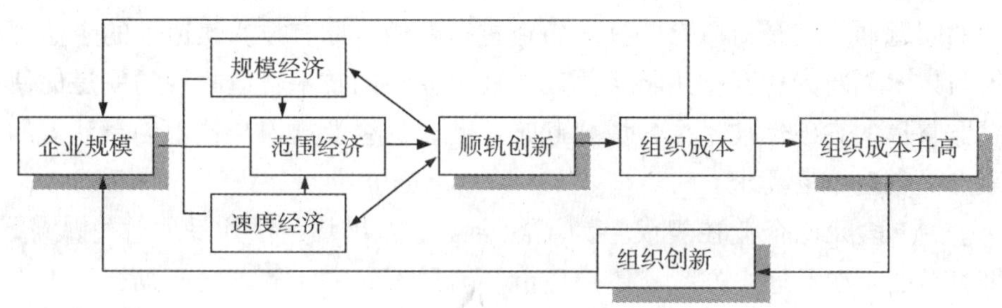

图 5—2　技术轨道形成期的企业规模与技术创新

资料来源：笔者整理。

二　技术轨道跃迁中的企业规模与技术创新

技术轨道跃迁是由技术范式的转移引起的，当现有技术已经发展成熟，进一步深入创新缓慢，而具有很好利基市场的“破坏性技术”已经发端的情况下，潜在解决技术经济问题的技术模式正在酝酿（Wade，1995）。技术轨道形成过程中企业规模与技术创新的互构主要受到组织因素的影响，而在技术轨道跃迁过程中的企业规模与技术创新则主要受到市场的影响。组织提供了“顺轨创新”所需要的企业资源和智力支持，并且有核心技术范式的技术推动力，而在技术轨道跃迁过程中则主要是市场需求的拉动力量起作用。

技术范式转移过程中的技术进步主要表现为突变的、跃迁的、非连续性的过程，成功的新产品和由此决定的商业模式并不清晰。在这种情况下两类企业容易获得技术创新的成功：一类是技术专业化定位的小企业，另一类是多元化的大企业。当原有的技术范式到了“自然极限”的时候，小企业也能够通过大企业的技术扩散和自身的模仿创新掌握创新技术，并且专业化的小企业更容易从新产生的大量可能成为主流的突破性技术中找到商机，小企业的市场灵活性能够使企业自身以较低的成本尝试新的商业模式，突破性技术与成功的商业模式创新就有可能开启新的技术范式，这时原有技术轨道面临消亡，新的技术路径形成新的技术轨道。而技术轨道的跃迁一般发生在大企业中，如前面论述的大企业通过两种形式获得突破性技术，一种是大企业内部分割经营事业部，模拟小企业面对的市场环境，从而以小企业的方式获得突破性技术；另一种是通过兼并有发展前景的小企业的方式获得突破性技术，兼并后的小企业成为大企业的一个独立的技术创新和商业模式试点。无论以哪种形式获得突破性技术，大企业面临的问题之一就是对原有的技术轨道进行升级，原有技术轨道下的企业规模与技术创新的相互作用将会改变，而建立新的技术轨道的目的就是促使企业掌握的突破性技术尽快成熟起来，此时的企业规模与技术创新互构的重点是创造市场需求。

原有多元化企业在规模上为了配合创造新市场，往往采取收缩战略，即将与旧有技术范式关系密切并且市场前景不好的业务方向压缩，集中力量进行突破性技术的纵深创新，为了尽快培育市场，原有主要大企业可能针对一项突破性技术进行创新合作，并且利用合作企业在市场上的垄断地位推行新技术，所以，所谓企业技术轨道跃迁就是大企业在原有技术轨道的基础上定向性地配置资源，通过创造新市场以及推行新的商业模式，尽快地确立一项突破性技术的主流地位，这时企业规模变化的经济作用是由范围经济向规模经济和速度经济转化，技术创新的方向则是加强突破性技术的内核，因此表现为对已有技术范式的极大破坏性，技术与组织的镶嵌性让位于技术对组织惯性的颠覆性，组织创新随后出现（见图5—3）。

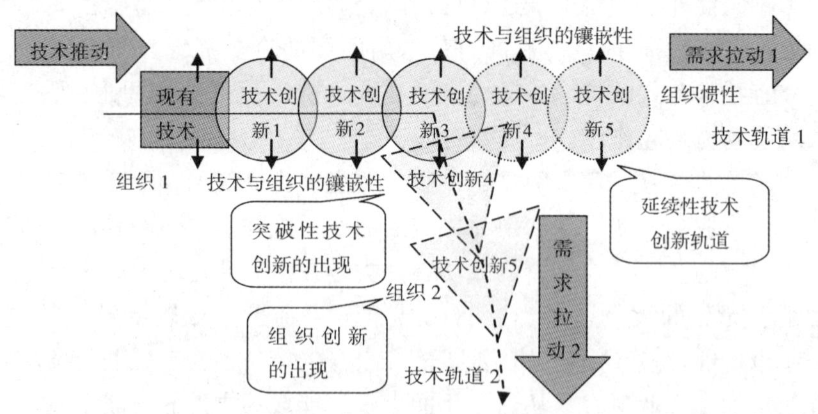

图5—3　技术轨道跃迁中的突破性技术创新、需求拉动与组织创新

资料来源：笔者整理。

第三节 企业生命周期与技术生命周期的联动机制

一 基于企业成长本质的企业生命周期现象分析

企业生命周期理论是美国管理学家艾迪思（Adizes）博士于1989年提出来的。该理论主要从企业生命周期的各个阶段分析了企业成长与老化的本质及特征。艾迪思把企业生命周期形象地比做人的成长与老化过程，认为企业的生命周期包括三个阶段九个时期：成长阶段，包括孕育期、婴儿期、学步期、青春期；成熟阶段，包括盛年期、稳定期；老化阶段，包括贵族期、官僚化早期、官僚期（含死亡）。这一理论提出至今的30多年中，已有二十几种不同的生命周期理论模型，早期的研究重点主要集中于对企业生命周期的刻画上，近年来，研究的重点开始转移到企业生命周期的不同阶段企业行为的差异以及企业生命周期产生的本源问题上，而后者更是这一领域研究的前沿性问题，对这一问题的解答对企业战略演化、企业组织行为和企业技术创新等领域的研究有着重要的理论意义。

企业成长呈现周期性并分为几个阶段被学者们普遍接受，然而不同学者从不同角度看待企业生命周期问题，从对企业生命周期的划分种类就可以看出从企业成长的不同视角对企业生命周期的理解。已有的研究成果显示，判别企业生命周期的方法主要有企业特征综合指标、企业融资行为判别以及企业技术创新规律。

孙建强（2003）认为，企业在生命周期的每个阶段都会表现出特定的行为方式，这些行为方式是企业各种特征综合作用的结果，他认为收入增长率、市场占有增长率、科技成果转化增长率、成本降低率与规模扩张率是对企业发展影响较大的因素，并可以根据这些因素对企业的影响力分别赋予权重，据此确定企业所处的生命周期阶段。可以看出这种方法在一定程度上反映了企业的现状，得到较为合理的结果。然而，这种方法是一种比较静态的判断方法，并不能完全且准确地判定企业所处的阶段。首先主要影响因素的权重较难准确得到，其次指标函数的判断标准不够明确，受外因影响较大。李永峰（2004）在此基础上加入了时间动态性，得到了一种更加合理的判断方法，他从总资产（Z）、无形资产（W）、销售收入（S）、现金净流A（X）、生产成本（C）、利润（L）、R&D投入（R&D）、运营能力（Y）这几个影响企业生命周期的因素来确定企业所处的生命周期阶段，认为企业生命周期与影响企业生命周期的因素都可以与时间建立联系，从而构建企业生命周期系数函数L（t）为：L_t（t）=f（Z，W，S，X，C，L，R&D，Y，t），以便建立企业生命周期坐标系，并根据这个函数关系描述企业生命周期系数随时间的变化。这正是企业在不同生命阶段的综合表现，即可以此来反映企业处于生命周期的哪个阶段。企业生命周期是一个连续的时间段，因此建立的企业生命周期系数函数是连续的。通过对这一函数图像的进一步分析，来划分企业生命周期阶段。

企业在发展过程中的不同阶段，由于所处的经营环境和金融环境不同，其融资的手段和规模是有所区别的，企业会内在地表现出反映生命周期阶段特征的融资方式。关于企业生命周期不同阶段的融资行为研究已经具有较完整的理论。伯杰（Berger，1996）等提出的融资生命周期理论就是较为典型的一个，该理论将企业分为婴儿期、青壮年期、中年期和老年期四个时期，认为伴随着企业生命周期而发生的信息约束条件、企业规模和资金需求变化是影响企业融资结构变化的基本因素，在婴儿期和青壮年期企业大都依靠内部融资，而从中年期到老年期，企业得到的外部投资会迅速增加。娜塔丽雅（Natalia，1999）研究了经济管制对企业生命周期的影响，她用充分的事实证明了金融发展水平与经济增长、企业成长之间存在正相关性。梁琦（2005）基于彻奇尔（Churchill，1983）等对企业生命阶段的划分，以制造业为例，运用实证研究的方法探讨我国民营企业生命周期融资规律，得出相似的规律。他们通过对大量数据的统计分析，发现我国民营企业在生命周期的创业、生存和成功三个阶段，对自有资金、商业信用、民间借贷和亲友借贷依赖性较高，但从扩张阶段开始，对上述来源依赖性减少，企业能够通过发行证券在公开市场上融资。

企业在生命周期的不同阶段具有不同的创新行为特征，已有的研究成果对于这方面的研究主要集中在两方面：一是生命周期不同阶段技术创新的成本投入和收益的变化；二是处于不同阶段的企业对技术创新战略选择的不同。厄特巴克和阿伯内西（Utterback & Abernathy，1975）认为，在企业发展的早期阶段，产品的技术创新占主要地位，进入成长阶段和成熟阶段后，企业应致力于降低技术创新成本来维持竞争优势。达伦（Darren，2000）、克莉丝汀（Christine，1996）等学者通过对计算机业的五个企业的实证研究，得出两个结论：一是科技型企业在整个生命周期过程中从事技术创新活动所投入的成本是不断变化的。在早期及企业发展后期从事技术创新活动投入的可变成本减少而固定成本增加。在中期从事技术创新活动的可变成本增加而固定成本减少。二是企业在不同时期对技术创新的需求程度不同。企业处于创始阶段时对技术创新需求大，进入中期时需求降低，处于晚期时企业对技术创新的需求又再次增加。国内方面，全怀周（2004）从技术创新对企业成长的影响入手进行分析，认为当企业处于初创期时，企业的技术创新投入要远远大于创新所带来的收益，在这个阶段技术创新对企业发展没有多大的促进作用，相反可能会由于分散企业资源而对企业成长造成负面影响；当企业处于成长期时，技术创新会加速企业成长，此时技术创新带来的效益已经足以弥补其所耗费的资源，并且效益呈增长势头，推动企业不断成长；当企业处于老化期时，技术创新所带来的效益增长势头逐渐降低，对企业的推动力逐渐减弱，但是由于惯性作用，企业仍然会在未来一段时间内保持增长，只不过增长的“加速度”越来越小。当产品已经不适应新的环境需求时，企业将面临新的创新需求：要么寻找新的推动力，企业继续成长；要么受内外阻力的影响，成长速度变为零甚至负值。

除了围绕企业生命周期阶段研究企业从事技术创新的成本和收益之外，近年来，一些研究开始考察企业的创新策略与生命周期之间的关系。沙利文（Sullivan，2000）认为，企业的技术创新实际是一个关于技术创新资源长期使用的战略决策过程，在制定技术创新策略时，企业必定会考虑自己所处的生命周期阶段。维格勒斯（Veugelers，1999）等通过对创新过程中各种信息资源的分析发现，企业在生命周期的不同阶段会交替选择自主研发策略和外部合作策略。严中平（2004）等利用创新生命周期模型对这两种战略进行比较得出结论：自主研发与外部合作两种策略各有侧重点，前者倾向于横向延伸企业的生命周期曲线，后者则通过有效推动企业生命周期曲线的纵向伸展而使企业突破发展的资源限制线。企业的持续发展需要两种战略的交互作用。李丹（2004）等从各个阶段对技术创新战略的选择不同对技术创新战略进行细分，认为企业在创始阶段应采取技术创新资源战略、技术创新依附战略和技术创新夹缝求生存战略。其中，技术创新资源战略又包括内部合作和再引进创新战略。游学民（2005）认为，企业在创始阶段面临资金缺乏、人力资源不足和承受风险能力弱的问题，应采取模仿创新战略。当企业处于成长期时，游学民（2005）及李丹（2004）等均认为应以自主创新为主，后者还把此时的战略决策细分为技术创新产品差异战略、成本领先战略和紧随领先者战略，在企业进入老化期后应采取技术创新转变战略和撤退战略。

由上述判断企业生命周期的几种方法可以看出，企业是一个复杂的经济系统，各种行为既表现出较强的关联性又不完全同步，尤其是从技术创新的角度而言，技术创新的突破性常常使得企业呈现出波动性较大的螺旋形成长轨迹，企业的生命周期也并不完全是规则的，因此从技术创新判断企业生命周期往往要比企业综合特征和企业融资行为更加复杂，但却更能够认识企业生命周期发生的本质。以技术创新判断企业生命周期最为著名的例子就是钱德勒（1977）在《看得见的手——美国企业的管理革命》中提到的“技术的创新、人口的迅速增长和扩散以及人均收入的增加，使生产和分配过程更为复杂，同时也增加了经这两个过程的物资流动的速度和数量。现有的市场机制通常已不再能有效地协调这些‘流量’。新技术和扩大中的市场首次引起了管理协调的必要性”。接着钱德勒更进一步指出：“不论企业是被利用现有的物质资源和人力资源的必要性所驱使，还是受到了可以利用其资源的新市场的来临的诱导，它的趋势总是向下述方向发展，即现有的需求和技术将创造出管理协调的需要和机会。”这里技术创新被认为是一种企业外部竞争手段和引起管理协调的重要原因。因而在钱德勒的时代，技术创新的速度远没有物资流动和市场扩张的速度对经济的作用直接，企业规模的扩张不是单为了技术创新，更为重要的是能够更有效地加快物资流动速度，获得“速度经济”租金。这时技术创新与企业规模的关系是线性的，即技术创新使企业规模扩张。而格雷纳（Greiner，1977）认为管理问题与管理风格是时间的函数，而一个公司的问题及解决办法有一种倾向，就是随着雇员人数和销售额的增加而发生显著的变化。由此，格雷纳建立了一个由“年龄—规模”坐标构成的企业生命周期模型，也就是说，钱德勒和格雷纳都认为技术创新是引起企业生命周期的外部条件，内部条件是企业规模。这与当今信息经济条件下的企业实际情况是不符的，同熊彼特具有前瞻性的创新理论也是矛盾的，技术创新已成为经济增长和企业成长的内生变量。在这种条件下技术创新不仅有加快流通速度、扩大市场和提升市场竞争力的外部作用，还有降低企业管理协调成本、增强企业核心竞争力的内部作用，这对于企业生命周期的作用就更加复杂了。

如果从更加一般的层面来看，回到“企业的本质”上也许能够更好地理解企业成长的本质，科斯认为，“企业的显著特征就是作为价格机制的替代物”，企业的本质就是能够以管理协调代替价格协调，而企业成长则是企业能够在多大范围和多长时间里将这种协调替代机制有效地运行下去，企业生命周期反映的是内外环境变化导致的企业对这种协调成本的调整和适应。企业成长初期，技术创新比较灵活，主要受市场需求影响，企业规模甚至是多余的技术创新条件。技术创新成功后，产品的销售和企业生产则需要规模的支持，企业规模的扩张是追求技术创新的“垄断租金”，而规模的增大会导致管理成本的增加，当“垄断租金”能够弥补管理成本的时候，规模扩张就是有效的。直到企业衰退期技术创新风险加大，企业创新的“垄断租金”不足以弥补一定规模下的管理协调成本，而单纯地收缩规模又会在短期内破坏企业作为系统运作的整体性，而使得企业竞争力受到影响，一旦市场出现较大的波动或是企业技术创新失败，则企业会面临消亡的危险。

二 基于技术生命周期的技术机会分析

经济增长理论中的技术机会被解释为递增回报的来源（Scherer，1999）；在当代创新理论中，技术机会的概念有很多内涵互相重叠的解释，如新的技术范式（Dosi，1988）、新的主导设计（Abernathy & Utterback，1975）以及新的技术路标（Sahal，1985）等。本书认为，技术机会有技术和经济上的两种解释，从技术本身来看，技术机会可以分为内涵的技术机会和外延的技术机会。内涵的技术机会是指现存技术的规范或性能有改进的可能性；外延的技术机会是指一个特定的技术转移到其他技术系统的可能性，而该技术转移后在很多功能上，可以比现在正在应用中的技术系统更有效。从经济学上看，技术机会表现为技术应用于生产中的经济收益的大小，技术机会与技术创新可能带来的收益正相关，与新产品对旧产品的冲击带来的损失和技术创新的期望成本负相关。技术机会是技术进步在技术上的可能性与经济上的可能性的统一（李保明，1990）。

这对技术机会的技术性和经济性相统一的解释，还有技术经济的供给和需求两个层面：从技术供给层面认为技术机会是技术变化带来的创业机会，主要来自突破性新技术的出现和社会上连续不断的科技进步。具体表现在三个方面：一是替代性新技术的出现，即某一领域出现了突破性的新技术，足以替代某些旧技术，于是创业机会就来了；二是可以发挥新功能或创造新产品的新技术的出现，必然也会带来新的商机；三是为消除新技术带来的某些新问题，人们开发其他技术并使其商业化，这就带来了新的创业机会（陈震红、董俊武，2005）。从技术需求层面认为，技术机会是感知到的对新技术或已有技术的新需求，这些机会产生于“技术推动”，而“技术推动”是指在新市场或已有市场中刺激产生新需求的新发展。它具有以下特征：首先，各个行业各自所处的发展阶段不同，它们之间的技术机会就不同；其次，同一行业中，不同企业对机会的认识也有很大的差别，而这种认识的差别源于企业对特殊技术或市场决定力量的不同认识；最后，感知到的技术机会的不同有可能影响企业的创业活动（程美静，2005）。

当某种技术沿着特定的路径（轨迹）发展时，代表着一定程度的技术机会，由于自然规律的限制和人的认知能力的有限性，在特定的技术发展路径上，随着技术达到上限，技术机会将越来越少，这就是广为人知的Wolf规律，我们在前文已经对这一现象做了较详细的分析，那就是定向性技术创新的锁定效应。技术机会是企业技术创新的一个重要条件，企业对技术机会的识别与利用，决定着企业技术创新的成败，决定着企业能否在激烈的竞争中占据优势地位，同时也对企业能否快速进行技术创新有重大影响（张妍、李兆友，2007）。而识别技术机会的关键就是要分析技术的“可替代性”程度，即主导技术与新技术各自的推动力量和需求拉动力量的综合对比，技术生命周期就是这一综合对比的集中体现。如果我们把技术生命周期划分为导入期、生长期、成熟期和停滞期四个阶段，则不同阶段的技术机会特征如表5—1所示。

表5—1　　不同技术生命周期的技术机会特征

技术生命周期	技术机会来源	企业规模	成功因素	技术创新类型
导入期	模仿与低成本进入	私人作坊、中小企业	市场需求间隙填补	产品创新
生长期	企业学习能力、企业网络	中小企业为主	投资能力与组织生产能力	产品创新、工艺创新
成熟期	技术扩散与新的技术范式	大企业为主	技术跃迁	工艺创新为主
停滞期	技术替代	大企业为主	二次创新	产品创新

资料来源：笔者整理。

三 企业生命周期与技术生命周期的联动及影响因素分析

企业生命周期与技术生命周期虽然都是以时间为序列的演化轨迹，但是不同行业的企业、不同的经济环境、面对的技术机会以及企业家能力等因素的各异，使得将企业生命周期和技术生命周期单纯地放在时间轴线中比较失去意义，因此应该以其他标准作为将这两个生命周期联系在一起的尺度。根据上面的分析我们需要建立以企业规模和技术创新相互作用效果为标准的衡量指标来反映企业生命周期与技术生命周期的联动机制。

我们首先分析衡量企业生命周期的企业规模尺度，表 5—2 给出了当前研究企业生命周期划分依据的情况。

表 5—2 企业生命周期划分依据总结

学者	阶段数量	划分依据
Mitchell，Summer，1985	3	企业规模
Downs，Lippitt，1967	3	组织结构复杂程度
Scott，1971	3	组织结构复杂程度
周三多、邹统钎，2002	3	经营战略
Steinmetz，1969	4	所有者的控制方式
Quinn，Cameron，1983	4	管理模式、组织结构
Kazanjian，1988	4	产品或技术生命周期
Timmons，1990	4	管理风格
李业，2000	4	销售额
Greiner，1972	5	经济增长阶段模型
Galbraith，1982	5	管理风格、组织结构
Churchill，Lewis，1983	5	组织规模、运营战略
Roweetal，1994	5	组织规模、管理风格
陈佳贵，1998	5	企业规模
Flamholt，1990	7	企业规模
Adizes，1989	10	灵活性、可控性

资料来源：陈艳莹、高东：《企业生命周期理论研究进展评述》，《经济研究导刊》2007 年第 5 期。

由表 5—2 可以看出，企业规模是企业生命周期的最主要的判断标准，而前面分析了企业成长的实质是对管理协调成本的反映，企业规模的增加无疑会增加管理协调成本，所以企业规模作为企业生命周期的衡量标准具有合理性，图 5—4 反映了企业管理成本与企业规模的关系。

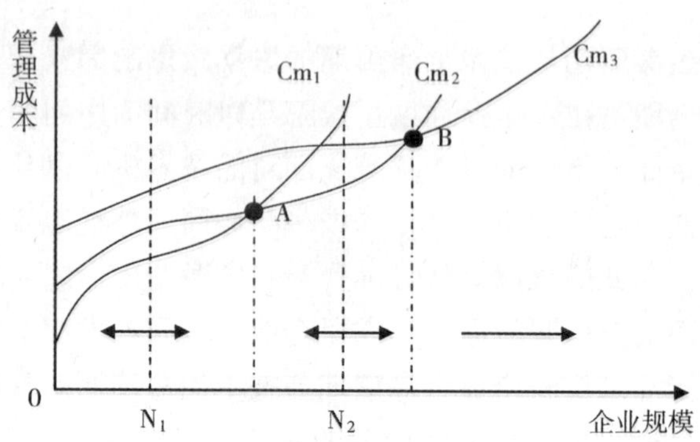

图 5—4　企业规模与管理成本关系

资料来源：刘丹：《企业生命周期的经济学解释》，《江汉论坛》2003 年第 12 期。

在我们的模型中有三条管理成本曲线 Cm_1、Cm_2 和 Cm_3，它们分别对应着三个不同的管理模式。当企业在一个较小的规模 N_1 时，由于其面临的 $Cm_1 < Cm_2 < Cm_3$，所以，管理模式 m_1 是其理性的选择；而在 N_2 时，由于 $Cm_2 < Cm_3 < Cm_1$，所以，管理模式 m_2 是其理性选择。这样，一个企业就在其不断扩大的规模序列中，走过了不同的管理模式，从而形成阶段性的成长周期。而不同管理模式对于企业技术创新而言，就是如何驾驭好企业内部资源和企业外部市场，这一点在本书前面有较详细的论述，也就是管理模式对应相应的企业控制力，根据图 5—4，我们得到企业规模与企业生命周期坐标下的企业控制力轨迹，如图 5—5 所示。

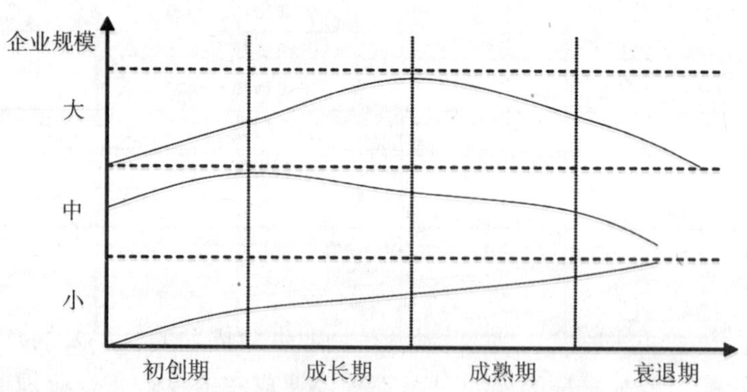

图 5—5　企业生命周期不同阶段下不同企业规模的控制力

资料来源：笔者整理。

通过图 5—5 就可以大致判断出企业控制力在企业生命周期的不同阶段的表现情况，企业规模则是影响企业控制力的一个重要因素。

技术生命周期刻画的是技术发展的演进轨迹，一项技术的发展既有自身逻辑的作用也有市场经济的影响。这两个因素的综合作用表现为技术创新的频率，由于技术和市场发展的不均衡性，技术创新频率在技术生命周期的不同阶段存在着差异，如图 5—6 所示。

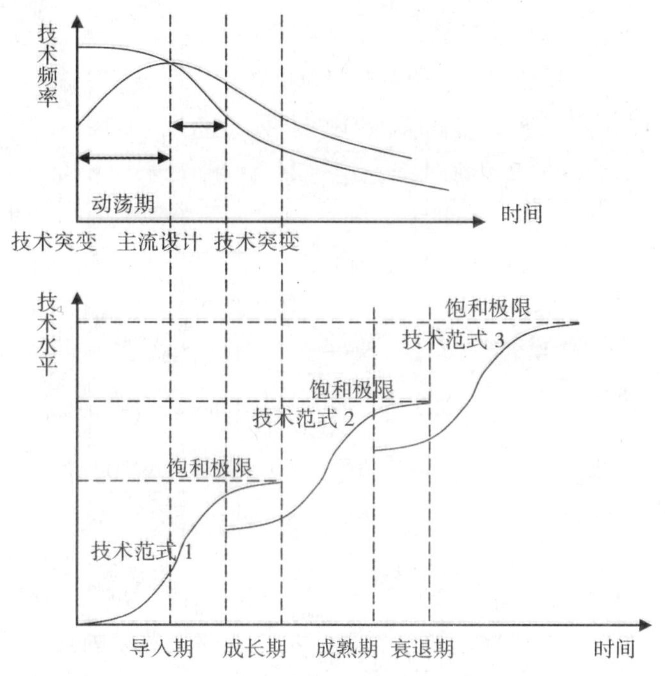

图 5—6　技术创新的生命周期与动态

资料来源：笔者整理。

图 5—6 显示从导入期经历成长期、成熟期，再到衰退期技术发展的动态性程度由弱转强，再转弱再转强，总体来讲，导入期存在技术的高沉淀成本风险和市场的不确定性，注意力主要集中在技术轨道和重要的互补性资产上；成长期则拥有稳定的市场、标准化、产品和过程创新以及良好的互补资产和增加的产品和过程创新；成熟期具有稳定的市场结构、市场垄断和串谋；衰退期则市场收缩或被新的技术替代。在技术生命周期的成长期，技术发展最具动态性，在技术生命周期的成熟期技术发展最具稳定

性。而之所以出现这种情况是技术本身和市场经济综合作用表现的技术机会在技术生命周期的各个阶段的差异性造成的。

前文我们分析了企业的控制力和创新力视角下的企业规模与技术创新的非线性关系，这里我们再次应用控制力和技术机会理论，通过企业成长现象的本质分析企业生命周期与技术生命周期的联动机制，从而揭示技术创新与企业规模的复杂非线性关系对企业成长的作用，如图5—7所示。

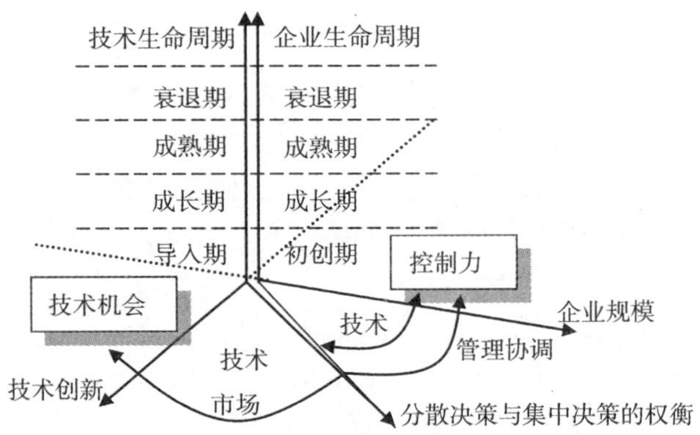

图5—7 企业生命周期与技术生命周期的联动机制

资料来源：笔者整理。

由图5—7可以看出技术生命周期和企业生命周期通过分散决策与集中决策的力量对比形成联动机制，这一机制能够大致刻画出两个生命周期之间互动的传导性，也就是技术生命周期在技术创新过程中的技术机会影响条件一是技术本身因素，二是技术的市场需求因素，而市场需求因素在企业成长过程中具有较强的市场经济特征，即分散决策性；而企业生命周期在企业规模扩张过程中需要不断地调整企业的控制力，调整控制力一方面是企业自身的技术力量，另一方面是企业的管理协调力量，技术力量与技术机会影响因素中的技术因素在本质上是一致的，不同点在于控制力的增强会增加企业的管理协调成本，即企业加强了集中决策。分散决策和集中决策的效率实际上就是市场与企业对技术决策效率对比的简化，力量对比的结果决定了是技术生命周期影响企业生命周期较多，还是企业生命周期影响技术生命周期较多，也就是说，联动机制是技术生命周期导致的企业生命周期的变迁，还是相反情况。当然，在企业成长的不同时刻很少出现一种生命周期完全引领另一种生命周期的情况，两种生命周期的相互引领体现了技术创新与企业规模关系的复杂非线性。此外，两个生命周期之间的联动机制往往具有时滞性，时滞的原因在于企业面临的外部市场和组织结构的变化，由于外部市场是导致技术机会的一个原因，本书主要考察组织结构对这种联动机制的影响。

以 Bio－management 的观点来看，企业发展的内在特征类似于生物体的生命演变过程，组织结构对于企业来讲，犹如骨骼系统对于生物体一样重要，骨骼系统的发育是随着生物体的成长而循序渐进的，同理，组织结构的演进和创新对于企业来讲，也必然是一个不断变化、动态调整的过程。巴纳德把一个组织定义为："有意识地加以协调的两个或两个以上的人的活动或力的系统，而组织结构就是组织中正式确定的使工作任务得以分解、组合和协调的框架体系。"每个时期组织结构都会有所不同，初创期的许多组织结构最初可能是直线制，也可能是直线职能制。本阶段的后期，随着企业规模的扩大和业务活动的复杂程度的提高，直线制组织结构中管理粗放的弊端逐渐显露，不再适应企业成长的需要。多数企业会寻求管理的专业化分工，组织结构会调整为直线职能制，企业中的核心部门是技术部门和营销部门。企业中的职权划分以集权管理为多，尤其是到了本阶段的后期，集权管理是绝大多数企业的必然选择。而成长期在组织结构上和职权划分上，随着企业规模的扩大，企业不断面临的组织危机是集权的管理对企业成长的制约，建立分权的组织结构是企业成长的必然要求。在这一阶段的后期，企业的组织结构将面临由集权的直线职能制向分权的事业部制转变，有的企业也可能倾向于调整为超事业部制或集团控股制。成熟期企业的资源比从前更加丰富，而企业对资源的利用效率远未达到应有的程度，因此"质"的成长是这一阶段的主要问题。为解决这一问题，企业又将开始新一轮的组织创新。这一阶段企业组织创新的重点是组织的柔性化，从前比较僵化的组织文化会阻碍组织的创新。处于衰退期阶段的企业，组织结构创新的重点应该放在集中企业优秀的核心员工，实行高度的集权统一指挥，实行决策效率高的分级直线制，及时转变观念，帮助企业走出危机，力图从那些难以获利、竞争激烈的行业或产品中退出，根据市场变化寻找新的投资方向，获得新的突破点，使企业进入新一轮的发展。以上企业生命周期各阶段组织结构特征总结为表5—3。

表 5—3 企业生命周期各阶段组织结构特征

生命周期 / 组织要求	初创期	成长期	成熟期	衰退期
专门化	低	较低	高	很高
部门化	低	较低	高	很高
指挥链	简单	较复杂	复杂	很复杂
管理跨度	大	较小	小	很小
集权	高	较高	低	较高
分权	低	较低	高	较低
正规化	低	较高	高	较低

资料来源：笔者整理。

而技术生命周期对于组织结构的要求是组织的学习能力，技术变革导致的技术生命周期意味着企业内部分工协作关系的改变，只有重新设计组织结构才能把新技术的优势充分发挥出来。因此，原先的组织平衡被打破，新的组织结构取而代之。企业技术创新全过程以及创新诸任务之中都充满了不确定性和模糊性，技术导入期的任务是获得市场认可，技术成长期的任务是尽快树立主导设计，技术成熟期的任务是工艺创新和“顺轨”研发，而技术衰退期的任务则是技术范式替代，根据技术生命周期内不同任务特征的要求，应该确定适合于企业技术创新特征的组织结构，扩大企业边界时应将那些具备与本企业技术创新有关的知识、经验的其他企业和科研单位包括进来。这样一方面可以降低不确定性和模糊性，另一方面可以降低企业的经营风险。扩大企业规模既可以采取纵向和横向一体化的方式，也可以采取通过长短契约建立合作网络的方式。总体来讲，在成长期和成熟期应尤为注意在企业内部减少纵向层次、缩小企业构成单位的规模、扩大构成单位的数量以及增强构成单位的自治性；并且降低企业的机械化程度，增强企业的有机化程度，最终目的是增加企业的技术机会。

第四节 技术创新空间的形成与演化

技术创新与企业规模并非是一方决定另一方，而是一种互相构建的关系，技术创新的变化影响企业规模，进而又通过企业规模的改变影响自身的演进轨迹，反之亦然。这种互相构建的关系也并非完全是技术创新与企业规模之间直接的构建，技术创新和企业规模的变化通常也与其他因素相互作用，在动态研究中我们不能主观地剔除这些影响因素，因此需要考察包含技术创新与企业规模的其他构建体系内，相关因素在技术创新与企业规模间接构建中起到的重要作用，即多种因素互相构建下的技术创新与企业规模的互动演化关系。为了研究技术创新与企业规模这种双向动态关系，引入互构的概念并将技术创新与企业规模的相互关系看成多元互构体系动态变化过程中的现象，从这个角度分析问题既能够将知识经济时代影响技术创新与企业规模关系因素的新特性在互构体系中体现出来，又能够通过分析互构体系的运动得到技术创新与企业规模的动态关系，所以互构体系的分析框架是对既有理论的有益拓展，能够进一步探讨技术创新与企业规模之间的非线性关系。

一　多元互构的技术创新与企业规模互动演化空间

从互构的角度研究技术创新与企业规模的关系，首先要找到互构诸元素，那就是影响技术创新和企业规模变化的共同要素。对于技术创新而言，技术首先是必不可少的因素，熊彼特就是发现了技术与经济相结合的产物对经济发展的决定性作用，才提出了技术创新的概念，技术是创新的重要内容。然而，经济学中的技术未必都能成为技术创新，弗里曼（C. Freeman，1982）在《工业创新经济学》（*The Economics of Industrial Innovation*）修订本中明确指出，技术创新就是指新产品、新过程、新系统和新装备的首次商业性转化，他强调了市场在发明创造转化为技术创新过程中的决定性作用，所以市场也是其中重要的因素之一。熊彼特在对技术创新的五种经典定义中，将实现企业的新组织也作为其中的一种，克里斯滕森（Christensen，1997）更在阐述延续性技术创新（sustaining technology）与破坏性技术创新（disruptive technology）之间矛盾的时候明确提出，突破“创新者困境”的关键在于在破坏性技术创新之前要进行组织创新，可见组织也是影响技术创新的重要因素之一。司春林（2005）在研究创新经营的时候，用一个三维坐标系来表示技术、市场与组织之间的关系，研究了三者相互影响对技术创新战略的决定性，并称之为创新空间，我们认为这实际上就是一个多元互构体系。对于企业规模而言，影响因素往往会根据企业规模类型的不同表现出不同的主导性。按照张元智、马鸣萧（2004）的定义，企业规模分为纵向企业规模和横向企业规模，陈金波（2006）在认可企业纵向规模和横向规模的基础上，又提出了多元化企业规模的概念。这里的企业规模主要考虑经济学意义，纵向企业规模即企业内部的生产环节数目，由交易费用大小决定的企业边界，是由组织管理成本与市场交易成本共同决定的，所以对于纵向规模而言组织和市场要素必不可少；横向企业规模是指企业重复生产同一产品的数量大小，是由分工和企业追求规模经济决定的，分工受到组织的影响，产品生产数量也受到市场需求的制约，所以对于横向企业规模来讲组织和市场要素同样必不可少；多元化规模是指企业生产不同产品种类的跨度，范围经济和规避市场风险分别从生产和经营方面决定了多元化企业规模的合理性。在生产领域，通过合理组织生产，提高企业内部信息和设备的共享率，就能够通过充分利用企业剩余资源节约生产成本，从而更多地获得由规模扩张带来的经济利益；在经营领域，多元化能够规避一种产品因市场需求紧缩、技术替代等带来的风险，是延长企业生命周期的有效手段之一。企业多元化规模在生产领域主要受到内部组织的影响，在经营领域主要受到市场的影响，因此对于企业多元化规模，组织和市场两要素仍然不可缺少。

我们以技术、组织和市场作为三维坐标轴建立互构空间（见图5—8），讨论互构空间内企业规模与技术创新的互动演化。技术、组织与市场互构的结果会形成不同种类的技术创新和企业规模，这样我们可以把企业规模与技术创新的关系进一步细化，找出每种关系形成的内部原因以及不同关系之间的演化过程。首先讨论技术—组织互构的情况，克里斯滕森（Christensen，1998）在“创新者困境”的研究中，详细地分析了技术范式的变迁同组织结构变迁之间的关系，他将技术分为破坏性技术（disruptive technology）和延续性技术（sustaining technology）两种，相应的创新就是破坏性技术创新和延续性技术创新。破坏性技术是在发明创造成功的基础上对原有技术范式的突破，而延续性技术则是在原有技术范式下的改进。一种技术范式在企业内的发展最终会形成一条技术轨道，技术轨道既受到技术范式物理极限的制约，又受到组织资源支持方式和管理有效性的塑造，因此是技术与组织互构的结果。破坏性技术创新常常是新技术轨道的始点，而延续性技术创新则是在原有技术轨道上的“顺轨创新”，由于引起破坏性技术创新的主导力量是技术因素，所以我们在图5—8中表示为靠近技术坐标轴，同理，组织支持度越高延续性技术创新越有效。在技术—市场互构的情况下，尽管市场是检验技术创新的决定性依据，但是也可以分为已有市场上的技术创新和创造市场的技术创新两种情况，司春林（2005）将以提高质量、性能，降低成本为主，在已有市场上的创新称为连续性技术创新；将产品创新与市场创新同步进行，创造出新市场的创新称为不连续性技术创新。已有市场上的技术创新受到顾客需求的牵引，顾客偏好、消费习惯等在很大程度上左右着技术范式的发展，因此市场因素在连续性技术创新的实施中起主导作用；不连续性技术创新的一个重要内容就是以新的产品创造新的市场需求，是技术对顾客需求的培养和引领，技术因素在不连续性技术创新的实施中起主导作用。组织—市场互构是多种形式企业规模形成的重要原因，规模变化某种程度上反映了作为企业重要内外环境的组织和市场力量的对比，横向规模、纵向规模和多元化规模都受到组织和市场的影响，但是具体哪种规模扩张方式更有效还受到企业实施技术创新类型的影响，因此，企业规模是组织和市场互构直接决定的，是技术与组织和市场互构间接决定的。

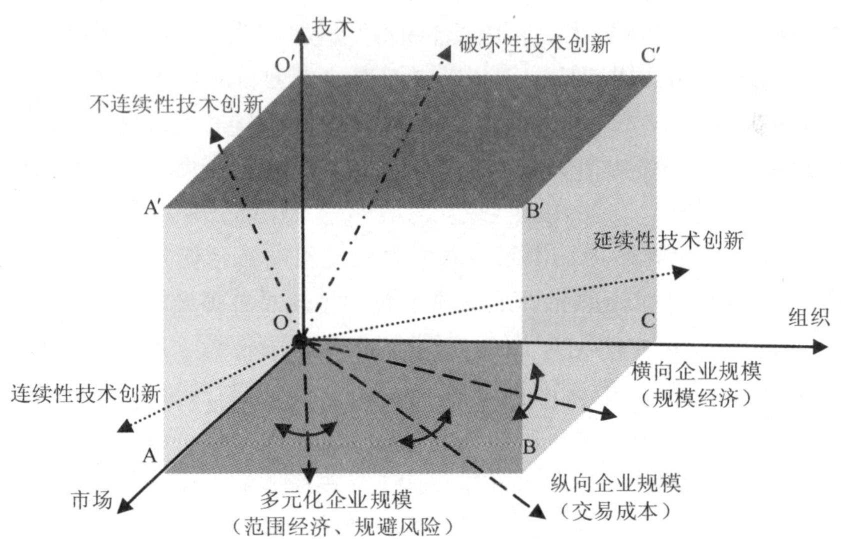

图 5—8　多元互构下的技术创新与企业规模互动演化空间模型

资料来源：笔者整理。

厄特巴克和阿伯内西（Utterback & Abernathy，1994）从技术创新的过程角度区分了产品创新和工艺创新，并提出了技术生命周期动态理论，即 A－U 模型。尽管这一模型也涉及了组织和市场因素，但主要探讨的是技术因素，我们将在这一模型的基础上突出技术、组织与市场间的互构关系，并在互构空间内进一步研究企业规模与技术创新的互动演化。技术生命周期的起点是新技术的诞生，我们假设这也是互构空间的起点，即新技术催生新组织和新市场。此外，我们区分了两对四种类型的技术创新大类，一对是以技术创新的可预测性为依据的定向性技术创新和非定向性技术创新，另一对是以技术原理的改变为依据的针对工艺创新的渐进性技术创新（incremental innovation）和根本性技术创新（radical innovation），分别对应连续性技术创新、不连续性技术创新、破坏性技术创新和延续性技术创新四种组合，如图 5—9 中的 A、B、C、D 所示。以新技术为主导的是不连续性技术创新和破坏性技术创新（A），这时市场和组织的相互关系会发生两种变化：一种是新组织不断对新的市场需求进行满足，随着企业产量的增加新市场逐渐成为已有市场，这一过程企业主要通过扩大横向企业规模而扩张（A－B）；另一种是在新市场上，新组织的结构和功能在发展中日渐成熟和完善，并最终成为稳定的组织形态，新市场上的交易费用往往要比在成熟市场上高，因此企业通过扩大纵向企业规模进行扩张（A－C）。企业由渐进性技术创新向定向性技术创新转化是在已有市场上的组织成熟过程，纵向企业规模扩张仍然会发生，随着市场容量的饱和以及新技术随时颠覆性地出现，企业规模扩张的重点逐渐转向为寻找新的利润增长点和规避风险，所以企业也会采取扩大多元企业规模的扩张方式（B－D）；企业由根本性技术创新向定向性技术创新转化是已有组织从创造新市场到垄断新市场的过程，根本性技术创新具有很大的颠覆性，新技术往往需要全新的组织支持方式，当合适的组织形态确立后，企业扩张的目的则主要是通过新技术重建市场秩序，扩大市场需求进行的横向规模扩张对于创造和培育新市场必不可少，继续争取垄断地位并保证新技术轨道的发展，企业会不断进行以兼并收购为主的纵向企业规模扩张，取得垄断地位之后，企业还会从事以延长技术生命周期和规避风险为主的多元企业规模扩张（C－D）。从图 5—9 可以看出，企业由最初的非定向性技术创新发展到定向性技术创新，企业规模也发生了重大变化，企业规模不仅代表了企业能够通过 R&D 投入直接影响企业的技术创新，还代表了对组织和市场的作用和反作用强度，从而间接影响技术创新。定向性技术创新迟早会遇到技术的物理极限，新技术范式的替代将会开启下一个技术生命周期，企业规模与技术创新的互动演化关系仍然会在技术、组织和市场的互构空间内发生。

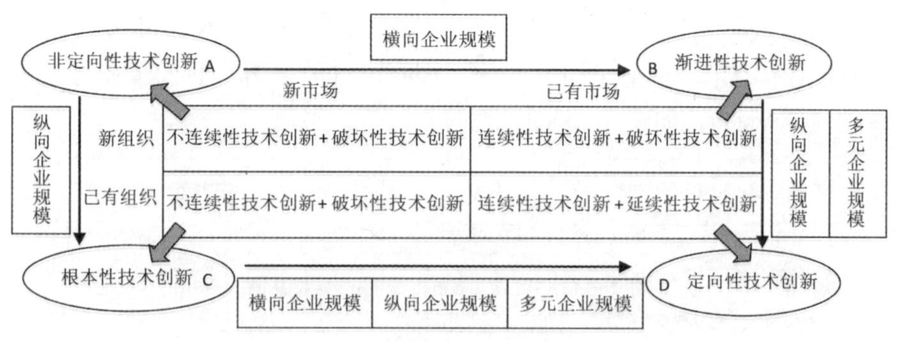

图 5—9　企业规模与技术创新的互动演化

资料来源：笔者整理。

二　互动演化空间中的互构逻辑关系与实证研究

技术创新与企业规模的互构关系主要是 mutual - construction 所表达的意思，但是我们在内部逻辑上借鉴命题逻辑消解推理规则中消解反演(inverse resolution)[①] 的两个紧密联系的逻辑演绎原则 inter - construction 和 intra - construction，内含变量在结构条件中的显著性决定了这两个逻辑演绎原则的区别，如图 5—10 所示。

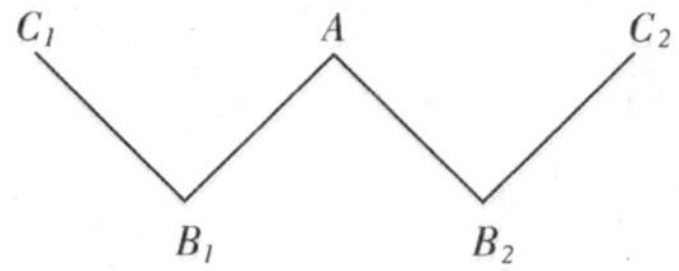

图 5—10　消解反演“W”算子中的 intra - construction **与** inter - construction

资料来源：笔者整理。

---

① 把命题作为一个不加分析的单位，用联结词把它们结合成一个新命题，并以其命题形式为研究对象，这样的逻辑称为命题逻辑；消解本质上是反证法的一种，即判断一个命题的反命题没有一个解释使得它的真值为真，模型数为零，原命题就是无矛盾的。消解反演就是将结论取反，带入条件中实施消解规则，直到得出消解式。

在图 5—10 中假设一个普通的直接语句（变量）ι 内含于条件 A 中，ι 与条件 C_1 和 C_2 消解生成 B_1 和 B_2，B_1 和 B_2 代表了新的信息，条件 A，C_1 和 C_2 此时称为结构条件。如果 ι 被消解，那么结构条件 A，C_1 和 C_2 中包含 ι 的命题就不会出现在 B_1 和 B_2 中，当 ι 在 A 中消极发生，即文字消解为负时整个过程是 intra – construction 逻辑，而当 ι 在 A 中积极发生，即文字消解为正时整个过程是 inter – construction 逻辑。我们首先分析 intra – construction，如图 5—11 所示。

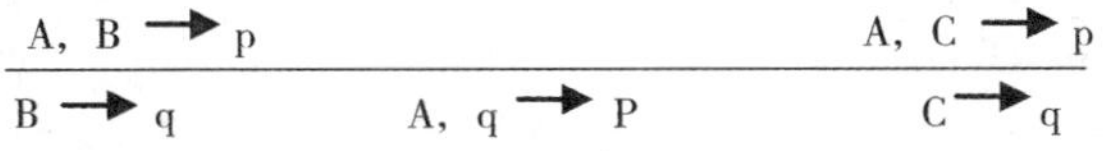

A，B → p　　　　　　　　A，C → p

B → q　　　A，q → P　　　C → q

图 5—11　intra – construction 基本逻辑

资料来源：笔者整理。

根据图 5—11 的关系解说我们做如下假设：p 为技术创新，A 为技术，B 为组织，C 为市场，q 为企业规模，ι 为技术创新的反作用隐含于 A 中，那么图 5—12 就可由图 5—11 具体化。

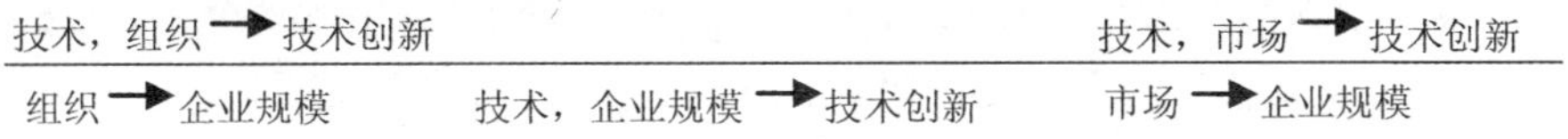

技术，组织 → 技术创新　　　　　　　　技术，市场 → 技术创新

组织 → 企业规模　　　技术，企业规模 → 技术创新　　　市场 → 企业规模

图 5—12　intra – construction 逻辑下的技术创新与企业规模

资料来源：笔者整理。

图 5—12 中，技术与组织（主要是组织结构）的构建会生成技术创新，技术与市场的构建也会生成技术创新，组织和市场都会影响企业规模，技术与企业规模的构建会产生技术创新。这一逻辑实际上就是“熊彼特假设”的逻辑，即企业规模与技术水平的构建对技术创新的影响，如果视技术创新的反作用为消极发生的隐含变量，那么这一逻辑就很容易产生关于企业规模与技术创新的线性关系。

再看 inter – construction 逻辑，如图 5—13 所示。

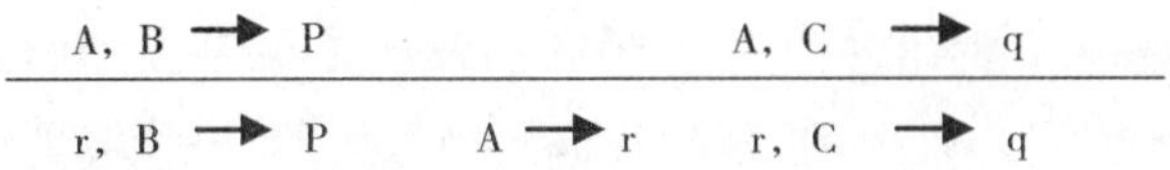

A，B → P　　　　　　　　A，C → q

---

r，B → P　　　A → r　　　r，C → q

图 5—13　inter – construction 基本逻辑

资料来源：笔者整理。

如果我们引入技术范式的概念，并以技术创新的可预测性为依据，将技术创新归类为定向性技术创新和非定向性技术创新，则可以在 inter - construction 逻辑中归纳出另一种关系，此时的基本假设是 A 为技术创新，B 为组织，C 为市场，p 为定向性技术创新，q 为非定向性技术创新，r 为企业规模，隐含在 A 中的 ι 为积极发生，如图 5—14 所示。

技术创新，组织 → 定向性技术创新　　　　技术创新，市场 → 非定向性技术创新

企业规模，组织 → 定向性技术创新　技术创新 → 企业规模　企业规模，市场 → 非定向性技术创新

图 5—14　inter - construction 逻辑下的技术创新与企业规模

资料来源：笔者整理。

根据图 5—13、图 5—14 的关系解说，技术创新与组织的构建更易于产生定向性技术创新，技术创新与市场的构建更易于产生非定向性技术创新，企业规模与组织的构建也会产生定向性技术创新，这也同大企业复杂的组织以及有资金实力保证定向性技术创新顺利实施的现实情况相吻合，而企业规模同市场的构建会产生非定向性技术创新，即中小企业往往为了在市场上生存以推出创新的产品寻求跨越式发展，最后技术创新会决定企业规模。这一逻辑在一定程度上支持了熊彼特“企业规模内生于创造性的毁灭过程中”的观点，而技术创新与企业规模的 intra - construction 与 inter - construction 逻辑合在一起就是完整的 mutual - construction 的含义，即技术创新与企业规模之间是多元互构下的复杂非线性关系。

上述的互构逻辑说明企业规模与技术创新之间是一种双向作用关系，企业规模本身也是由技术创新和市场、组织共同决定的内生变量。忽视技术创新对企业规模的反作用，就会出现所谓的变量内生性偏差（Endogeneity Bias）问题，从而出现关于企业规模与技术创新之间关系的众多争论。下面我们采用广义脉冲函数法（Generalized Impulse Response Function，GIRF）来消除变量内生性带来的估计偏差，并应用预测方差分解技术（Variance Decomposition）对企业规模与技术创新在解释对方变动时的相对重要性作进一步考察。

由于难以用技术创新投入法衡量定向性技术创新和非定向性技术创新，我们采用专利特征来定义这两个变量。专利分为发明、实用新型和外观设计三种，其中外观设计专利是非技术性专利，因此可以忽略，发明专利最具技术特性，而实用新型是指对产品的形状、构造或者其结合所提出

的适于实用的新的技术方案，这种新的技术方案能够在生产上制造出具有使用价值和实际用途的产品，但多为简单设计和小发明，技术含量不高。除此之外，无论哪种专利其来源都有职务专利和非职务专利之分，根据前面对定向性技术创新和非定向性技术创新的分析，我们以工业企业职务发明专利授权数量与工业企业数量的比值作为因变量来衡量定向性技术创新强度。考虑到非定向性技术创新的市场驱动特征以及演进的不可预测性，我们从技术交易的角度体现技术创新的非定向性。我们认为，技术开发型合同中被转让的技术往往是本企业核心技术范式之外的技术创新，因此不具备可预测性，可以用技术转让交易数量与技术开发合同之间交易数量的比值代表非定向性技术创新强度；技术创新指标用工业企业 R&D 投入与工业企业数量的比值表示；企业规模指标采用销售收入与工业企业数量的比值表示。

表 5—4　　相关指标与实证变量数据

工业企业数（万家）IQ	工业企业职务发明授权数量（项）ZF	工业企业技术转让数量（项）ZR	工业企业技术开发数量（项）KF	企业 R&D 投入（亿元）TR	销售收入（亿元）IC	定向性技术创新（ZF/IQ）DREC	非定向性技术创新（ZR/KF）IDREC	技术创新（TR/IQ）INNOV	企业规模（IC/IQ）SIZE
11. 56	217	19823	30385	58. 6	11937	18. 77	0. 6524	5. 069204	1032. 612
11. 76	224	21990	35507	76. 1	15235	19. 05	0. 6193	6. 471088	1295. 493
13. 68	432	23235	34174	95. 2	19077	31. 58	0. 6799	6. 959064	1394. 518
14. 67	231	26264	29197	122. 0	23904	15. 75	0. 8995	8. 316292	1629. 448
17. 85	205	29197	33334	141. 7	30831	11. 48	0. 8759	7. 938375	1727. 227
15. 4458	187	30801	34327	160. 5	33553	21. 11	0. 8973	10. 39117	2172. 306
14. 9068	170	35672	41019	188. 3	36297	11. 40	0. 8696	12. 63182	2434. 929
16. 5080	182	39070	47529	197. 1	37463	11. 02	0. 8220	11. 93967	2269. 385
16. 2033	462	36313	43380	249. 9	41912	28. 51	0. 8371	15. 42278	2586. 634
16. 2885	1016	27624	47324	353. 4	49847	62. 38	0. 5837	21. 69629	3060. 257
17. 1256	1089	25638	45427	442. 3	58511	63. 59	0. 5644	25. 82683	3416. 581
18. 1557	1461	22749	48411	560. 2	67452	80. 47	0. 4699	30. 85532	3715. 197
19. 6222	3382	25118	58591	720. 8	96497	172. 36	0. 4287	36. 7339	4917. 746
27. 6474	6128	23204	66480	954. 4	134039	221. 65	0. 3490	34. 52043	4848. 159
27. 1835	7712	27328	75977	1250. 3	169238	283. 70	0. 3597	45. 99481	6225. 762

资料来源：《中国统计年鉴》，中国统计出版社 1997 年版，1998 年版，2006 年版；《新中国 50 年统计资料汇编》，中国统计出版社；《中国工业经济年鉴》，中国统计出版社 2002 年版，2003 年版；《中国科技统计年鉴》，中国统计出版社 2002 年版，2004 年版。

我们采用中国工业企业 1991—2005 年的数据（见表 5—4），首先通过 Johansen 协整检验得到在 5% 的显著性水平下该时间序列存在唯一的协整关系，从而满足了脉冲响应函数的检验结果严格依赖于误差向量满足白噪声序列向量这一假设前提，然后运用广义脉冲响应函数法（GIRF）来考察技术创新（INNOV）、定向性技术创新（DREC）、非定向性技术创新（IDREC）和以销售收入表示的企业规模（SIZE）之间的冲击响应，得到分析结果见表 5—5，考虑到样本数据容量将冲击响应期设定为 10 期。

表 5—5　　Lndrec、Lnidrec、Lninnov 与 Lnsize 的冲击影响分析结果

冲击反应期	Lnsize to Lndrec	Lndrec to Lnsize	Lnsize to Lnidrec	Lnidrec to Lnsize	Lnsize to Lninnov	Lninnov to Lnsize
1	0. 232476	0. 052560	-0. 038895	-0. 035699	0. 084935	0. 079359
2	0. 038455	0. 066716	-0. 083822	-0. 059576	0. 003222	0. 036832
3	0. 022320	0. 031040	0. 007099	-0. 029535	0. 037266	0. 060206
4	-0. 101417	0. 033080	-0. 045412	-0. 048137	-0. 024618	0. 042022
5	0. 053764	0. 033899	0. 017481	-0. 045976	0. 015000	0. 058432
6	-0. 015298	0. 018096	-0. 031973	-0. 033096	-0. 003054	0. 031678
7	0. 038833	-0. 002533	0. 009301	-0. 007485	0. 021031	0. 034520
8	0. 023888	0. 003249	-0. 027513	-0. 010817	-0. 001151	0. 014124
9	0. 075540	-0. 003860	0. 002482	0. 004302	0. 021875	0. 013791
10	0. 004183	-0. 009804	-0. 022632	0. 010173	0. 002039	-0. 002007
累计	0. 293021	0. 215307	-0. 213884	-0. 255846	0. 156545	0. 368957
脉冲影响曲线	N 形	线性（↓）	N 形	线性（↑）	N 形	倒 U 形

资料来源：笔者整理。

基于广义脉冲反应函数的技术创新对企业规模的冲击反应是指在一个技术创新—企业规模相互影响的经济系统中，企业规模的变动对技术创新的动态影响轨迹，同理，企业规模对技术创新的冲击反应是指技术创新的变动对企业规模的动态影响轨迹。从技术创新与企业规模冲击反应模拟的结果可以得出如下结论：第一，企业规模对不同类型的技术创新的冲击影响轨迹各不相同（见图 5—15）。企业规模对定向性技术创新的动态影响轨迹呈线性下降，但是总体上仍然是正的，累计冲击响应值为 0. 215307；

对非定向性技术创新的动态影响轨迹呈线性上升，但总体仍然是负的，累计冲击响应值为 -0.255846；对于技术创新整体的动态影响轨迹大致呈倒U形，累计冲击响应值为0.368957。上述结果表明，企业规模的扩张总体上有利于定向性技术创新，但是随着技术范式自然和物理瓶颈的临近以及组织复杂程度带来管理成本的增加使得企业规模对定向性技术创新的支持越来越弱，而企业规模扩张总体上是不利于非定向性技术创新的，但是对于非定向性技术创新的抑制作用越来越小，当定向性技术创新处于弱势时非定向性技术创新又开始随着企业规模扩张而活跃起来，但是此时企业规模的扩张形式一定已经发生了变化。企业规模的变动对技术创新整体的影响轨迹呈大致的倒U形的关系，这与谢勒尔（1965）发现的企业规模与技术创新的倒U模型是吻合的。

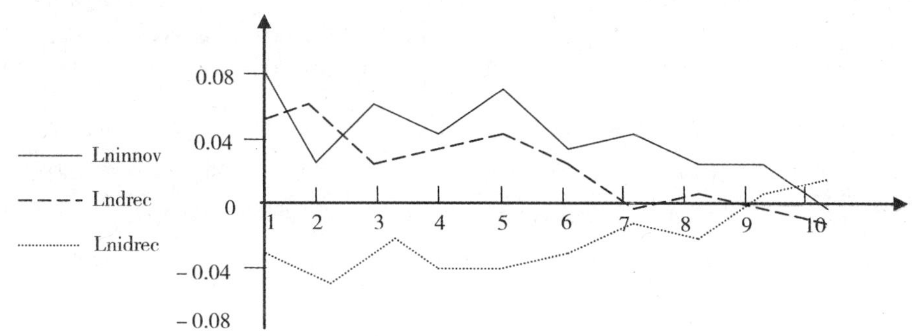

图5—15　技术创新对企业规模的冲击反应轨迹

第二，不同类型的技术创新对企业规模的冲击影响轨迹大致都呈现出了N形（见图5—16），显示了技术创新对于企业规模影响的复杂性。其中定向性技术创新的动态冲击轨迹变化幅度最大，说明对企业规模的影响最大，累计冲击响应值为0.293021，表明对企业规模有正的影响；非定向性技术创新的累计冲击响应值为 -0.213884，表明对企业规模有负的影响。技术创新整体缓和了定向性技术创新与非定向性技术创新对企业规模的影响趋势，虽然累计冲击响应值为0.156545，表明技术创新整体上是有利于企业规模扩张的，但是这种冲击影响趋势较为平缓。此外，来自定向性技术创新和技术创新的冲击反应表现出了滞后作用，即随着冲击期的延长其冲击反应效果显著。这一结果表明与企业规模对技术创新的冲击影响不同，技术创新对企业规模的影响往往要滞后一段时期才能得到显著反应，其原因可能在于技术创新尤其是定向性技术创新沿技术轨道的顺轨创新在技术、市场和组织互构下的建立和完善以及适应技术创新的企业规模扩张方式的选择需要一个相对较长的过程。

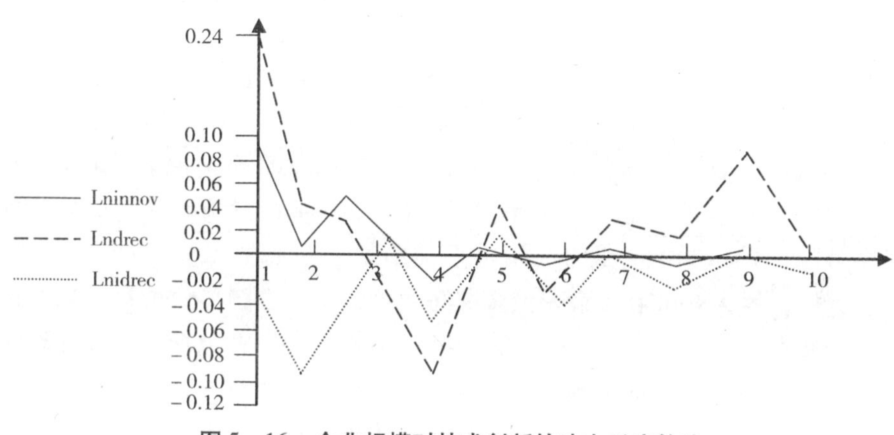

图5—16　企业规模对技术创新的冲击反应轨迹

下面我们采用方差分解法将系统的预测均方误差（Mean Square Error，MSE）分解成系统中各变量冲击所作的贡献，以考察任意一个内生变量的预测均方误差的分解，各类技术创新与企业规模的方差分解结果如表5—6所示。从表5—6可以看出企业规模对技术创新的预测方差起了很大的作用，而各类技术创新对企业规模的预测方差的贡献度则较小。这一结果表明，我国工业企业规模对于技术创新的作用显著，相对而言，对于定向性技术创新的作用更为突出，而对于非定向性技术创新的作用相对较弱。这是由于我国工业企业尤其是大中型企业主要还是由国有企业构成的，国有企业具有很强的企业惯性和市场垄断性，因此在技术与组织互构、技术与市场互构过程中以产生定向性技术创新为主，企业规模的扩张也是为了保证国有企业的组织惯性和垄断性服务。而依赖市场竞争和组织适度灵活性的非定向性技术创新则由于市场开放程度和中小企业保障制度的相对落后对企业规模的反应程度较小。技术创新整体对企业规模预测方差的解释贡献度较小，则主要是由于我国工业企业出于技术创新战略角度的规模扩张动机十分有限，重组兼并、联盟、裁员等规模变动的企业行为往往受到政府干预。真正由于技术创新而形成的在中小企业内实现规模经济、在创新区域内实现产业集群以及共享创新资源为目的的企业间“大小联盟”、“小小联盟” 的情况并不多见。这也说明企业规模与技术创新在技术、组织与市场互构空间内的相互关系是在整个系统自组织过程中“涌现” 出来的，有其自身发展的规律，不应人为地为了规模而扩大规模。

表 5—6 技术创新与企业规模的方差分解平均值 单位:%

项目	Lndrec	Lnidrec	Lninnov
企业规模对技术创新方差分解的平均贡献度	32. 290702	20. 5095009	36. 519862
技术创新对企业规模方差分解的平均贡献度	4. 4459876	3. 8083335	7. 3649921

三 基于互构演化空间的若干结论

同以往对企业规模与技术创新关系的研究不同，本书在互构的分析框架下从技术创新与企业规模双向互动的角度进行研究。技术创新与企业规模之间的关系既是技术创新与企业规模的直接互构，也是与技术创新和企业规模相关因素之间互构的结果，可以视为技术创新与企业规模的间接互构。本书将影响技术创新和企业规模的相关因素归结为技术、组织和市场，这三个因素两两互构的结果形成了一个互动演化空间，技术创新与企业规模的动态关系是这一互构体系自组织的结果。

多元互构下技术创新与企业规模的互动演化空间模型表明，技术、组织和市场力量的变化会导致不同类型的技术创新和企业规模的出现，然而这一过程并非是随机的、无序的，如果以新技术催生新组织和新市场作为这一空间运作的初始状态，那么技术创新将由非定向性技术创新向定向性技术创新演进，与此同时，企业规模会在不同阶段表现出不同的扩张方式，当定向性技术创新趋于技术范式的瓶颈时，多元化规模扩张能够重新激活企业的非定向性技术创新从而进入技术生命周期的下个循环。

从实证结果来看，广义脉冲函数法的结果表明企业规模与技术创新的双向互动具有非常明显的非线性关系特征，这支持了我们建立的理论模型，也揭示了技术创新与企业规模在演化中互为因果的关系。方差分解结果表明企业规模对技术创新的影响更直接、更显著，技术创新对企业规模的影响则相对较弱，并带有明显的滞后性。这一结果提醒我们，一方面企业规模是影响技术创新的重要因素，但需要针对企业的技术创新类型和所处的技术生命周期选择合适的企业规模以及企业规模扩张方式，并非企业规模越大越好，也不是什么样的扩张方式都有利于技术创新；另一方面技术创新对企业规模的反作用并未得到充分体现，关键因素是要给企业更多的发展自由，真正将企业作为技术创新的主体，以充分发挥技术创新战略对微观企业成长和决策扩张行为的影响。

本章小结：技术创新与组织创新的协同性

经济全球化背景下，商业竞争的加剧驱动技术创新的快速发生和扩散，技术创新被视为企业获得竞争优势的重要手段，企业更是将技术创新作为企业发展战略的重要内容而配置大量的企业资源。但是从创新的实践来看，大部分新产品由于不能产生预期的经济回报而将企业置于高风险状态，而一个加速技术创新和降低风险的方法就是进行主动的组织创新。事实上，组织的技术更新不仅仅是技术创新或引进过程，还必然伴随着组织结构、权力分配和知识分布等组织变革过程，技术创新需要与之相应的组织创新支持。组织的刚性或惰性都导致不适合的组织结构和治理结构阻碍技术创新的研发和商业化过程，而技术创新与组织创新之间的协同作用是保证组织持续发展的关键，正如埃特勒（Ettlie，1988）所指出的技术创新和组织创新的平衡协调是创新管理最有效的范式。

拜萨特（Bessant，1990）基于动态的观点认为组织变革应该先于技术创新或至少应该两者平行，尼尔森（Nelson，1982）也指出组织变革并不是促进经济进步的独立力量而是与技术变革相随的。企业如果将技术创新作为发展的核心活动，那么组织创新就是技术创新的组织保障，能够从多个维度、不同角度影响并作用于技术创新活动。因此，有效的创新管理关键在于对创新组合进行平衡。当技术创新与组织创新形成互补关系后，同时进行两种创新的组织收益大于单独进行一种创新的收益加总，这种内生的互补关系决定了两者的协同性。从协同角度考察技术创新与企业创新的关系，保证了针对创新空间系统研究的完整性，而基于企业生命周期发展阶段，又能保证对不同组织特征下创新行为的动态性考察，从而较为全面地探索组织创新与技术创新的相互关系以及协同演化趋势。

技术创新与组织创新必须结合起来实现企业规模扩张和企业核心竞争力的提升。全球500强公司的成长过程，都是建立在企业组织不断调整优化与核心竞争力不断提高的基础上的。发挥组织的技术创新效应要从企业职能设置和权力分配出发，根据创新要求重新设置企业职能和业务流程，特别要改变我国企业组织普遍注重生产而忽视研发和销售的“橄榄型”结构。事实上，在网络化条件下，生产可以通过外包的形式成为不影响企业竞争优势的业务，而研发和销售则同企业在创新竞争市场上的生存和发展紧密相关，开发和销售为核心业务、生产为辅助性业务的“哑铃型”组织结构才适合目前的创新竞争环境。

第六章　产业创新升级的动力机制

第一节　倒 U 关系的形成机制与动态拓展

一　“熊彼特假设”与倒 U 关系模型

对技术创新与企业规模相互作用机理的探索一直存在两种传统，一种是以熊彼特为代表的线性关系传统，在他的两部代表作中分别就小企业和大企业对技术创新的推动关系加以阐释，遗憾的是，他的论述并未将矛盾双方统一在一个线性关系框架下，菲利普斯（Phillips，1971）称之为“两个熊彼特”，后来的学者将其概括为“熊彼特假设”。继承这种线性关系传统的很多学者（Galbraith，1952；Kamien & Schwartz，1975；Worly，1961；Mansfield，1968；Acs & Audretsch，1990）以大量不同样本和实证方法进行了直接检验和更深入的研究，然而得到的却是相互对立的结论。此后，一种非线性关系传统在一些学者（Markham，1965；Aghion，1992，1997；Cabral，2002；Sapienza，1989；Omta，1994）不断对线性关系质疑的基础上发展起来，注意力开始转移到影响技术创新与企业规模相互作用的复杂性因素上来，这种非线性思维得到的一般结论认为，存在一个有利于技术创新的适度企业规模，低于这一规模或是超过这一规模都会对技术创新起到抑制作用，技术创新与企业规模之间遵循一个倒 U 形关系。

然而，倒 U 形框架仍然没有摆脱线性关系传统笼统地将企业规模与技术创新统一在一个模型下的思维，因此这一模型更像是对线性关系实证研究中矛盾结论的折衷。倒 U 模型传达给我们两个概念：第一个概念是指受到制度安排的制约，企业规模过大或是过小都不利于技术创新；第二个概念指的是一种趋势，即技术创新随企业规模先增加后减少。但是这两个概念在现实中似乎都可以找到反例：对于第一个概念，可以肯定的是，大企业和小企业都不是技术创新决定性的来源，但是技术创新却常常出现在企业规模的两极，那些高科技企业更给出了极端的例子，小企业在产品创新成功之后，短时间内迅速成长为大型企业，这样的企业在规模很小和很大的时候都具有强劲的技术创新力量，微软、SONY、苹果、IBM 都属于这类企业。对于第二个概念也存在反例，吴晓波（1995）的研究表明，以吸收和引进为基础的二次技术创新就是一个逆向 A－U 模式，也就是说，企业技术创新随着企业规模的增加而降低，企业成长到一定水平后再随企业规模的增加而增加的 U 形结构，这种模式在发展中国家尤为普遍。邦德（Bound，1984）的研究更具有一般意义，他采用美国 1976 年 1479 个 R&D 为正的企业样本进行实证分析，结果发现了与以往不同的 U 形关系的结论：R&D 强度先随规模下降而后又随规模上升，即最大和最小的企业都比中等规模企业有更大的 R&D 强度。此外，新经济条件下出现的新的企业现象，如大型企业的多元化技术创新、企业的子母公司结构、基于技术的兼并收购行为和小企业联盟等，也都使得原有倒 U 形理论解释乏力。

实证检验“熊彼特假设”主要在两个方面得到不同甚至相反的研究结论：一方面来自行业差异性，沃利（Worley，1961）对机械、炼油、纺织等八个行业进行实证检验，结果只有炼油、电气两个行业满足“熊彼特假设”；莱文和科恩（Levin & Cohen，et al.，1985）将行业差异性具体设定为需求条件、可独占性以及技术与经济机会等变量，并以 1978 年 231 个美国大企业为样本进行实证检验，在控制了行业差异性变量后，企业规模对技术创新并没有显著的正影响；谢勒尔（Schere，1984）运用美国联邦贸易委员会 1974 年 196 个产业的经营单位数据进行实证检验，结果表明，研发密集度的差别在不同行业之间要比同一行业不同规模企业之间大得多，所以当对行业变量不加控制时，很难得到一个一致的结果。

另一方面来自小企业技术创新，曼斯菲尔德（Mansfield，1988）采用美国和日本共 200 家企业的 R&D 和企业规模数据进行对比分析，结果表明并非企业规模越大越有利于创新，很多产业中的小企业对技术创新，尤其是产品创新具有重大的贡献，几乎不存在“熊彼特假设”的那种关系；阿克斯和奥德茨克（Acs & Audretsch，1990，1991）采用美国小企业管理局小企业数据库（SBDB）、美国人口局企业统计（ES）和县域经济模式（CBP）以及美国劳工统计局（BLS）等数据资料，分别以大企业、小企业和大小企业随机大样本进行实证分析，所得出的一个重要结论是大企业和小企业技术创新活动差异很大，小企业技术创新并不支持“熊彼特假设”。

谢勒尔（Scherer，1965）、马克汉姆（Markham，1965）等学者认为，技术创新与企业规模的关系是非线性的。谢勒尔（Scherer，1965）采用1955年全球500强企业中的448个企业的样本数据，以R&D人员为被解释变量，用销售收入及其平方项和立方项为解释变量，实证研究得出技术创新与企业规模呈倒U关系（inverted U－shaped relationship）。技术创新与企业规模的倒U关系在几何图形上为有顶点的标准抛物线，表明整体上技术创新水平随企业规模扩张先增加后减少（见图6—1中U0的A以右）。此后，勒布和林（Loeb & Lin，1977）、苏特（1979）等学者也都在各自研究中得到此种倒U关系的结论。

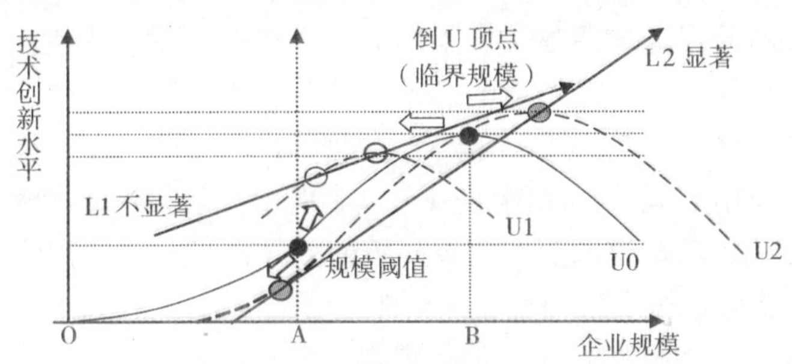

图6—1　企业规模与技术创新的倒U关系模型

资料来源：笔者整理。

苏特（Soete，1979）、萨皮恩泽（Sapienza，1989）等学者对汽车制造、医药等行业的实证研究发现，倒U关系并非标准抛物线形式，除了倒U顶点之外还存在另外一个“临界点”，当企业规模扩张到某一程度时，技术创新水平的增长方式在该点前后发生了变化。卡米恩和舒瓦茨（Kamien & Schwartz，1981）对化学工业的研究证实了这一结论，“市场结构和厂商规模都存在一个阈，低于这个阈，就没有什么关键性的技术创新了”；皮萨诺和威尔维夫（Pisano & Wheelwrigh，1995）、马克（Mark，1998）通过对高技术产业的研究指出，高技术产业以持续技术创新保持高增长的一个重要前提是R&D投入占销售收入的比例需要达到或超过某一特定值。

由此，倒U关系事实上可以表示为一条具有两个“临界点”的倒U

形曲线，如图6—1中U0原点以右所示，前一个“临界点”被称为规模阈值，[①]是指当企业规模、R&D投入或是垄断势力积累到一定程度时，关键性的技术创新才能够大量、连续地输出，在此之前的技术创新则是零星的和间断的；后一个“临界点”被称为临界规模，即倒U的顶点，是指当企业规模扩张到一定程度时，企业规模对技术创新的促进作用消失，而企业规模继续扩张就会对技术创新起到抑制作用。[②]

倒U关系模型实质上为“熊彼特假设”限定了成立条件，“熊彼特假设”只成立于倒U关系的规模阈值与临界规模之间，即图6—1中A—B对应的曲线部分。由此可以解释“熊彼特假设”存在行业差异性的质疑：满足“熊彼特假设”的行业可能具有较小的规模阈值和较大的临界规模，即A点向靠近原点方向移动，B点向远离原点方向移动，从而使得企业规模对技术创新的促进作用显著，如图6—1中U2所示；不满足“熊彼特假设”的行业则可能具有较大的规模阈值和较小的临界规模，即A点向远离原点方向移动，B点向靠近原点方向移动，从而使得企业规模对技术创新的促进作用不显著，如图6—1中U1所示。而行业差异性实际上就是指不同行业之间规模阈值和临界规模的差异性，图6—1中规模阈值和临界规模的漂移反映了这种行业差异性。

传统倒U关系模型的理论贡献表现为在行业差异性方面拓展了“熊彼特假设”，然而倒U关系并非否认研发实力和抗风险能力等因素的重要性，而是否定这些因素对技术创新的绝对性，即大企业的官僚体制和垄断势力对技术创新动力的压制导致临界规模的出现，并最终形成了倒U关系。也就是说，传统倒U关系也只描述了大企业技术创新随企业规模的变化情况，倒U关系模型的理论仍然没有涉及包括小企业技术创新在内

---

① 阈值（Threshold）一词来源于物理学、化学等自然科学，表示发挥作用（或质变）的临界状态。在技术创新领域，阈值通常表示研发投入、市场集中度、组织复杂性、技术专用性等一种积累效果在技术创新中发挥主导作用的临界状态。本书的阈值特指由非定向性技术创新向定向性技术创新转化的临界点。

② 对于大企业抑制技术创新的原因，有很多从不同角度的解释分析，汉姆伯格（Hamberg，1966）、尼尔森和温特（Nelson & Winter，1982）等学者认为，技术创新随企业规模扩张而下降主要源于大企业的官僚体制和垄断势力对技术创新动力的压制；厄特巴克和阿伯内西（Utterback & Abernathy，1975）认为，一种技术范式的创新存在自然和物理的瓶颈，企业规模的扩张并不是突破技术瓶颈的必要条件；德鲁克（Drucker，1983）认为，组织内部结构与企业规模不相匹配，从而使得企业存量优势不能充分发挥出来，企业规模的扩张只会增加管理成本，却不能有效支持技术创新创造实际价值。本书认为这是一个多种因素综合作用的结果。

的企业规模与技术创新关系的形成机制。

相对于大企业，研发实力和抗风险能力在小企业技术创新中并非发挥决定性作用，小企业技术创新也不存在如官僚组织等大企业的技术创新劣势。加入小企业技术创新后，包含大小企业两类技术创新的企业规模与技术创新关系是否仍然呈倒 U 关系，且具有怎样的形成机制，包含大小企业技术创新的企业规模与技术创新关系具有怎样的互动转化关系，这些问题都是企业规模与技术创新关系研究的重要拓展方面。如果我们再从动态的角度考虑技术创新与企业规模问题，即大企业与小企业的相互转化过程的技术创新，以及基于技术的企业自身成长轨迹，那么更为复杂的情况就一定需要我们清晰地认识倒 U 模型的形成和演变机制，以及技术创新特征同企业内外环境的相互作用与企业成长模式的相互关系。本书正是将倒 U 模型作为研究的起点，希望引入新的视角对倒 U 模型进行理论上的扩展，从而提升该模型的解释力度。已有的研究为我们提供了线索，曼斯菲尔德（Mansfield，1988）指出，中小企业和大企业在技术来源和使用上是存在差异的，企业规模与不同创新类型之间存在着某种依存关系；科恩和莱文（Cohen & Levin，1989）更深刻地指出，研究创新和技术变化时的一个基本问题是，缺乏有效的技术创新衡量指标，从而难以在同一条件下衡量技术创新对企业成长的贡献。多西、尼尔森和温特（G. Dosi，Nelson & Winter，2002）的技术轨道理论为衡量技术创新的贡献提供了一个平台：知识按一定规律整合形成不同的技术范式，不同技术范式只有通过市场接受和成本考验的商业化模式才具有相互承接、相互替代的可能性。阿伯内西和厄特巴克（Abernathy & Utterback，1994）的技术生命周期理论详细地论述了新技术通过商业化的萌生、动荡、繁盛和衰落的动态过程与原因，尽管他们并没有将技术发展与企业规模放在一起考察，但是却为我们研究不同技术类型与企业规模之间的关系，进而考察技术创新整体同企业规模之间的倒 U 关系提供了重要启示。笼统地、不加区分地研究企业规模同技术创新之间的关系，也许只能得到一个非线性的关系框架，继续深入探讨倒 U 形的演变必须从技术创新的来源，从不同企业规模与技术范式之间的“自然选择”入手。

二　突破与锁定：技术创新的非定向性与定向性

受到熊彼特经典著作以及相关研究的启发，我们认为有必要进一步从企业获得技术创新的方式出发，审视企业规模与技术创新的关系，进而分析企业规模演变的合理性。中小企业与大企业在技术创新的来源上是不同的，中小企业的技术创新往往是随机的，是发明创造同市场需求的“一拍即合”，因此具有偶然性，我们称之为非定向性；而大企业通常有明确的技术研发目标，是一种以技术创新创造市场的能动性，我们称之为定向性。显然，企业规模对于不同技术创新来源的选择起到了重要的作用，基于此，我们在总结了各种技术创新分类方法的基础上（Christensen，1998；Tushman，1997；Freeman，1982；Utterback，1994），结合技术创新产生内外环境的研究角度，提出以技术创新来源的可预测性为依据，将技术创新分为非定向性技术创新和定向性技术创新，并在系统地分析这两种技术创新种类的基础上研究企业规模与技术创新整合的倒 U 形演进模型以及企业成长模式。

按照以上分析，可以把熊彼特对技术创新经典定义的五种情况分为两类：第一类是引进新产品，即产品创新；开辟新市场。第二类是引进新生产方法，即工艺创新；控制原材料的新供应来源，即开发新资源；实现企业的新组织，即组织管理创新。

第一类技术创新来源于对市场需求快速变化的满足，因为市场上顾客的需求受到各种因素的影响，其中还包含很多非理性的因素，满足这样的需求常常表现为一种不可预测性和冒险性，这种创新产品有可能引发既有主流产品的消亡，从而开辟新的市场空间。第一类创新的重要特征在于对主导技术的突破性，这种突破是一种全新技术轨道的发端，是对既有技术范式的颠覆，源于企业外部的市场竞争是第一类技术创新的原始动力，这种市场竞争由两种类型构成，一种是旧有技术范式同新技术范式的竞争，另一种是新技术范式之间的竞争。新旧技术范式的竞争是一个长期的过程，旧技术范式总会遇到技术发展的瓶颈，而新的技术范式往往更具有发展前景。如图 6—2 所示，U1 遇到了技术范式的瓶颈 D1，尽管有研发投入的保证但是产品功能并没有实质性的提升，技术创新效率也不断走低，而以另一种技术范式起步的 U2 逐渐在功能和创新效率上突破 U1，因此具有更好的发展前景。

各种新技术范式之间的竞争则取决于技术的应用成本与技术普及性之间的权衡，如图 6—3 所示，一种新技术的技术使用成本高必然会降低这种新技术的普及性，V1、V2 和 V3 分别代表接受新技术的无差异曲线，

L1 和 L2 则代表不同的技术路径，显然沿 L2 发展的技术创新以低使用成本和更广泛的普及性比 L1 更容易成功，因此 L2 技术路径采用的技术范式要优于 L1。

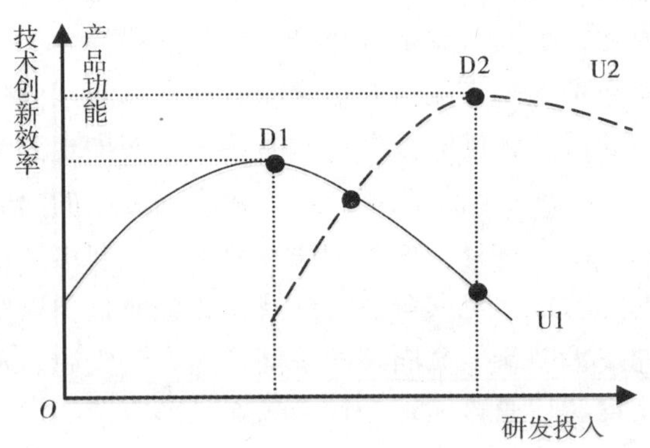

图 6—2　新旧技术范式的更替

资料来源：笔者整理。

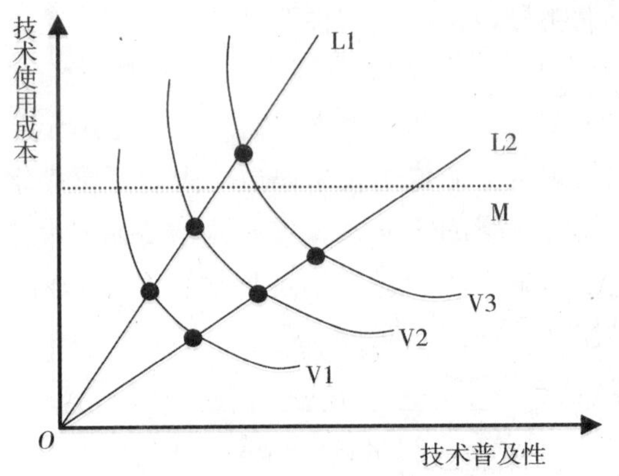

图 6—3　不同技术范式的竞争

资料来源：笔者整理。

由此可见，第一类技术创新的突破性在于对原有技术范式下技术瓶颈的突破以及对新技术使用成本的突破，然而这种突破是以市场为主的，具有不可预测性，大量企业所提供的第一类技术创新方案受到市场的选择，而基于顾客需求的市场选择使得第一类技术创新具有明显的非定向性特征。

第二类技术创新源于企业组织自身强大的支持，在确定了主流产品之后，以降低成本和完善功能为目的的工艺创新随即成为企业竞争的支点，工艺创新由于处于既定的技术范式之内，技术创新的目的性非常明确，研发成果具有可预测性，因此尤其需要企业集中力量进行研发投入，对企业获取资源的能力和组织能力要求也较高。更为重要的是，技术创新收益递增机制会促使新技术进一步流行并呈现前后连贯、相互依赖的特征，从而很难为其他潜在的甚至更优的竞争技术所替代，即出现了锁定效应。锁定效应使得技术发展出现了路径依赖，在排除不确定性的同时只有不断自我强化、不断完善，依靠自身力量维护现有技术范式并迅速占领市场谋求垄断，才能够同更优的技术范式竞争。寻找新的企业资源以及进行企业组织创新是延续一种技术创新生命周期的关键，因为新资源以及新的组织创新方式会围绕着既有的技术路径辅助技术创新，即所谓的“顺轨创新”（杜跃平等，2004）。从制度经济学的角度来讲，企业的性质是节约交易费用而非对最新技术的追求，所以进入技术收益递增阶段的企业被锁定到某种技术路径中并非个别现象，企业进行“顺轨创新”是理性的选择，所以第二类技术创新就明显地带有定向性特征。

在图6—4中，A、B、C、D分别代表不同的技术范式，其中D被市场选择完成了技术创新，并随着技术收益递增效应迅速自我完善和自我增强，在技术范式的规定下形成了技术轨道，企业资源和组织创新顺沿轨道同技术发展一样具有很强的定向性，这种定向性促成了技术的路径依赖，主要表现为工艺创新集中、创新的小过程性以及R&D的低专用性，最终表现为企业技术创新的锁定效应。

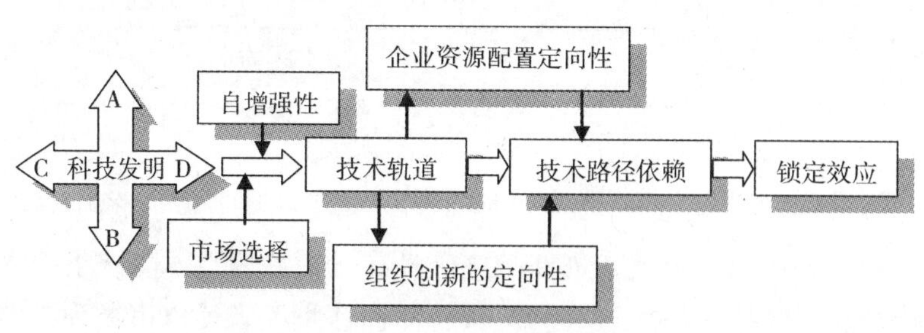

图6—4 第二类技术创新锁定效应的形成

资料来源：笔者整理。

三　关系假设：倒 U 关系线性分拆的内在机理

我们研究的起点是企业规模与技术创新倒 U 形的非线性关系，这种非线性关系的存在是由两个原因造成的：一个原因是研究对象本身就同一种影响因素而言具有多种趋势，不同趋势源于不同分类标准下性质相异的存在形态对同一种影响因素的不同反映，而研究对象整体所表现的行为特征则是多种趋势合力的结果；另一个原因是显性变量中存在着其他一些对因变量影响趋势各异的隐性变量，这些隐性变量或者称中介变量也起到重要的调节作用。下面我们将分别针对造成非线性化的两个因素，讨论企业规模与技术创新的关系。

（一）线性分拆

基于对技术创新定向性与非定向性的定义，我们提出将企业规模与技术创新的非线性关系分解为两个基本的线性关系，即企业规模与定向性技术创新的关系和企业规模与非定向性技术创新的关系，这样就将技术创新按照新的标准区分开来，从而避免两种技术创新对于企业规模的影响的不同趋势。

（二）中介效应

图斯曼（Tushman，1997）认为，组织特征和市场力量共同构成了企业环境，技术创新作为企业战略的一个重要组成部分，同企业内外环境是相互作用的。从已有的研究来看，很多关于企业规模与技术创新的相互作用的文献实际上是把组织特征与市场力量内含在企业规模之中，这也是造成对两者关系争论的原因之一。下面我们分别讨论两组线性关系中的隐性变量起到的中介作用。

1. 组织特征作为中介变量的关系假设

不同规模企业的组织特征是不同的，从组织资源的角度来讲，莱温特（Levinthal，1990）认为，大企业拥有的丰富资源可以有效缓冲外部环境变化给企业造成的冲击，一般性的外部环境变化往往不会引起组织变革，从而使企业在面临外界环境的变化时所表现出来的惯性更大。从组织结构的角度来讲，图斯曼（Tushman，1997）认为，组织惯性的存在使得有利于技术创新的组织结构将会逐渐成为组织进一步突破创新的最大阻碍。从组织文化的角度来讲，曼尼（Mani ，1999）认为“成熟”的组织当中，人们的行为和处事方式往往会受制于组织群体的共同期望。组织长期形成的群体非正式规范、价值观念、群体意识会形成一种惯性思维，这种惯性思维将极大地影响技术范式。王伟龙、李垣（2004）更明确地提出组织惯性一般也会随着企业规模的增大而逐渐增强。随着规模的增长，企业会更加强调可预见性、正式的角色和控制系统，随之而来的就是企业行为变得更为可预见、僵化和死板，因此，组织变化的可能性往往会随着规模的增大而降低。这就是说，无论从组织资源、组织结构还是组织文化的角度来看，大企业正是由于存在很强的组织惯性才导致技术轨道的锁定效应和技术创新的定向性。

与组织惯性相反，小企业的组织特征在于高度的灵活性。谢勒尔（Scherer，1990）认为小企业的决策过程效率高，技术开发人员之间以及其与管理层配合灵活，这种组织氛围能够激发技术人员的开发潜能并鼓励独特的创新；克里斯滕森（Christensen，1997）进一步对比了大企业与小企业的创新过程，从而得出小企业的创新优势，包括小企业精干灵活的领导层、灵活简便的工作作风、以创新为导向的战略核心、更细更积极地发掘大学等知识资源以及依托个人专业知识的低廉创新成本。克里斯滕森（Christensen）同时列举了大量小企业获得突破性技术创新抢占先机的例子，这种突破性技术很多与企业原来的技术差别很大，开创新的市场和新的技术范式，在这种确定性很小的技术创新面前，大企业与小企业具有平等的竞争机会。池仁勇（2002）认为，小企业的组织灵活性最大限度地降低了创新风险，中小企业往往是最新技术向产业转化的尝试者，由于初始的研发力量并不均衡，突破性的新技术往往脱离原有技术范式成为新产业的先驱。

基于上述原因，本书将组织惯性（与组织灵活性反向对应）作为组织特征，定义为企业规模与定向性技术创新（企业规模与非定向性技术创新）关系的中介变量。

2. 市场力量作为中介变量的关系假设

企业规模的扩张往往有其市场支持的因素存在，罗森伯格（Rosenberg，1976）认为，市场份额反映了企业满足消费者的能力、企业实现规模经济的能力以及在市场中的谈判能力。企业越大往往所占的市场份额越大，所在行业的集中度越高。菲利普斯（Phillips，1971）从产业组织理论出发认为，行业内的集中度越高，企业的数目就越少，企业的行为对产业的影响也就越大，技术更新的快慢在高集中度的产业内受到企业规模的影响就越大。从工艺创新的角度来讲，伦恩（Lunn，1986）考虑了市场力量的内生性问题，运用美国20世纪70年代191个四位数产业数据联立方程研究发现，市场集中度对工艺专利数量有显著正影响，而对产品专利数量没有显著影响。从定向性技术创新的过程来讲，桑升毅（Sang - Seung Yi，1999）在阿罗利用Bertrand竞争模型基础上，用Cournot竞争模型发现小过程创新（Small Process Innovation）收益随着产业中企业个数的增加而减少，这也意味着垄断有利于产业中企业的（小过程）创新。从定向性技术创新的R&D专用程度来讲，李（Lee，2005）认为市场力量与产业R&D强度的关系取决于产业R&D的专用性程度。当产业R&D专用性程度较低时，市场力量对产业R&D强度有显著的正效用。从技术可能性角度来讲，蒂斯（Teece，1977）认为当产业面临很大的技术可能性时，垄断力量比其他市场结构提供更多的市场福利。

小企业通常面对着竞争性的市场结构，科勒尔（Koeller，1995）运用美国几个数据库合并成281个四位数制造业样本，运用联立方程模型发现，四厂商集中度对创新数量有显著的负影响，分别对大企业和小企业的创新数量进行的回归分析表明，市场集中度对小企业数量有显著的负影响，对大企业创新数量的影响不显著，他认为小企业更趋向于在竞争性的环境中从事创新活动。克里斯腾森认为同大企业相比，小企业技术创新的优势主要表现为市场灵活性，这是在巨大的市场竞争压力下表现出的生存适应性。按照波特的竞争优势理论，小企业受到自身资源的限制，面对市场竞争的压力很难实现生产低成本化，只有在产品差异化和集中化经营上下功夫，这两个方面最能够体现出市场灵活性。从创新过程的角度来讲，小企业的市场灵活性表现为模仿创新，而模仿创新是典型的非定向性技术创新，施里弗斯（Shrieves，1978）运用1965年美国411个企业数据进行控制产业技术和产品特征的实证分析后认为，竞争越激烈、技术更新越快的行业创新模仿率越高。从创新结果的角度来讲，小企业市场灵活性还表现为快速推出创新产品并申请专利，而对需要进行大量R&D投入的工艺创新参与有限，这也是非定向性创新的特征之一，盖利（Gayle，2001）认为专利中包括了许多很不重要的创新，而且竞争市场中的小企业往往以不重要的创新来申请专利，他建议用专利被引用的次数来反映创新的重要性，实证之后的结论发现，企业市场份额和企业规模对专利引用次数有显著正影响。

基于此，本书将垄断程度（与竞争程度反向对应）作为市场力量特征，定义为企业规模与定向性技术创新（企业规模与非定向性技术创新）关系的中介变量。

3. 组织特征与市场力量的关系假设

从汉楠和弗里曼（Hannan & Freeman，1984，1989）对组织生态学以及组织结构惯性研究的经典文献来看，除了过去在某一领域的投资，设备、人员、信息沟通渠道对决策者的抑制作用，内部政策、组织历史、组织内部形成的程序与规范等内部原因外，三个外部原因也抑制了组织在形式上的变化：进出市场的障碍；可用信息的外部抑制；社会的压力（责任、更好的成绩）。垄断企业花费高额成本构筑的市场障碍，行业信息的私有性，以及解决就业等社会压力，作用于组织构成的四个方面：固定的目标、权力分配、核心技术和市场战略，这些方面都会表现出组织变革的高成本，从而表现出很强的组织惯性。米勒和陈（Miller & Chen，1994，1996）从竞争惯性的角度，以外部竞争态势中组织所表现出来的活动层次考察组织惯性与市场力量的关系，竞争惯性反映了一个企业在试图吸引顾客和超越竞争对手时所做的市场导向的变化的大小。当相对于具有相似规模的竞争者，企业在实践中做的变化较少时，就认为惯性较高，垄断则是竞争惯性最高的状态。图斯曼和罗曼莉（Tushman & Romanelli，1985）认为组织惯性同生态模型类似，外部环境变动频度对组织惯性的形成有重要作用，竞争的环境迫使企业常常进行结构和战略的调整，而垄断企业则面对相对稳定的环境变化和渐进式的战略调整，有利于形成组织惯性。因此本书认为，垄断程度对于组织惯性有正向的显著影响。

技术的突飞猛进使得创新的不确定性越来越大，即使是某一行业中处于垄断地位的大企业也有来自技术范式之间的竞争威胁，因此竞争是绝对的，垄断是相对的。无论企业规模如何变化，组织的灵活性始终是组织创新考虑的首要问题，极低的代理成本使得小企业在组织灵活性方面具有先天的优势。巴利和亚当（Barry & Adam，1996）认为，企业间的竞合（co-petition）机制归根结底是对竞争和发展的策略，竞合机制既能够保证小企业的组织灵活性，又能够在一定程度上弥补资源劣势，竞争越是激烈，企业组织越是柔性化，彼此合作的机会也就越多。在信息经济条件下，小企业扁平的组织结构和企业之间的网络化形式都是保证技术创新灵活有效的组织形式，贝克（Baker，1992）认为，这种情况正是竞争程度激烈的表现，在信息经济时代，规模经济已经不是大企业的专利，以僵化的组织机构面对快速变化的竞争环境是“大企业病”的根源。由此，本书认为，竞争程度对于组织灵活性有正向的显著影响。

基于以上对组织特征与市场力量的分析，我们分别建立了组织特征与技术创新关系（见图6—5）和市场力量与技术创新关系（见图6—6）的分析模型。

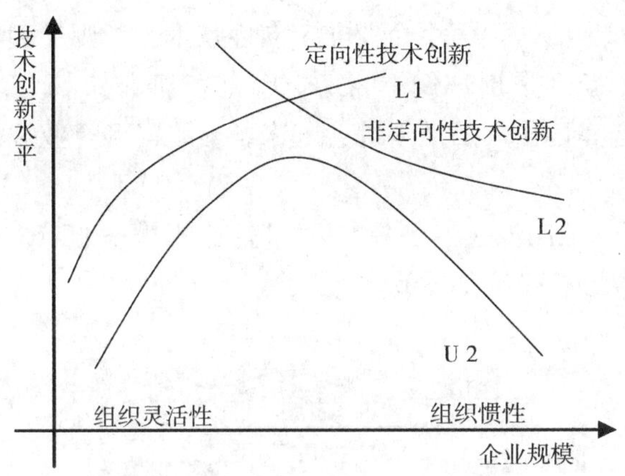

图6—5　组织特征作用的选择性分析

资料来源：笔者整理。

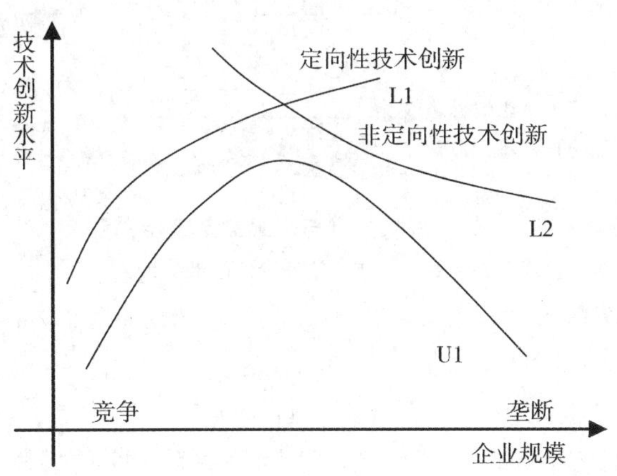

图6—6　市场力量作用的选择性分析

资料来源：笔者整理。

在图 6—5 中，组织越灵活越有利于非定向性技术创新，而组织惯性越大越有利于定向性技术创新，企业规模扩张导致组织特征发生变化，即组织灵活性下降而组织惯性提升，由此大企业定向性技术创新越来越活跃，而小企业非定向性技术创新则受到抑制，此时企业规模与技术创新水平出现倒 U 关系；同样，在图 6—6 中，竞争程度越激烈越有利于非定向性技术创新，而垄断程度越大越有利于定向性技术创新，企业规模扩张导致市场力量发生变化，即竞争程度下降而垄断程度提升，由此大企业定向性技术创新越来越活跃，而小企业非定向性技术创新则受到抑制，此时企业规模与技术创新水平出现倒 U 关系。组织特征与市场力量作为中间变量对技术创新选择性作用的结果综合起来，最终得到企业规模与技术创新的倒 U 关系。

“企业规模—定向性技术创新”和“企业规模—非定向性技术创新”两组关系的整合分析模型如图 6—7 所示。

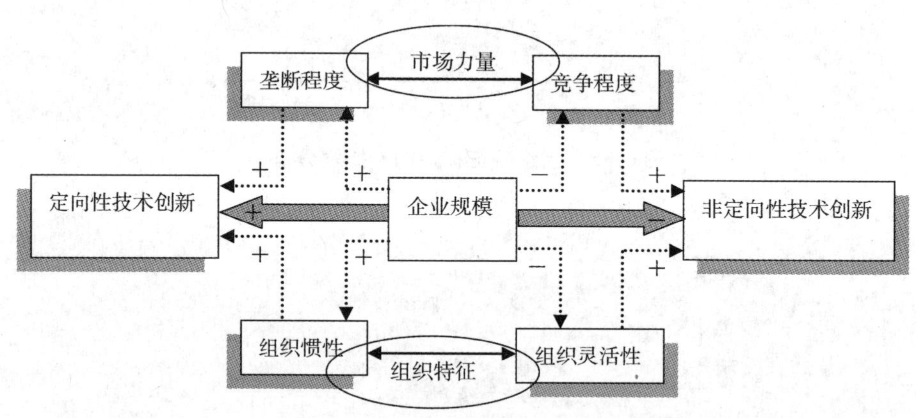

图 6—7　环境变量与因果关系整合模型

注：+表示箭线前后因素正相关；－表示箭线前后因素负相关。

资料来源：笔者整理。

图 6—7 将企业规模、定向性技术创新与非定向性技术创新作为终端变量，企业规模与定向性技术创新呈正相关关系，企业规模与非定向性技术创新呈负相关关系。市场力量和组织特征作为中间变量，企业规模的变化事实上通过中间变量作用的差异性传导给这两类技术创新，使企业规模与技术创新最终呈现倒 U 关系。

需要指出的是，定向性技术创新和非定向性技术创新分别对应大企业和小企业，大企业的定向性技术创新同具有明显组织惯性的企业规模正相关；小企业非定向性技术创新同具有明显市场垄断性的企业规模负相关。也就是说，小企业的规模扩张未必就一定会削弱非定向性技术创新，只有当规模扩张到足以影响市场集中度的情况下才会使非定向性技术创新减少，同理，大企业的规模扩张到具有足够大的组织惯性时才能够对定向性技术创新有显著的推动作用。在企业规模未达到影响市场集中度的情况下，R&D 投入的增加既改善了研发环境又增加了对研发人员的激励（安同良、施浩、Ludovico Alcorta，2006），整体技术创新水平（动机×能力）是有所提高的，因此，小企业的规模扩张仍然是有利于非定向性技术创新的，这种情况直到一种创新技术和创新产品带来了潜在的垄断租金为止，所以倒 U 关系并非是标准的抛物线形式，由非定向性技术创新到定向性技术创新转化需要达到规模阈值。步入定向性技术创新阶段，企业规模与定向性技术创新的关系符合大企业技术创新倒 U 关系解说，即垄断租金的实现带来了巨大的利润，技术创新能力和动机快速提升，但是技术范式自身的瓶颈、管理成本的增加以及垄断带来的对满足市场需求的技术创新动机的抑制，最终使得技术创新水平下降。

四　中国工业企业的经验性分析

（一）变量选取与模型建立

我们采用中国 1991—2005 年工业企业的面板数据验证技术创新与企业规模的倒 U 关系以及分拆趋势后的两组线性化关系。首先对变量进行定义和标记，如表 6—1 所示。

表 6—1　　各变量的定义、标记与统计特征

变量	定义	标记	单位	平均值	标准差
按专利产出算技术创新 *	工业企业获准职务专利数/工业企业数量	PAIN	100 项/万家	7.4285	4.39005
定向性技术创新 *	工业企业职务发明专利授权数量/工业企业数量	DIRE	100 项/万家	0.6959	0.86354
按技术交易数量算技术创新非定向性 *	技术转让交易数量/技术开发合同交易数量	QIDIR	%	0.6606	0.19918

续表

变量	定义	标记	单位	平均值	标准差
企业规模	工业企业销售收入/工业企业数量	SIZE	元/万家	0.4609	0.21010
按销售收入算国有企业规模	国有工业企业销售收入/国有工业企业数量	SSIZE	元/万家	0.8208	0.86093
按销售收入算非国有企业规模	非国有工业企业销售收入/非国有工业企业数量	NSSI	元/万家	0.5470	0.33037
按产值算大型工业企业的集中度	大型工业企业产值/全部工业企业产值	VMAR	%	0.4777	0.13677
开放度	进出口总额/GDP	OPEN	%	0.4062	0.10159
政府开支比例	政府财政支出/GDP	GOVC	%	0.1482	0.02748
工业经济活动人均GDP	GDP/工业经济活动人数	GPER	亿元/人	1.2009	0.59343

注：*表示被解释变量，其他变量为解释变量。

资料来源：《中国统计年鉴》，中国统计出版社 1997 年版，1998 年版，2006 年版；《新中国 50 年统计资料汇编》，中国统计出版社；《中国工业经济年鉴》，中国统计出版社 2002 年版，2003 年版；《中国科技统计年鉴》，中国统计出版社 2002 年版，2004 年版。

依照已有文献的通行做法（Scherer，1965；bound，1984；Gayle，2001）以及采用投入法衡量我国工业技术创新情况在数据获得上的困难，我们采用产出法，即专利特征来定义技术创新变量。国有企业规模采用国有工业企业销售收入①同国有工业企业数量的比值，非国有企业规模采用非国有工业企业销售收入同非国有工业企业数量的比值表示。单独提出国有企业和非国有企业是因为国有企业无论从组织资源、组织文化还是组织结构来讲，都是组织惯性最明显的代表，因此，我们经验性地假设考察国有企业的企业规模和技术创新的关系能够内涵组织惯性因素，而非国有企业则作为对比量提出，反映组织惯性之外的因素，这里经验性认为是企业

① 已有文献中衡量企业规模的指标主要有企业雇员数量、总资产和销售收入三种，尽管以企业雇员数量作为衡量企业规模的指标具有简单、明了和国际可比性等优点，但是考虑到我国企业尤其是国有企业雇员数“接班”、“在册不在岗”等特殊现象，因此采用企业雇员数指标效果不好。此外，总资产在数据来源上有一定困难，企业的非固定资产难以全面统计。所以采用销售收入作为企业规模的衡量指标，采用这一指标既能够客观反映企业的经营规模和市场竞争能力，又是我国现行统计指标中数据比较完整的指标，容易操作。

治理结构；按产值算大型工业企业的集中度代表大企业在经济中的地位和在市场上的垄断程度，用大型工业企业产值与全部工业企业产值的比值计算；开放度代表参与国际贸易的强度与经济外向型程度，用进出口总额与GDP的比值计算；政府开支比例代表政府在经济中的重要性和市场参与能力，用政府财政支出与GDP的比值计算；工业经济活动人均GDP则反映了工业企业从业人员的经济活动能力，用GDP与工业经济活动人数的比值表示。

我们首先建立验证技术创新和企业规模倒U关系的基本非线性计量模型，然后根据前面的分析再建立以定向性技术创新和非定向性技术创新为被解释变量的线性方程，模型如下：

$$PAIN_t = \alpha_0 + \alpha_1 SIZE_t + \alpha_2 SIZE_t^2 + \alpha_3 VMAR_t + \alpha_4 OPEN_t + \alpha_5 GOVC_t + \alpha_6 GPER_t \quad (6—1)$$

$$DIRE_t = \beta_0 + \beta_1 SIZE_t + \beta_2 SSIZE_t + \beta_3 NSSI_t + \beta_4 VMAR_t + \beta_5 OPEN_t + \beta_6 GOVC_t + \beta_7 GPER_t \quad (6—2)$$

$$QIDIR_t = \gamma_0 + \gamma_1 SIZE_t + \gamma_2 SSIZE_t + \gamma_3 NSSI_t + \gamma_4 VMAR_t + \gamma_5 OPEN_t + \gamma_6 GOVC_t + \gamma_7 GPER_t \quad (6—3)$$

（二）估计结果及分析

由于面板数据常常会出现截面异方差问题，我们用White异方差一致协方差矩阵计算系数的标准差，以使OLS的估计结果更可靠。对模型（6—1）进行普通最小二乘法回归结果以及对模型（6—2）和模型（6—3）进行分步回归分析，结果如表6—2所示。

表6—2　估计结果综合分析表

被解释变量及其所用估计模型		按专利产出算技术创新	定向性技术创新			非定向性技术创新
		PAIN(1)	DIRE(2)			QIDIR(3)
回归生成模型		1	1	2	3	1
解释变量	常数项	−1462.395 * (−2.111256)	−0.105 (−1.399)	−1.162 *** (.357)	−0.760 * (−2.111)	1.325 *** (22.220)
	SIZE	0.638026 ** (2.731971)	−0.373 (−1.782)	−0.251 (−1.420)	0.207 (.639)	−0.033 (−0.250)

续表

被解释变量及其所用估计模型		按专利产出算技术创新	定向性技术创新			非定向性技术创新
		PAIN(1)	DIRE(2)			QIDIR(3)
回归生成模型		1	1	2	3	1
解释变量	$SIZE^2$	-3.18E-05 ** (-2.292772)				
	SSIZE		0.976 *** (15.179)	0.613 *** (4.678)	0.907 *** (5.173)	-0.114 (-0.863)
	NSSI		0.121(2.106)	0.090 (1.901)	0.052 (.981)	-0.104 -1.283)
	VMAR	-352.6002 (-0.350453)	0.174 (1.866)	0.117 (1.474)	0.097 (1.388)	-1.390 *** (-11.559)
	OPEN	-1006.681 (-0.797759)	0.392 (3.002)	3.334 ** (3.002)	0.339 ** (2.922)	-0.002 (-0.017)
	GOVC	8892.841 ** (2.221938)	0.054 (.524)	1.134 (.281)	0.073 (1.050)	-0.343 (-1.785)
	GPER	-556.6088 (-1.154459)	-0.335 (-2.251)	-0.263 (-2.206)	-0.383 * (-2.206)	-0.022 (-0.193)
调整后的 R^2		0.920290	0.942	0.964	0.973	0.905
D. W.		1.785031			2.030	1.763

注：参数估计值下面括号中的数值为稳健性标准误差。*、**、*** 分别代表参数估计值在10%、5%、1%水平上显著。

线性模型应用逐步回归分析本身能够避免多重共线的问题，同时D. W. 检验的值分别为1.785031、2.030和1.763，基本可以判断不存在自相关问题，因此回归结果可以认为是有效的。表6—2的回归结果很好地支持了我们先前的假设，对模型（6—1）的回归显示企业规模（SIZE）变量前的系数为正，而SIZE的系数为负，并且在5%的水平下是显著的，这说明企业规模与技术创新的倒U关系同样存在于中国的工业企业，政府开支比例（GOVC）在5%的水平下也是显著的；对模型（6—2）和模型（6—3）的分步回归在经验上肯定了技术创新的定向性与非定向性同企业规模关系的不同变化趋势，对模型（6—2）分步回归得到的三个模型中，国有企业规模（SSIZE）都具有1%水平下的显著性，即定向性技术创新与国有企业规模呈线性递增关系，其次是开放度（OPEN）在5%水平下具有显著性，工业经济活动人均GDP（GPER）则在10%水平下具有显著性。模型（6—3）回归结果显示按产值算大型工业企业集中度（VMAR）在1%的水平下具有显著性，即非定向性技术创新与大型工业企业集中度呈线性递减关系。

对模型（6—1）的回归分析主要是验证企业规模与技术创新原有的倒U形非线性关系，对模型（6—2）和模型（6—3）的回归分析则主要验证了对倒U模型线性分拆和中介变量的假设：第一，我们得到了两个线性模型，并且企业规模，尤其是国有企业规模与定向性技术创新具有非常强的正相关性；而对于非定向性技术创新则与企业规模、国有企业规模呈负相关，尤其与大企业的集中度呈非常强的负相关；第二，中介效应突出。回归模型清楚地将国有企业规模（包含组织惯性）与定向性技术创新，包含市场力量的企业规模与非定向性技术创新的线性关系表示出来。我们之所以选择国有企业规模和非国有企业规模作为对比自变量，主要是考虑到国有企业在组织特征上具有更大的组织惯性（黄泰岩，1998；严若森，2005；黄速建、余菁，2006），更大的组织惯性会更加支持技术创新的定向性，对于非国有企业来说，无论是对垄断程度和定向性技术创新的正向作用还是对非定向性技术创新的负向作用都很微弱。周黎安、罗凯（2005）认为，这主要是国有企业同非国有企业的治理结构造成的。本书支持这种观点，非国有企业的现代公司制度更加重视企业成长的市场导向，这使得企业既要考虑垄断带来的熊彼特租金，又要考虑技术范式的颠覆性风险，处于市场和企业之间是大企业和小企业都关注的事情，一方面大企业给予其子公司更多的自主权，有些子公司已经接近传统的小企业；另一方面小企业组成紧密联系的虚拟联盟，在某种程度上又很像传统的一体化大企业，企业的边界越来越模糊，所以非国有企业同因变量表现出了相对较弱的相关性。周黎安和罗凯的实证模型结论还表明，非国有企业每增加1人就可带来每万人5.3项创新，而国有企业规模每增加1人则会导致每万人0.21项创新的减少。然而他们并没有区分技术创新的类型，按绝对数来讲，如果国有企业规模扩大会带来所有创新的减少，从我们的结论看则主要是非定向性技术创新的减少量快于定向性技术创新的增加量所致，因此我们认为，国有大企业的组织惯性对于有方向的科研攻关、顺轨技术创新起到了很大的正面作用，这些结论与我们先前的中介变量假设基本吻合。

五 整合模型：基于分区处理的倒 U 关系动态拓展

对技术创新差异性的恢复尽管修正了原有理论对倒 U 关系形成机制解释上的缺陷，但是如果不考虑技术创新在企业规模作用下质变与量变的转化方式和演进特征，修正后的理论仍然无法解释在倒 U 关系形成的不同阶段企业规模与技术创新相互作用的动态过程（Allocca，Michael A.，Kessler，Eric，2006），即大企业扩张规模保持原有技术创新优势的同时，又在企业内部实行近乎传统小企业的经营单位独立运作；而小企业也能够通过企业集群、网络联盟等方式分享创新资源，并以接近传统一体化的大企业方式统一行动。

小企业技术创新向大企业技术创新转化发生在一个倒 U 关系周期内。首先将一个周期的倒 U 关系分解为三个区域 0 - A、A - B、B - C，如图 6—8 所示，其中 0 - A 区定义为小企业，根据前面的分析，这一区域内企业具有很大的灵活性，以竞争为主的市场结构迫使企业通过技术创新改变自身竞争地位，然而企业资源的限制使得技术创新以迎合市场需求的产品创新和模仿创新为主，因此存在大量的非定向性技术创新，这其中也蕴藏着很多发展前景好、市场价值大的产品创新和新技术范式萌芽，有些已经取得了市场成功并带动企业迅速发展。

企业规模突破某一点之后（阈值），定向性技术创新就会持续不断地涌现，在我们的研究中，定义这一点（图 6—8 中的 A 点）为非定向性技术创新向定向性技术创新的质变，企业在 A 点走上了一条在一定程度上可预见的技术创新轨道，即顺轨创新。企业资源和组织结构逐渐为发展这种新技术范式做定向性的调整，大量同一技术范式的技术创新产生出来并获得一系列市场成功，而在企业内部非定向性技术创新被抑制，此时定向性技术创新增加的速度大于非定向性技术创新减少的速度，技术创新在总体上呈上升趋势，如图 6—8 中的 A - B 区间。

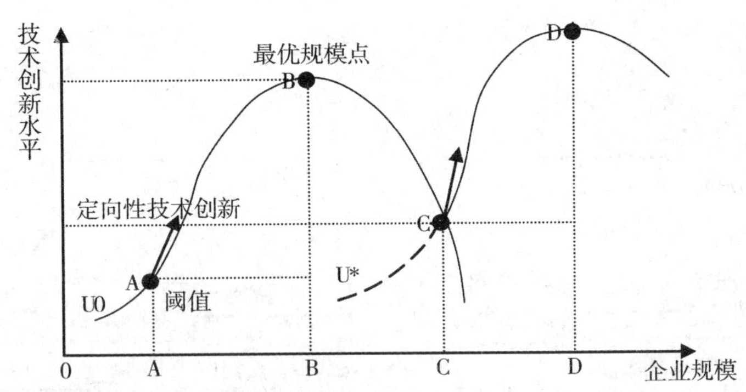

图 6—8 企业规模与技术创新倒 U 形演进解释模型

资料来源：笔者整理。

由于技术创新增加比率的递减性和凹性（Scherer，1965），定向性技术创新增加的速度和非定向性技术创新减少的速度在 B 处相等，因此 B 成为理论上的技术创新最优规模点，此时企业的技术创新最活跃，在市场上处于垄断地位。根据我们的结论，垄断对于企业非定向性技术创新具有很大的抑制作用，企业内部的非定向性技术创新趋于停滞。此外，企业定向性技术创新在走向成熟的过程中逐渐出现了自然和物理的极限，创新速度明显放缓，因此在 B – C 区域内尽管企业规模仍在扩张，但是技术创新明显乏力，在 C 处企业出现了定向性技术创新的瓶颈，此技术范式也走到了技术生命周期的末期。

大企业技术创新向小企业技术创新转化则需要在多个倒 U 关系周期内考察。为了分析方便，我们在一个周期之后再加入半个周期，如图 6—8 中的 C – D 区域。根据技术生命周期动态 S 模型（Abernathy & Utterback，1978），工艺创新发展到了一定阶段将面临新技术范式的挑战，基于新技术范式的产品创新往往通过企业家的独特作用满足市场需求、获得市场承认，而小企业及小企业式的独立经营单位对于发挥企业家作用更具有优势。大企业只有克服自身规模同非定向性技术创新的矛盾才能持续成长，而以独立经营单位分割为特征的大企业多元化、子母公司的总部制度以及兼并收购等企业活动，从技术角度来讲，都是在企业成长过程中对企业规模与技术创新矛盾关系的解决途径，企业通过多元化和设立子公司，在企业内部形成小企业式的内企业家机制，从而能够增加获得新技术范式的可能，而兼并收购则是通过资本操作从企业外部获得新技术范式，如图6—9所示。

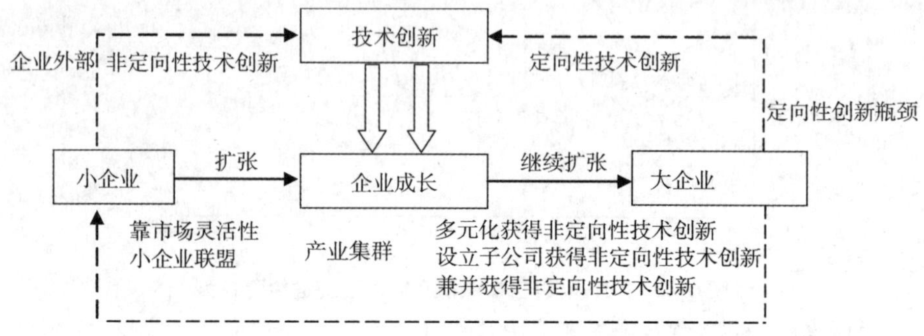

图6—9 基于技术创新定向性和非定向性的企业成长模式

资料来源：笔者整理。

成功实施这些战略的企业则会走向下一个倒U关系周期，如图6—8中的C－D段，而C之前的区域则被认为是第二个周期的小企业阶段，从动态转化的角度来讲，大企业和小企业只是一个相对的概念，在某一周期内的大企业可能成为其他周期的小企业，而每个周期变化的规律基本相似，不同之处可能在于经历下一个周期的速度。我们以图6—8所示的一个半周期为例，将较完整的大小企业相互转化的动态过程总结为表6—3，这一过程可以推广到所有周期中。

表6—3 企业规模与技术创新倒U形演进特征

企业规模区间	定向性技术创新特征	非定向性技术创新特征	组织特征	市场力量	关键点	定向性技术创新与非定向性技术创新关系
0－A	孕育过程中	以迎合市场需求的产品创新和模仿创新为主	组织灵活，但组织资源有限	竞争的市场结构	A点为阈值点，非定向性技术创新向定向性技术创新的质变，企业规模突破这一点同一范式技术创新就会持续不断涌现	非定向性技术创新远远多于定向性技术创新

续表

企业规模区间	定向性技术创新特征	非定向性技术创新特征	组织特征	市场力量	关键点	定向性技术创新与非定向性技术创新关系
A－B	快速顺轨创新	在企业内部被抑制	企业资源和组织结构逐渐为发展这种新技术范式做定向性的调整	接近或处于垄断集团	定向性技术创新增加的速度和非定向性技术创新减少的速度在B处相等，B为理论上的技术创新最优规模点	定向性技术创新增加的速度大于非定向性技术创新减少的速度
B－C	在走向成熟的过程中逐渐出现了自然和物理的极限	企业内部的非定向性技术创新趋于停滞	企业规模进一步扩张	接近或处于垄断地位	在C企业出现了定向性技术创新的瓶颈，此技术范式也走到了技术生命周期的末期	技术范式的竞争关系
C－D	再次孕育中	从内外两个途径引入	多元化、子母公司的总部制度以及兼并收购	不同市场上可能竞争和垄断地位并存	在C企业引入新的技术范式	技术范式的替代关系

资料来源：笔者整理。

此外，在多个周期条件下取不同区间的数据进行验证，结果很可能表现为企业规模与技术创新关系的多种形态，如B－D就呈现大致的V形，多个周期波峰呈现多峰型（朱平芳、朱先智，2007）。如果企业能够不断通过内外两种手段以新的技术范式替代原有技术范式，并且技术替代和企业规模扩张的速度非常快，也即定向性技术创新发展到技术瓶颈的周期很短，非定向性技术创新非常活跃，那么企业规模与技术创新之间就会出现类似线性的关系。如图6—10所示，L3是每次技术范式更替技术创新水平最高点的连线，L4是新技术范式突破原有技术范式瓶颈点的连线，创新速度足够快的情况下（图6—8中B－D非常短），动态视角下的企业规模与技术创新就会出现类似线性的关系，高科技企业规模较小和规模较大的情况下都具有较强技术创新水平的现象就可以用这一模型加以解释。然而这种线性关系只是一种近似关系，并且从长远来看企业规模并不能够无限制地增长，替代性技术也不可能总被原有企业获得，因此企业规模与技术创新之间的关系仍然是倒U形的。

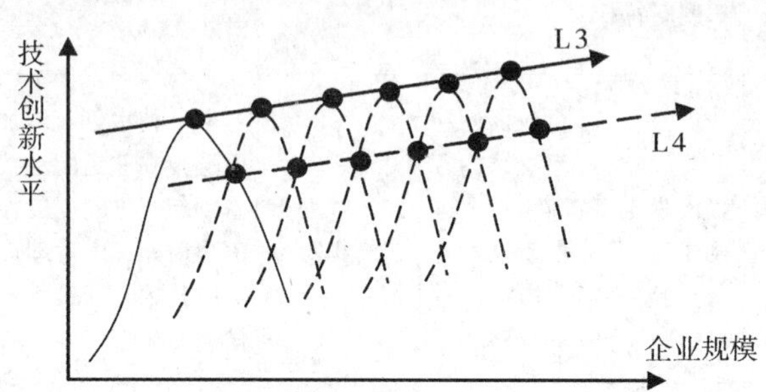

图6—10　快速技术创新下的企业规模与技术创新关系

资料来源：笔者整理。

通过对定向性技术创新与非定向性技术创新的区分，我们认为“熊彼特假设”实际上揭示了定向性技术创新与企业规模的关系，即大企业是一种能够将“技术创新作为企业惯例”的组织形式。倒U关系实际上进一步放宽了“熊彼特假设”的行业约束条件。这为通过发展大企业实现产业“由大而强”升级提供了理论依据，即企业规模处于阈值和倒U顶点之间能够通过发展大企业提升创新能力，具体的条件有二：一是大企业本身的标准，这里的大企业是突破产业阈值并主要以从事定向性技术创新为主的企业，大企业不仅能够保证参与国际竞争所需的研发投入和抗风险能力，而且能够应对由工艺创新和产品品质升级导致的产业阈值的提升。我国的汽车、钢铁以及医药、物流等产业属于这种情况，即产业内的领军大企业在国际同行业中只属于中小型企业，这类产业目前产业升级的主要任务是组建具有国际竞争力的大企业和企业集团，进而拉动整个产业技术创新能力。二是企业规模过于庞大的产业并不能通过继续扩张企业规模实现产业升级，也就是倒U模型中超越倒U顶点之后，企业规模将抑制创新活性，我国的纺织、船舶和石化等产业非常典型，这种产业必须在不断提升倒U顶点的前提下，通过继续扩大企业规模实现产业升级。

动态倒U关系模型在理论上提供了通过提升倒U顶点实现在企业规模不断扩张的同时仍然保持技术创新活力的可能性。大小企业技术创新的动态转化本质上为继续壮大企业规模，以拉动产业向“大而强”升级提供了充分条件。作为技术创新的源泉，大企业研发实验室对企业家功能的取代是有限的，引入小企业技术创新特性，即加入非定向性技术创新与企业规模关系的倒 U 关系模型着重分析了这种有限性：技术创新资源的配置方式以及技术创新的市场实现途径使得企业依靠单一的技术创新方式总会面临发展瓶颈和创新风险，而以持续创新为目的的大小企业之间的动态转化关系，则是突破瓶颈和化解风险的内在要求。我国很多产业的技术创新落后，固然有研发投入不足、市场化程度不高等原因，但是常见的情况是，一方面产业以小企业为主，没有实力特别突出的领军型大企业，非定向性技术创新没有向定向性技术创新转换的组织形式；另一方面几家大企业垄断整个行业，小企业根本没有生存空间，然而这几家大企业却采用技术引进这种小企业产业升级方式获得非定向性技术创新。以动态倒 U 关系模型加以解释就是，很多行业的大企业已经在倒 U 关系的“临界规模”以外，却不能通过分割独立经营单位的形式获得内企业家（Intrapreneurs）机制，或者以兼并具有发展潜力的小企业获得非定向性技术创新储备，从而无法通过大小企业的动态转化完成倒 U 顶点的升级，致使企业无法回到阈值和临界规模之间这一技术创新最具活力的区间。

发展具有国际竞争力的大企业和企业集团是产业升级的目标之一，而作为产业升级的手段则未必具有普适性，应根据每个产业的实际情况制定产业升级策略。我国汽车、钢铁和物流等产业企业规模相比国外同行业企业仍然偏小，扩张规模突破产业阈值是提升自主创新能力促进产业升级的必要条件，并且类似的产业仍然处于静态倒 U 关系模型的上升阶段，应以加强定向性技术创新推动产业升级；而对于纺织、船舶和石化等产业，发展具有国际竞争力的大企业和企业集团则需要不断升级倒 U 顶点，使企业具有满足动态倒 U 关系模型持续创新的条件，需要扶持产业小企业发展，鼓励小企业技术创新，或通过培养内企业家获得企业家精神。因此形成大、小企业共存，定向性技术创新与非定向性技术创新共存的产业组织形态才能保证倒 U 关系模型的动态性，保证企业规模不断扩张的同时保持技术创新活力，从而使该类产业由大变强。

第二节　企业家精神驱动的企业成长与产业创新升级

工业化时代“技术创新前所未有地成为大企业的例行活动”，企业家精神似乎越来越被大企业实验室的 R&D 能力所代替，大企业崛起的事实也使得人们对企业成长的关注更多地集中于对企业能力的获得上。直到克里斯滕森（Christensen，1997）提出了“创新者困境”理论，通过大量的案例证实，那些创新资源雄厚的大企业受到来自新市场上突破性创新的颠覆性威胁，而迫使大企业倒闭的重要原因正是由于有计划地使用研发资源追求高超技术工艺对企业家精神的扼杀。高度关注现有市场的价值，使得大企业难以将突破性创新纳入以增强企业能力为目的的资源配置流程上来。而企业家精神的独特价值恰恰就在于通过探索新的商业领域寻找各种企业成长机会，从而成为突破现有模式的企业成长导向。

大企业能否兼容企业家精神驱动的企业成长导向？目前的二元组织理论已经在组织结构和组织情境两个基本方向上进行了积极探索（Mcdonough & Leifer，1983；Tushman & O'Reilly，1997；Birkinshaw & Gibson，2004）。以奥莱理和图斯曼（O'Reilly & Tushman，2004）针对有效促进突破性创新项目的组织架构及其对传统业务运营和业绩影响的研究为例，通过对 9 个不同行业 15 家经营单位 35 次突破性创新尝试的研究发现，并联型组织比无支持团队、跨职能团队和职能式架构团队在创新绩效和对原有业务的影响方面都成功得多。尽管研究中这种成功的并联型组织并不是从未有过的新型组织，也不能彻底解决企业成长中诸多二元性问题悖论，但却极具启发地将问题指向企业家精神发挥作用的市场开创性及组织环境，这种将企业家精神驱动创新的企业成长导向引入大企业集团的尝试具有开创意义，然而，作为后续研究的主要问题诸如推动企业成长的企业家精神具有哪些类型，企业家精神提供大企业成长动力和创造成长机会的过程如何，成熟企业集团包容两种企业成长导向的条件和模式等问题尚缺少进一步研究。

一　企业家精神驱动企业成长引领产业创新升级的独特性

企业家精神推动技术进步实现对企业规模成长极限的突破，除了企业家对未来领先技术范式的预见和勇于创新的尝试之外，更重要的原因还包括企业家精神通过推动市场创新和组织创新，实现既有技术的商业价值并为技术范式演进提供有利的组织资源配置方式。因此，具有两种独特的成长模式：一是市场开拓型而非技术突破型的创新驱动成长模式；二是组织变革型而非规模扩张型的创新驱动成长模式。

（一）开拓启发型的市场需求

商业化是技术创新不同于发明创造的本质特征，技术发明必须通过市场交易成功实现技术创新，而市场交易的前提是存在市场需求，市场需求对技术创新的引领甚至超过了科学技术本身的推动作用（Utterback，1974）。因此，并非是创新后的技术一定要比创新前的技术“先进”，原有的技术范式也未必就由于先进技术的出现而毫无市场价值。事实上，无论是先进技术还是原有技术范式都可能由于满足顾客需求而获得商业化的成功，并通过商业化创造更多的技术机会。差别在于，当创新技术是较现有技术“先进”的技术范式时，企业是定向性地满足市场需求以追求垄断地位；而维持现有技术范式下的创新则属于启发性地满足市场需求，即通过对产品新特性和使用方法等的挖掘，启发顾客对原有技术范式从未觉察的需求，进而发现潜在技术机会和商业价值（见图6—11）。

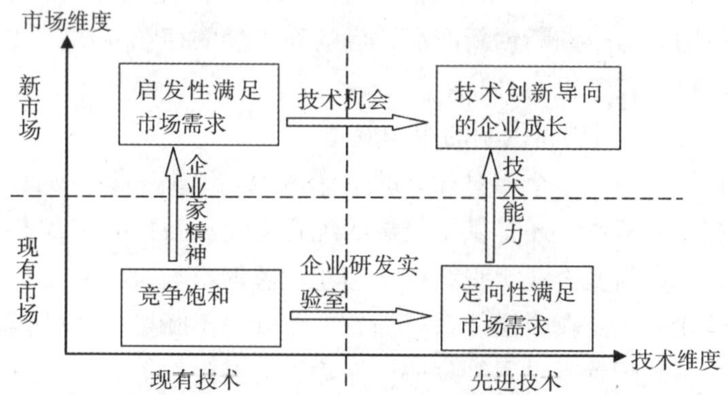

图6—11　定向性满足市场需求与启发性满足市场需求的关系

资料来源：笔者整理。

企业定向性满足市场需求过程中，大量的创新资源集中于工艺创新以解决顾客在产品使用中的各种期望，企业通过产品反馈以及同竞争对手的比较将一系列预期的技术升级纳入正式的资源配置计划，研发实验室在这一过程中发挥了主导作用，企业家精神则受到来自现有市场技术预期的抑制。而对于启发性地满足市场需求而言，创新主要集中于现有技术范式框架下对产品进行“边际”上的创新和变革，源于企业家对市场机会和利润创造的“悟性”（alterness）及发现过程（Kirzner，1997），一些产品创新甚至同 R&D 活动并无关系。例如，哈德森和克拉克（Henderson & Clark，1990）对结构创新的研究表明，在核心技术范式不变的条件下，以不同方式配置现有技术的产品部件重组是新企业进入市场的普遍方式，结构创新不仅能够提供多种创新产品样式，而且为最终确立主导设计提供技术机会；周其仁（2002）对“边际”创新活动的研究，列举了科龙集团创新冰箱门把手为节省空间的内嵌式设计赢得市场欢迎，以及将 VCD 从电脑整机功能中分离出来作为一种新产品推向市场等的产品创意案例，都属于启发性地满足市场需求，在产品创新方面的贡献要比追逐技术先进性更能突出企业家精神的独特价值。

基于启发性市场需求满足视角的分析，消费者对现有产品的使用经验往往会为企业提供新的工艺创新要求，却难以自觉发现现有产品以外的新市场，因此本书提出待检命题组之一：企业家精神推动创新导向的企业成长得益于企业家精神在现有技术范式下通过产品创新对开拓新市场的贡献（H1）；企业家能够通过产品创新启发消费者未曾关注的需求，通过对消费者购买行为的考察判断创新产品开启的新市场的存在（H2）；并为进一步技术创新提供技术机会（H3）。

（二）基于网络创新机制的组织变革

企业技术创新是一个相对独立的运作体系，组织不仅为技术创新提供物质资源和人力资本，还提供了资源的配置方式和独特的制度支持。工业化时代的技术创新受企业组织结构部门化设置的影响，研发活动通过正式组织资源配置融入企业科层体系，随着企业规模不断扩张，尽管制度化为创新资源的有效配置提供了管理协调保障，但是内部等级约束的不断加强也同时限制了组织的灵活性，以及弱化企业家精神导致的市场敏感程度的降低。

进入信息化时代，科层制难以满足知识经济及速度经济对低成本共享信息资源的要求。信息技术革命改变了传统生产方式下分散收集、集中处理及纵向传递的层级式信息结构，代之以开放互联、资源共享和分散决策的网络结构。为了保证创新资源在企业网络间自由流动，企业内部组织结构趋于充分授权、跨部门以及跨层级的扁平化结构，出现诸如矩阵制组织、团队型组织和虚拟型组织等具体类型；而企业外部组织结构趋于市场价格机制和企业等级制度之间的中间组织状态，通过企业集团、战略联盟、产业集群等具体组织形式，企业能够同时获得行动一致性和稳定的交易关系。

按照哈坎逊和斯尼浩塔（Hakansson & Snehota，1995）的观点，信息化时代企业战略的重大调整是导致企业内部及企业之间结构变化的重要原因，尤其是企业对外部资源和合作伙伴的战略诉求，如何使自身具有适应网络动态性和协调性的能力并依靠网络获取和优化配置资源是企业新的战略导向。代尔（Dyer et al.，2001）也指出，企业之间特定的网络联结是获得竞争优势的关键，企业所需的创新资源能够跨越企业边界，嵌入网络关系惯例和合作过程中。新的创新环境下，企业创新模式也由原来将技术研发、工艺革新、试制生产和商业化实现等创新过程线性化集中于单一企业，转变为网络内多结点企业的分散实现，形成具有资源互补、风险共担和协同协作等优势的网络化创新模式（Oerlemans，et al.，1998；Granstand，et al.，1997；Steinle & Schiel，2002）。网络化创新尤其强调合作的重要性，原因在于合作能够促进资源共享，增加创新过程的开放性，并使创新资源和技术机会通过网络被放大。这一特点弥补了由于单个企业规模限制导致的技术创新积累性不足的缺陷，即创新网络共享和整合结点企业的创新资源，从而实现企业对“规模阈值效应”（Kamien & Schwartz，1981）的突破以保证持续创新（见图6—12）。

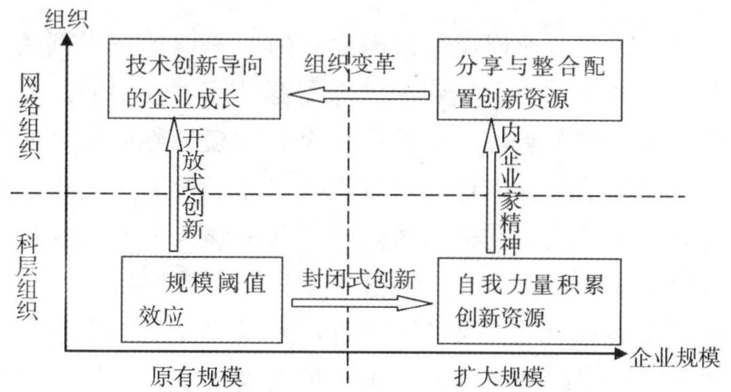

图6—12　组织变革与基于内企业家精神的跨组织成长

资料来源：笔者整理。

科层制组织依靠等级和权威支持了封闭创新模式下不断扩张的企业规模，保证了正式的研发计划在实验室中推行，而网络组织则主要依靠内企业家的创业精神实现跨组织成长。罗斯和安瓦拉（Ross & Unvalla，1986）尤其强调内企业家对官僚组织的抵触，安东斯克和黑斯里茨（Antoncic & Hisrich，2003）将组织的不断变革视为由内企业家精神驱动的连续体，而随着企业间竞合关系的日益密切，安东斯克（Antoncic，2001）又将内企业家精神扩展到了包括社会网络和战略联盟在内的企业之间。内企业家不仅要在企业内部创新有利于创业的组织安排，还要在企业网络间创造有利于合作的资源配置模式，成为开放式创新模式下资源整合与共享的重要载体。无论是企业内部还是企业间，内企业家精神的最终目的是在企业内部或企业网络中创造新的增长点和保证持续竞争优势的业务“增长阶梯”，从而对抗可能出现的颠覆性创新。在实践中，如3M公司不断分化出新业务部的分散经营形式、AT&T的方案解决团队等在大型公司中出现对科层式结构产生冲击的内部创业模式。

基于网络创新机制视角的分析，内企业家要比一般意义上的企业家更关注对企业内部创业环境的塑造，组织结构及资源配置方式的主动性变革适应了信息化条件下企业创新战略的转变趋势，因此本书提出待检命题组之二：企业家精神推动创新导向的企业成长也得益于内企业家塑造网络创新机制的能动作用（H4）；内企业家推动打破企业科层制的组织变革，建立企业间合作创新机制实现对网络资源的共享和整合配置（H5）；颠覆封闭创新条件下通过突破“规模阈值效应”保证持续创新的企业成长模式（H6）。

综上所述，扩大企业规模并以制度化的形式推动技术创新并不能完全取代企业家精神在技术商业化和外部资源利用过程中的重要作用。企业在信息化时代具有全新的成长路径，企业规模最终也仅是实现技术创新导向的企业成长手段，企业对启发性市场需求的满足回避了追求先进技术所需的高昂前期投入和创新风险，而且能够为企业以定向性创新满足市场需求提供技术机会；企业通过组织变革打破科层制约束并建立网络合作机制，能够有效地共享和利用外部资源，在维持现有规模甚至规模收缩的情况下，突破封闭创新模式下的规模阈值，进而保证企业持续创新。

二　苹果公司创新成长开拓消费类电子产业的案例研究

2010年，由美国《商业周刊》评选出的全球最具创新力企业50强榜单出炉，苹果公司连续第六年蝉联冠军，其不断向市场推出的具有革命性的数字技术产品，不仅在全球范围内掀起了人们对苹果产品的热捧，也彻底改变了包括IT产业之外诸多传统产业的命运。这家成立于1976年的科技公司尽管仅有短短30余年历史，但却有着创新企业独特的曲折而传奇的成长经历。本书将以苹果公司创新成长的典型事件为例，结合前文提出的理论线索，解析一种大企业情境下由企业家精神驱动创新的企业成长导向。

（一）开拓新市场的创新模式

1997年以前的苹果同大多数科技型企业一样推崇“技术至上”，所不同的是苹果更加痴迷于技术，通过强大的技术能力苹果公司建立了一个属于自己的反主流技术王国，以至于常常由于制式不兼容其他模式而孤立于小众市场。这种技术上的孤傲和保守使苹果公司远离了大多数消费者，苹果的产品也一度成了“现代艺术收藏品”的同义词。苹果公司开始对诸如Newton这样前卫且性能卓越的产品丝毫不能引起市场反应而感到困惑，巨额亏损使公司走到了破产的边缘，苹果公司甚至开始考虑追随IT产业所设置的即有议程和标准做一个常规的科技公司。这种情况直到1997年乔布斯回归苹果公司才得以改观，乔布斯带来了挽救苹果公司的领导力与企业家精神，那就是停止通过追求先进的技术来满足少部分消费者对产品新功能的期许，也绝不做现有市场的模仿者，而是开拓新市场——挖掘那些消费者不能名状但却真切需要的东西，那就是消费者对电子产品非同一般的使用体验，乔布斯的企业家精神准确地把握了这一点，而创造这种体验的来源绝非技术就能完全实现。基于此，乔布斯回归后的第一项产品就是围绕消费者心理设计的iMac电脑，在核心技术上iMac并没有突破，用的几乎是Mac前一代同样的配置，所不同的是，iMac拥有漂亮的半透明外形和多彩的颜色，这一创意颠覆了个人电脑刻板的方盒子、黑白两色的形象。三年的时间iMac的销量达到了500万台，利润率高达23%。

iMac的推出是苹果公司创新策略由技术导向转为消费导向的开始，在乔布斯看来，消费者追求个性化产品的同时也追求简单实用，这为苹果公司未来基于设计和技术相结合，将“技术简单到生活”的产品创新理念赋予了新市场的核心价值。当苹果公司推出 iPod 的时候，很少会有人将这个产品同高科技联系到一起，很多同行公司甚至认为放着高利润的软件行业不做，生产这样“技术含量偏低的组装产品”是苹果公司的没落。事实上，软件行业尽管是高利润回报的，但是现有市场上微软已经制定了所谓“垄断技术标准的版图”，并且软件行业的资产运营效率向来不高，公司要想有所作为，需要提供给软件技术新的技术机会和新的利润模式。iPod 正是这样一种产品，事实上，iPod 推出之时并未在功能上超过此前市场上有很好表现的同类数字音乐播放器，除了在外观上延续了 iMac 的工业设计理念之外，iPod 的成功还在于给了 iTunes 这款软件产品一个很好的技术机会。iTunes 原为 Macintosh 电脑上的播放器，面对 Windows Media Player 和 Real Player 的竞争，许多业内人士对 iTunes 在主流系统上的发展持怀疑态度。iPod 的出现需要 iTunes 改进为一个匹配的音乐管理平台，也正是这次技术机会的出现，使得以 iTunes 为核心的 iPod 用户体验到了前所未有的音乐储存和播放方式，iPod 也由此和其他音乐播放器区分开来。此后，苹果公司利用自身软件技术优势不断推动 iTunes 的升级改进并使 iTunes 逐渐演变为音乐商店，也开始支持视频和应用，后来又加入了配合 iPhone 大卖的 app store 扩展应用消费功能。更重要的是，iTunes 已经成为苹果所有内容的同步引擎，无论是 iPod、iPhone 还是 iPad，都是通过 iTunes 来管理的。iTunes 是苹果的创新枢纽，可以说没有 iTunes 的出现，也就没有后来 iPhone 和 iPad 这样革命性的产品出现。正是乔布斯对一个非先进技术范式产品进行了启发性满足消费者需求的创新，才使得苹果公司找到了以 iPod + iTunes 的商业模式，并造就了 iPod 的商业奇迹及苹果公司在全新消费电子市场上的绝对领导地位。

颠覆原有经济组织和利润模式的不只有技术要素，创新的核心价值在于科技的商业化，而企业家正是在构建技术和经济的“新组合”中不断创造着商业价值。开拓全新市场而非固守现有市场是企业家精神驱动创新的重要特征，对比最近两年来的微软公司与苹果公司我们发现，如果按照专利数来衡量，微软在 2010 年共获得专利 3094 项，而苹果公司仅有 563 项，但微软在通过创新性产品开拓全新的大众市场方面明显落后于苹果。比尔·盖茨曾这样评价乔布斯推出 iTunes 的商业成功，“史蒂夫·乔布斯总是能专注于小部分有价值的事情，让下属开发出好用的用户界面，并像革新者一样进行市场推广”，“音乐公司自己提供的服务对用户来说极不友好，而且一直如此。但是，他们却决定给苹果机会来把这件事情做好”。微软每年约 90 亿美元的研发投入大部分都用于对现有市场的保护而非创造新市场。而苹果公司的研发经费仅占销售收入的 2.2%，还不到微软的 15%，但是 iPod、iPhone、iPad 等一系列产品的诞生都开创了全新市场，启发消费者尚未察觉的市场需求，既避免创新遵循传统“技术导向”的偏执，又避免通过“模式复制”主导现有市场的平庸。推出 iPad 的情况更具典型性，事实上已经有许多厂商有能力生产类似的产品，但都未正式推出，原因在于不能确定是否具有这样的市场，结果变成所有人都在等待苹果推出产品创造新市场。

（二）内企业家精神、组织变革与网络创新

苹果公司产品的出众之处还在于追求完美的工业设计，将设计师置于公司核心人员的地位，并采用灵活的组织形式保证了设计团队不断向苹果产品注入创意。像大多数公司一样，在以技术为创新导向时期苹果公司也曾采用正式研发计划推进模式，设计师是公司的外围人员，只能按照既定方案设计产品。正如苹果公司工业设计负责人乔纳森·艾夫（Jonathan Ive）所说，只有组织变革，设计师才有可能设计出革命性的产品。这种变革源于苹果公司创新理念的转变，以产品为核心而非以技术为核心要求公司的领导决策层、市场和销售部门同样了解产品的相关设计。设计层肩负着通过追求细节完美和简洁易用打动消费者的重任，如设计团队能想出办法在 iPod 白色或黑色的内核上覆盖一层透明的塑料以增加材质的纵深感，他们不只是单纯的造型设计师，还是使用新材料和革新生产流程的领导者。苹果公司的设计团队或者叫工业设计小组（IDG）刻意保持着小规模，团队内部不仅有强大的合作性还拥有很大的开放性实验室，很多人评价这种工作状态“感觉不像是在苹果公司工作，而更像是在一个小型设计公司工作”。这就是乔布斯接受《新闻周刊》采访时所讲的，“大家都知道，苹果的团队其实一直秉承了内企业家精神，它们本质上是一种从车库起家的草根创业精神，只是你创业的地点不是车库而是大公司而已”。内企业家精神实现了员工和企业一起成长，那种能够有效保存内企业家精神的组织模式具有扁平化、跨部门以及多流程并行运作的特点，保证了设计人员在远离官僚主义的工作环境中勇于尝试，大胆创新。

内企业家精神推动组织变革以保证企业内部创业活动的同时，也通过建立各种企业联盟为创新活动提供分享和整合配置外部网络资源的机会，并以开放式创新模式将创业活动延伸到企业所嵌入的网络组织中。以苹果公司为例，持续的产品创新并非完全源于创新团队内部，事实上，消费者对产品期望的提升已迫使企业采用规模化分工协作主导的生产方式，相应的创新过程也需要聚合尽可能有用的外部资源。例如，对苹果产品创新至关重要的 iTunes 最初技术就来自苹果公司之外，由一家名为 SoundStep 的 Mac 机软件开发公司完成第一版 iTunes。而 iPod 的内核技术则源于 PortalPlayer 公司，存储技术源于东芝公司研发的 1.8 英寸磁盘驱动器。当 iPod 热销之后，苹果公司又结盟了老对手微软公司，制造了可以在 Windows 操作系统下使用的 iPod，由此将该产品的成功推向顶峰。当苹果发现了 iTunes 与 iPod 结合的电子消费“蓝海”后，又很快与成长最快的 SNS 网站 Facebook 进行合作，利用用户黏性和忠诚度进行 Web 2.0 营销，成为对“生活体验式购物”的绝佳补充。2005 年，苹果公司将网络集成的开放式战略拓展到了个人电脑领域，苹果与英特尔共同推出了苹果历史上首款采用英特尔处理器的 iMac 台式机，最新的 iMac 采用了英特尔的 Core Duo 双核处理器。整合外部资源成就创新的还包括苹果公司的明星产品 iPhone，原本应该由苹果和摩托罗拉合作创新的 iPhone，由于摩托罗拉的设计并不能让苹果满意最终由苹果自行研发，在研发过程中苹果公司又联合了 Google 公司为 iPhone 提供网络搜索服务，并如愿以偿使 iPhone 具备了异常强大的上网功能。

乔布斯回归苹果之后在重塑创新模式的同时，将正在开发的 15 种产品削减为 4 种，公司从不能占据领导地位的市场扩张中收缩回来，集中力量开发全新的电子消费市场。内企业家精神对组织变革的推动不仅有利于建立公司内部创业环境，而且使企业更容易通过广泛嵌入各种创新网络、整合多方创意，获得推动创新成长的外部资源，从而在稳定或精简公司规模的条件下获得提升持续创新的成长力。

基于以上分析，本书以苹果公司创新轨迹为依据设计了企业家精神推动创新的企业成长导向类型、实现基础以及提供大企业成长动力和创造成长机会的基本途径，如图 6—13 所示。

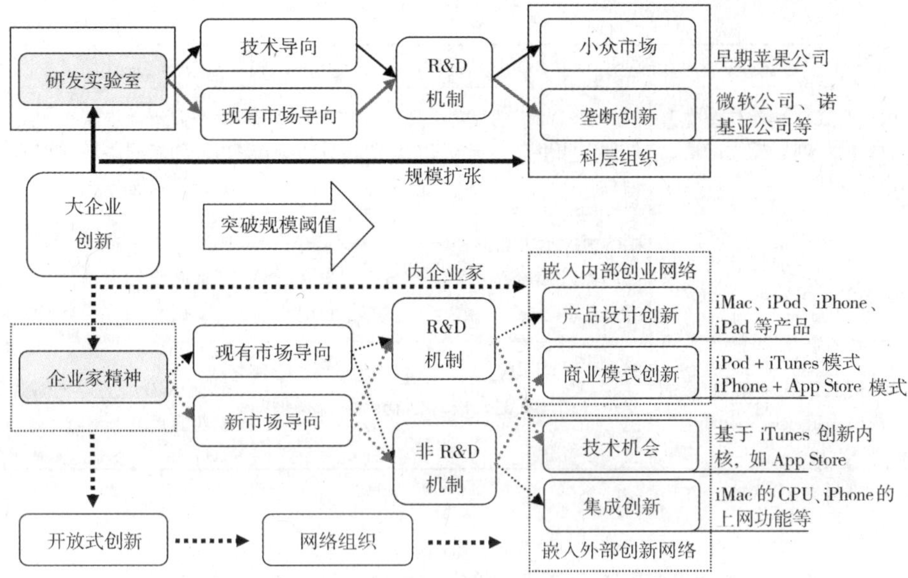

图 6—13　大企业创新成长动力机制与途径选择

资料来源：笔者整理。

通过以上分析本书认为，苹果公司创新成长的案例较为典型地证实了探索企业家精神驱动企业成长规律的两组待检命题，大企业中不仅存在企业家精神驱动的企业成长导向，而且能够抽象出这种创新驱动成长导向的一般特征及其内外部实现机制，如表 6—4 所示。

表 6—4　　　　苹果公司创新成长案例的实证作用

假设	案例	实证作用
企业家精神在现有技术范式下通过产品创新开拓新市场（H1）	苹果公司推出 iMac、iPod、iPad 等产品并未突破已有的技术范式，但都开拓了全新的市场	企业家精神关注创新的商业化特质而非技术领先性
企业家精神通过启发消费者未曾关注的需求开启新市场（H2）	乔布斯倡导的产品工业美学设计给消费者带来前所未有的使用体验和全新的商业模式	企业家精神关注新市场的商业价值而非捍卫现有市场的赢利模式
企业家精神有助于发现进一步创新的技术机会（H3）	iPod 为 iTunes 的不断升级提供技术机会，以 iTunes 为内核不断为 iPhone、iPad 等提供技术机会	企业家精神关注产品创新与技术机会的良性循环促进

续表

假设	案例	实证作用
内企业家精神具有塑造开放式网络创新模式的能动作用（H4）	iPod 和 iTunes 的最初产品创意都源自企业外部，能够广泛地通过集成创新获得新创意	内企业家精神推动嵌入内外创新网络获取创意的开放式创新
内企业家推动打破企业科层制的组织变革（H5）	IDG 工作小组和创业团队具有扁平化、跨部门以及多流程并行运作特点，远离官僚主义	内企业家精神将企业家精神向组织内部的主动变革拓展
颠覆封闭创新条件下的"规模阈值效应"（H6）	同微软、Google、Facebook、英特尔、摩托罗拉等结成联盟，嵌入创新网络获得创新资源	企业 R&D 能力对于创新成功的贡献率下降

资料来源：笔者整理。

常规企业能力建设是大企业以维护现有市场价值为创新导向的内在要求，主流技术范式下创新价值的计划性实现过程排斥了企业对具有变革导向（Change - oriented）的动态能力的建构，也将企业置于成长机会的被动接受者地位。而在新市场上获得成功的突破性创新，不仅只是威胁大企业在现有市场中的利益，甚至会引起整个产业的更迭，如闪存技术给胶片产业的领军企业柯达和富士带来的毁灭性打击。

从案例分析过程来看，企业家精神并未被大企业的研发实验室完全取代，事实上，研发实验室仅仅作为创新工具服务于企业家精神对新成长机会的搜寻和识别，企业家精神驱动的企业成长导向不仅能够与企业能力驱动的企业成长导向在大企业中共存，而且具有在技术和市场两个层面支持企业不断创新的互补关系。事实上，在科技高速发展以及创新资源流动高度透明的信息技术时代，企业家已经不能通过将简单的技术商业化为企业获取创新租金了，即使是现有技术范式下具有良好商业价值的产品创意，也需要一定的研发能力应对复杂新颖的产品设计、消化吸收来自企业外部的技术以及将多种技术整合在一起的集成创新能力，因此，无论实现产品创意的研发能力来自企业内部还是外部创新网络，企业家精神的作用都不仅限于搜寻、识别和提供创意，还在于通过调动和连接能够实现产品创意的企业能力，并指引抢占新市场所需的企业能力发展方向。

相对于小企业，大企业的积累性企业能力是一种重要的创新优势，但就大企业之间的竞争而言，创新的优势反而在于谁更能够为企业家精神发挥作用创造条件。能够更快摆脱“创新者困境”的大企业就能够在新市场上占得先机，正如杰克·韦尔奇所说的让大企业具有小企业的灵魂，大企业需要在创新决策和主动变革方面有所改变。在创新决策方面，要保证创新者对创新决策的主导权，包括产品设计方案和对创新资源的配置等，充分尊重企业家精神对新市场的敏感性，甚至允许一定程度的创新失败；在主动变革方面，构建内部创业环境尤其要防止官僚主义对企业家精神的压制，根据保证创新团队独立性和灵活性的需要限制规模的过度增长，主动进行配合产品创新的制度创新、组织结构创新及文化创新以适应嵌入广泛的创新网络对开放性创新的要求。

第三节　产业规模结构与技术创新的系统动力学分析

熊彼特提出“垄断和大企业更有利于技术创新”的观点，在当时大企业崛起的经济背景下，对解答资本主义经济循环流转问题是切合实际的，但今天看来似乎过于强调大企业 R&D 实验室的技术推动作用，而忽视了技术创新活动作为一个企业运作子系统的复杂性。谢勒尔（Scherer，1965）对技术创新与企业规模关系更一般性的研究表明，技术创新与企业规模是一种倒 U 形的非线性关系，也就是说，规模扩张并不等比带来技术创新强度的增加，企业规模过大或是过小都不利于技术创新，存在一个有利于企业技术创新的适度规模。马克汉姆、阿洪和卡普罗（Markham，1965；Aghion，2001；Cabral，2002）等学者在控制了市场结构、产品结构和行业效应等变量后也得到了技术创新与企业规模的倒 U 关系，然而，这种非线性研究存在的缺陷是忽视了技术创新对企业规模的反作用，技术创新通过技术推动效应和市场拉动效应得以实现，这使得技术创新不只需要大企业的 R&D 实验室，也需要小企业的市场敏感度和组织灵活性，技术创新的产生方式不同，客观上也要求企业规模有所不同，企业规模将随着技术创新方式的演变而变化，即“企业规模内生于创造性的破坏”，这一点在知识经济时代尤为突出。信息技术的快速发展一方面使得一些对技术创新有利的条件不再是大企业的专利，小企业联盟、企业网络和企业集群等中间性组织通过共享技术创新资源，分担创新风险，使得小企业的技术创新能力得到加强；另一方面大企业能够更有效地进行多元化扩张、建立子公司以及并购中小企业，从而在大企业内部出现很多类似传统小企业的独立经营单位，这两种情况使得企业边界越来越模糊，也使得技术创新与企业规模的关系更加复杂。

技术创新与企业规模的双向互动关系仅是两者复杂非线性关系的一个原因，更为根本的是技术创新与企业规模作为关系企业发展的重要子系统，实际上是两个相互交叉的非线性系统之间的关系，技术创新与企业规模既有各自独特的影响因素，也有共同的影响因素，因此两者之间的相互作用既有直接的也有间接的。对这种复杂非线性关系的研究，在预测、最优化和参数估计上常用的经济计量学、投入产出分析等经济数学方法已经不能够满足研究的需要，能够反映系统内部结构、参数及总体功能在发展时序上的演进特征的方法，才是合理的分析工具，系统动力学就为我们提供了这样一种方法。系统动力学是一门分析复杂系统问题的学科，能够依据系统的状态、控制和信息反馈等环节来反映实际系统的动态机制，本质上是以仿真技术为手段应用具时滞的一阶微分方程组研究复杂社会经济系统，通过结构的描述处理具有非线性和时变现象的系统问题，并能对其进行长期的、动态的、战略性的定量仿真分析。基于系统动力学方法，本书将挖掘影响技术创新和企业规模相互关系的各种主要因素并分析各因素间的因果关系，从而建立由技术创新和企业规模所构成系统的模拟模型，研究技术创新与企业规模协同演化的路径，尤其是企业技术创新适度规模形成的内在机制及其对产业和企业发展的政策和战略意义。

一　技术创新—企业规模系统结构分析

本书以辽宁装备制造业为例，对技术创新与企业规模系统相互作用机制进行分析，并对装备制造业企业的长期发展战略进行仿真。辽宁是新中国装备制造业发展最早的省份，在国内装备业178个小类产品中，辽宁可生产156项，并有58类产品排进全国前6名，在存量上仅沈阳一地就积累有1000亿元的装备制造固定资产，2005年以来辽宁装备制造业规模以上生产企业实现工业增加值年均增长36.6%，2006年全省装备制造业完成工业增加值首次超过石油加工业和冶金工业，达到983.91亿元，增长24.8%，增幅高于全省工业4.8个百分点，成为辽宁第一大产业，新增工业利润的80%都源于装备制造业。尽管辽宁装备制造业具有明显的优势，然而关系到产业长远发展的关键性问题依然十分突出，核心技术依赖进口的现象仍然普遍存在，“引进—消化吸收—创新”的良性循环机制尚未形成；企业规模质量尚待提高，能够独立承揽大型系统成套工程装备制造业务的企业为数不多。仅同上海比较，辽宁装备制造业的总资产贡献率为43.6%，是上海的44.8%，人均利税为1.53万元，是上海的27.3%，全员劳动生产率为19140元/人，是上海的32%，因此，辽宁装备制造业同先进水平仍有相当差距。下面我们具体分析一下构成辽宁装备制造业技术创新—企业规模系统的各个子系统。

（一）技术创新人员子系统

辽宁发展装备制造业的人才优势是比较明显的，到目前为止，全省有国家级及省级重点实验室65家，工程技术研究中心68家，工程研究中心13家，企业技术中心144家，各类科技企业孵化器26家，两院院士53名，居全国第4位。技术创新人员主要受到产业发展趋势、装备制造企业R&D投入力度以及市场产品需求的影响和制约，反映技术创新人员变动的主要因素有自主培养科技人员、引进科技人员、离职的科技人员和自然减少（如退休）的科技人员，把技术创新人员总量作为水平变量，以上人员变动原因作为速率变量，并与企业拥有的技术创新专利数形成因果关系。

（二）市场竞争子系统

与当代世界先进水平相比，辽宁装备制造业大体处在国际20世纪90年代初期水平，很多领域虽然具有重大装备的成套生产能力，但总体上只有近5%的产品达到了国际先进水平，主导产品在国内市场适销对路和比较适销对路的只占50%左右。产品竞争力差，全行业产销增长幅度和市场占有下降。根本原因在于区域内竞争环境不景气，为大企业配套零部件、元器件的中小装备制造业企业生存困难，配套服务也不发达，没有形成以主机制造厂为核心、上下延伸的强大产业链，导致产业的总体规模、经济效益和竞争力难以提高。加大投入培育中小装备制造业企业，打造产业集群和区域内装备制造业的市场竞争环境，是产业得以良性发展并具有强大后劲的保障，而由少数大企业通过毫无规模质量的扩张形成产业垄断的局面最终会遏制产业的创新力，造成大量科技人员的浪费。因此，以中小企业数量代表市场垄断程度作为市场竞争子系统的水平变量，通过前四大企业市场集中度等辅助变量接口，反映市场竞争子系统、技术创新人员子系统与产业发展的动态制约关系。

（三）企业成长支持子系统

彭罗斯（Penrose，1959）从企业创立和运作方式等一般性的现象出发探讨了企业成长机制问题，他认为，目前实践中主要存在着内部成长机制（organic growth）和并购成长机制（acquired growth）的基本企业成长机制。康泰克特和洛朗厄（Contractor & Lorange，1988）、彭和希恩（Peng & Heath，1996）等人在信息经济背景下研究了网络与企业成长的关系，将网络化也视为一种基本的企业成长机制，即网络化企业成长机制（network - based growth）。企业内部成长机制以企业自身内部积累和创造资源实现成长，基本模式是“企业资源—企业能力—企业成长”，资源的增减和能力的大小能够通过企业规模表现出来，所以我们用企业规模衡量企业内部成长机制，并以产品销售收入量化处理；并购成长机制能够短时间获得对企业有利的外部资源、能力以及市场地位，然而这种方式往往依赖比较完善的市场运行机制，尤其是对资本市场的要求很高，并购一方常常向金融机构举债完成并购活动，这一现象主要反映在资产负债率上，我国企业的资产负债率普遍较低，并购活动不活跃，2000 年上市公司年报显示资产负债率低于 40% 的公司占已公布年报公司的五成以上，50%—70% 的占四成多，而 70% 以上的公司极少，相比之下，欧美国家的资产负债率是 55% 左右，日韩则为 75%；网络化成长机制则是在合作的基础之上获得外部资源和能力的企业成长机制，具体是指单个企业与其他企业、组织建立正式的或非正式的合作关系，借助这些网络关系迅速获取和共享网络资源，网络资源与企业内部资源的整合成为企业成长的基本动力，网络化是信息经济的产物，一般来讲，企业信息化程度越高则网络化的程度也就越高，所以我们用企业信息化程度来反映企业网络化成长机制。总体来讲，企业规模扩张和企业兼并收购的企业成长机制都会导致企业规模增加，而通过信息化手段扩大企业网络的企业成长机制，反而有使企业规模小型化的趋势。一直以来，辽宁装备制造业企业主要以第一种企业成长机制为主，直到“十五”期间辽宁的装备制造业成为支撑工业经济增长的重要支柱产业，企业跨地区、跨行业、跨所有制的并购活动才非常活跃，大连机床集团于 2002 年、2003 年、2004 年先后跨国并购了美国英格索尔生产系统公司、美国英格索尔曲轴加工系统公司、德国兹默曼公司三家国际知名机床生产商，2005 年又在意大利组建了 DMTG 欧洲有限公司，并购了德国瑞马机器制造与贸易有限公司；沈阳机床股份有限公司

2004年全资并购了德国希斯公司，在国内并购山东威达和昆明机床；此外，鞍山钢铁集团、沈阳鼓风机、大连冰山等企业也都纷纷通过并购发展企业。辽宁的装备制造业也是最早引进信息技术的行业，在“十五”期间辽宁制定了《辽宁省制造业信息化规划纲要》和《辽宁省制造业信息化工程实施方案》，明确提出把装备制造业作为信息化工程的重中之重，建立以示范省、国家重点城市、省级试点城市为重点区域，以辽宁装备制造、冶金、石化为重点行业，以国家、省级示范企业为样板的制造业信息化应用示范体系。在已确定的21家样板企业和带动近300家应用示范企业中，装备制造业企业占50%以上，石化占20%，冶金占23%。

（四）R&D投入子系统

随着辽宁工业企业整体效益的不断提高，近年来工业企业的科技经费投入保持了较快增长。2006年全省工业企业共投入科技活动经费166.5亿元，比上年增长7.5%，其中用于自主创新的R&D活动经费投入95.3亿元，比上年增长7.0%；R&D投入强度（R&D与销售收入之比）为0.68%。辽宁装备制造业共投入科技活动经费75.8亿元，占全省工业企业科技活动经费总数的45.5%，其中R&D活动经费投入46.9亿元，占全省R&D活动经费的49.2%，R&D投入强度为1.3%，高出全省0.62个百分点。这说明辽宁装备制造业企业技术创新强度要高于全省平均水平，行业详细情况见表6—5。

表6—5　　2006年装备制造业R&D分行业投入情况　　单位：亿元,%

下属各行业	金属制品业	通用设备制造业	专用设备制造业	交通运输设备制造业	电气机械及器材制造业	通信设备、计算机及其他电子设备制造业	仪器仪表及文化、办公用机械制造业
R&D绝对数	0.4	14.2	9.7	15.2	4.3	2.4	0.8
R&D投入强度	0.12	1.61	2.36	1.44	0.85	0.58	1.39

资料来源：大连市统计局：《关于辽宁装备制造业发展的分析》，专题报告，发布日期2007年8月1日。

R&D投入子系统是决定技术创新水平的重要一环，总体而言我国的R&D投入普遍偏低，企业缺乏长远的战略规划，轻研发重简单扩大再生产。R&D投入也直接影响企业规模的质量，辽宁的装备制造业很多都是万人以上的大型企业，但是 R&D 投入并不能体现大企业的影响力，2000 年辽宁 R&D 经费总支出占当年 GDP 的比重为 0.89%，2003 年为 1.38%。大中型企业的技术开发费用占产品销售收入的 0.6%，装备制造业企业平均 R&D 支出仅占销售额的 1.6%，而国际公认的指标是当研发费用支出占销售收入的 5% 以上企业才有活力和竞争力，因此，R&D 投入直接影响辽宁装备制造业企业的规模质量。

二 技术创新—企业规模系统动力学模型的建立

（一）系统参数设定

在以上分析的基础上我们采用 Vensim 5.0 建立辽宁装备制造业技术创新—企业规模系统动力学仿真模型。以辽宁装备制造业为模型的经济统计边界，时间边界定义为 2005—2020 年的 15 年间，以 2005 年作为模拟的基年，步长为 1 年，主要历史数据涉及 1996—2006 年，具体参数设定如表 6—6 所示。

表 6—6 主要变量的符号及意义

积累变量的符号和意义		流速变量的符号和意义	
符号	意义	符号	意义
CXR	技术创新人员	RYZR	技术创新人员增加率*
		RYJR	技术创新人员流失率*
XSSR	销售收入	XSZR	销售收入增加比率*
		XSJR	销售收入减少比率*
FZS	负债数	ZCZR	资产负债率**
XXTR	信息化投入	XXZR	信息化投入增加率*
ZXQY	中小企业数量	ZXZR	中小企业增加率*
		ZXJR	中小企业倒闭率*
QSQX	前四大企业销售收入	QSJR	前四大企业市场集中度**
GDZC	固定资产投入	GDZR	固定资产投资系数**
ZBTZ	装备制造业投资	ZBZR	装备制造业投资系数**
R&D	R&D 投入总量	R&DZR	R&D 投入增加率*

注：* 为趋势外推法得出，** 为线性回归模型获得。

资料来源：《辽宁统计年鉴》1997—2007 年版，《中国工业年鉴》1997—2007 年版，《中国统计年鉴》1997—2007 年版，《中国科技统计年鉴》2003—2006 年版。

（二）系统基本反馈结构及主要反馈回路

根据辽宁装备制造业技术创新—企业规模系统内各个子系统的相互制约关系与动态变化特征，我们构建了基本反馈结构和反馈回路图（见图6—14）。

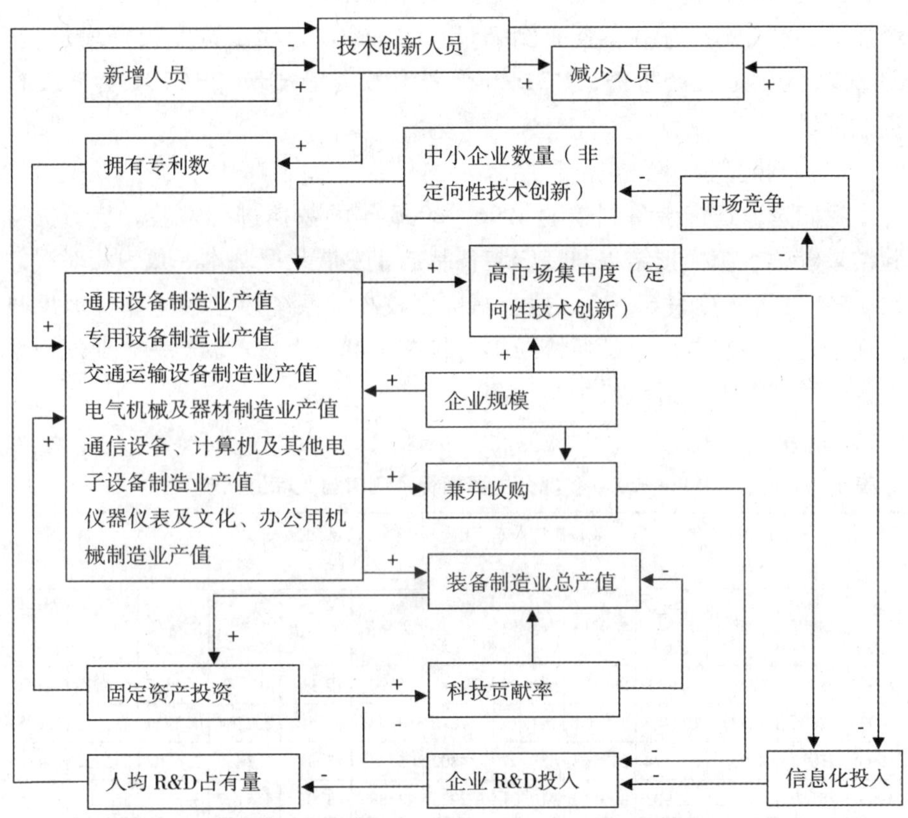

图6—14　系统基本反馈结构及主要反馈回路

主要的系统动力学方程如下：

技术创新人员：L CXR. K = CXR. J + (DT)(CXRZL. JK – CXRJL. JK)；

企业成长支持：L XXSR. K = XSSR. J + (DT)(XSSRZL. JK – XSSRJL. JK)；

L FZS. K = FZS. J + DT * ZCFZL. JK；

L XXTR. K = XXTR. J + (DT)(XXTRZL. JK – XXTRJL. JK)；

市场竞争：L ZXQY. K = ZXQY. J + (DT)(ZXQYZL. JK – ZXQYJL. JK)；

L QSQX. K = QSQX. J + DT * QSJL. JK；

R&D 投入：L GDZC. K = GDZC. J + (DT)(GDZCZL. JK − GDZCZJ. JK)；

L R&D. K = R&D. J + (DT)(R&DZL. JK − R&DJL. JK)。

其中，CXRZL 为技术创新人员增加量，CXRJL 为技术创新人员减少量；XSSRZL 为销售收入增加量，XSSRJL 为销售收入减少量；XXTRZL 为信息化投入增加量，XXTRJL 为信息化投入减少量；ZXQYZL 为中小企业增加量，ZXQYJL 为中小企业倒闭量；GDZCZL 为固定资产投资增加量，GDZCZJ 为固定资产折旧；R&DZL 为研发投资增加量，R&DJL 为研发投资减少量。

（三）模型检验

我们选取辽宁装备制造业 1996—2006 年的数据进行检验。从历史检验结果看，系统模拟结果与辽宁装备制造业发展状况基本一致，相对误差在 ±5%之间（见表 6—7），拟合精确度较高。系统模型较为真实地反映了辽宁装备制造业发展的系统结构与状态，可作为技术创新—企业规模系统优化的调控方法进行模拟与预测。

表 6—7　　1996—2006 年部分主要指标预测值与实际值比较

年份	技术创新人员（人）			装备制造业总产值（亿元）			信息化投入（亿元）			R&D 人均占有量（万元/人）		
	实际值	预测值	误差（%）	实际值	预测值	误差（%）	实际值	预测值	误差（%）	实际值	预测值	误差（%）
1996	68392	68392	0.000	696.29	696.29	0.000	5.90	5.90	0.000	4.3523	4.3523	0.000
1997	72038	72937	1.2468	728.21	741.24	1.7876	3.58	3.50	2.2364	4.2929	4.2073	1.9951
1998	75032	74938	0.1274	818.62	838.92	2.4802	5.24	5.31	1.3350	3.6507	3.5992	1.4125
1999	75110	76082	1.2933	899.10	910.01	1.2235	2.88	3.01	4.5147	3.8327	3.7961	0.9561
2000	76116	78923	3.6888	1071.62	1109.11	3.4990	8.94	8.91	0.3385	2.6144	2.6437	1.1228
2001	82448	81932	0.6308	1207.24	1248.32	3.4053	8.93	8.89	0.4480	3.2384	3.2583	0.6187
2002	83239	82992	0.2991	1340.76	1379.93	2.9201	10.15	10.20	0.4932	4.5532	4.4377	2.5376
2003	84287	84913	0.7399	1743.29	1709.29	4.7583	13.00	13.13	1.0110	6.3118	6.3547	0.6821
2004	84327	85432	1.3184	2262.66	2289.21	1.1709	18.63	18.78	0.8230	8.3010	8.3670	0.8248
2005	88384	89521	1.2816	3003.62	3041.25	1.2531	23.47	23.66	0.8078	9.5380	9.6001	0.6520
2006	93382	94093	0.7629	3794.83	3816.56	0.5754	28.39	28.89	1.7623	12.739	13.185	3.8901

资料来源：《辽宁统计年鉴》1997—2007 年版，《中国工业年鉴》1997—2007 年版，《中国统计年鉴》1997—2007 年版，《中国科技统计年鉴》2003—2006 年版。

三　技术创新—企业规模系统发展模式与优化分析

辽宁装备制造业高速可持续发展取决于技术创新人员、市场竞争程度、企业成长机制和R&D投入等子系统的协调发展。产业发展模式受到技术创新人才比重、技术研发投入强度（R&D占销售收入的比重）、生产性投资系数、固定资产投资系数、资产负债率、信息化投入比重、市场集中度、科技贡献率等战略性参数影响巨大，因此本书通过对以上参数进行调整和组合分析不同发展战略下技术创新与企业规模系统的演化特征。主要探讨三种典型的发展模式，即传统的“大企业—技术推动模式”（A模式）、新经济下的“中小企业网络—市场拉动模式”（B模式）以及介于二者之间的“企业集群式—推拉结合模式”（C模式），这三种模式可以反映技术创新—企业规模系统演化的不同趋势，主要战略性参数如表6—8所示，主要指标的预测结果如表6—9所示。

表6—8　三种发展模式的主要调控参数　单位:%

	A模式	B模式	C模式		A模式	B模式	C模式
技术创新人员增加率	5.17	7.60	6.17	资产负债率	46.3	68.6	60.7
技术创新人员离职率	3.88	6.20	4.80	固定资产投资系数	65.7	48.8	55.5
销售收入增加率	43.3	33.2	38.5	装备制造业投资系数	63.5	48.5	54.6
中小企业增加率	30.1	58.5	42.7	信息化投入增加率	35.4	50.8	45.0
前四大企业市场集中度	77.6	50.6	60.4	R&D投入增加率	42.2	32.3	46.8

（一）大企业—技术推动发展模式

这种发展模式符合“熊彼特假设”的基本命题，即企业规模越大越有利于技术创新，越是垄断的市场结构越有利于技术创新。辽宁的装备制造业相对于国外同类企业规模仍然偏小，固定资产投资、行业投资以及R&D投入均属较低水平，因此扩张企业规模和加大自主研发力度是进入国际市场的关键和今后一段时期产业发展的主要任务。我们按照辽宁装备制造业专项规划的战略目标设置发展趋势参数（见表6—8），即到2020年辽宁装备制造业共有技术创新人员19万人，销售收入达到14947亿元，是2005年的5.5倍，职工人数增加到258.2万人，企业规模扩展迅速。然而按照当前的发展趋势，信息化投入相对销售收入的增长呈下降趋势，中小企业增长缓慢，企业 R&D 投入随装备制造业销售收入先增加后减少。在这种发展模式下，企业在高投资、国内市场垄断和政府扶持下发展比较迅速，技术创新的绝对数量有大幅度提升，但是缺少竞争环境以及中小企业配套服务，使得企业的管理成本较大。

表 6—9　三种不同发展模式下技术创新—企业规模系统的仿真结果

指标名称	2005 年	A 模式			B 模式			C 模式		
		2010 年	2015 年	2020 年	2010 年	2015 年	2020 年	2010 年	2015 年	2020 年
技术创新人员总数（万人）	8.84	11.4	14.7	19.0	12.4	17.4	24.3	12.1	16.6	22.7
企业专利数（件）	4538	8374	12847	16382	6382	10837	13937	9283	13942	17538
装备制造业销售收入（亿元）	2713.3	5136	9632	14947	4273	7351	10072	5093	8371	13748
装备制造业职工总数（万人）	88.7	153.2	203.3	258.2	120.3	148.2	184.7	147.5	198.6	237.7
企业负债总数（亿元）	2110	3103	4221	5083	4693	6793	8036	3893	5239	7093
中小企业数量（家）	3795	4923	5732	6203	5374	7531	9232	4932	6542	7826
固定资产（亿元）	985.1	1893	2774	4094	1694	2339	3070	2002	3394	4693
信息化投入（亿元）	23.47	30.64	37.82	42.83	33.82	40.73	53.93	34.02	41.32	54.33
装备制造业总产值（亿元）	3003.6	6384.2	10849	14394	5348.2	9836.2	12932	5382.9	11039	15472
装备制造业工业增加值（亿元）	471.0	1294	2074	2749	1032	1846	2290	1326	2238	2864
企业 R&D 投入（亿元）	127.6	353.2	603.4	858.2	308.3	503.4	674.4	340.5	671.3	915.9
政府 R&D 投入（亿元）	4.71	7.32	12.6	18.32	6.32	8.93	12.49	6.31	10.54	15.93
R&D 人均占有量（万元/人）	9.54	14.37	18.63	25.57	15.37	20.35	28.37	14.89	21.21	26.93

（二）中小企业网络—市场拉动模式

这种模式是当前国外装备制造业新的发展趋势，由于信息化的普及以及国际大市场需求变化速度的加快，装备制造业企业正在努力以最小的企业规模实现规模经济，并通过网络以最快的速度获得创新资源和生产能力。我们将发展趋势参数做相应的调整，技术创新人员的增加率提高到7.60%，同时调高了技术创新人员的流动性，离职率为6.20%，中小企业增加率提高为58.5%，前四大企业的市场集中度明显下降为50.6%，信息化投入提高为50.8%。这一模式的特征是技术创新人员增长最快，2020年达到24.3万人，按销售收入或按职工总数计算的企业规模最低，2020年分别达到10072亿元和184.7万人，企业负债率较高存在很大的市场风险，企业R&D投入相对销售收入呈下降趋势，人均R&D具有上升趋势，技术创新的激励作用较强。可见这种制造业发展趋势有利于满足市场需求的技术创新出现，技术创新的企业"硬规模"效应较低，企业成长对于外部环境要求较高，适合于网络发达、市场机制相对成熟的产业环境。因此，这种发展模式没有发挥辽宁装备制造业的传统优势，也不适合当前的产业环境。

（三）企业集群式—推拉结合模式

这种装备制造业的发展模式是从20世纪90年代以来在发达国家出现的以区位为主的发展趋势，我国"十五"以来装备制造业集群发展模式才逐渐形成。装备制造业集群发展模式有集群化、信息化和服务化三大特点，反映在战略性参数上，数值大多介于前两种模式之间，兼顾了核心大企业的规模成长性和配套及服务型小企业的市场灵活性，并多以纵向集群模式为主，既有利于技术的渗透，又能够加速技术的消化吸收和二次创新。仿真的结果显示，到2020年装备制造业的企业专利数、固定资产、信息化投入、总产值、工业增加值和企业R&D投入都将达到三种发展模式的最高值。这种模式比较适合作为辽宁装备制造业今后的发展方向。

三种发展模式下的技术创新与企业规模关系预测如图6—15、图6—16所示。

此外，按固定资产算企业规模与技术创新投入关系介于13%—22%之间，与技术创新产出关系介于3.7—4.7件/亿元，都大致呈线性关系。装备制造业企业的销售收入和固定资产，即"硬规模"是企业技术创新的必要保障，而装备制造业从业人员数量的增加在促进技术创新的同时也

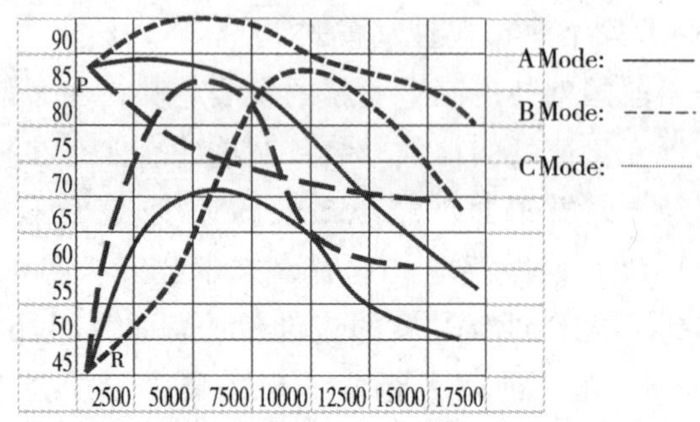

图 6—15　按销售收入算企业规模同技术创新投入（R&D）与技术创新产出（专利）的关系

注：P 代表专利；R 代表 R&D。为了使关系曲线能够绘入一张图内，对变量单位进行了必要的调整，技术创新投入为‰，技术创新产出为件/50 亿元，时间为 2005—2020 年。

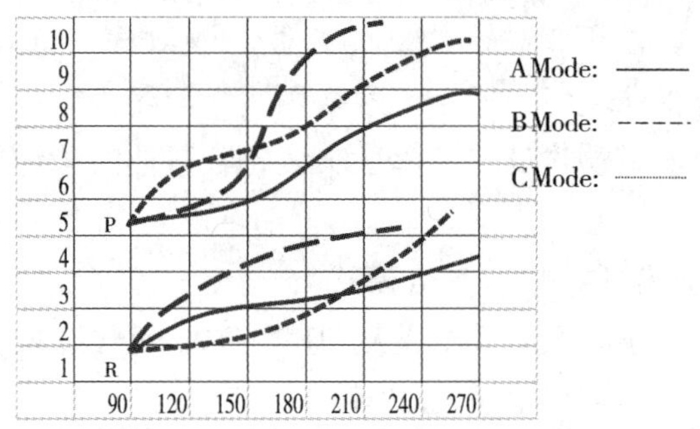

图 6—16　按职工总数算企业规模同技术创新投入（R&D）与技术创新产出（专利）的关系

注：P 代表专利；R 代表 R&D。为了使关系曲线能够绘入一张图内，对变量单位进行了必要的调整，技术创新投入为亿元/万人，技术创新产出为件/10 万人，时间为 2005—2020 年。

带来了巨大的管理成本，滞后一段时期最终又会抑制持续创新，所以提高企业管理效率和全员劳动生产率是解决技术创新—企业规模系统矛盾的关键解，行业技术创新的“硬规模”效应要体现在量上，而“软规模”效应要体现在质上。

运用系统动力学模型要比传统的数理模型更能反映系统要素之间的非线性作用和动态反馈关系，通过对辽宁装备制造业的模拟和仿真可以看到，辽宁的装备制造业具有传统的存量规模和人才优势，然而旧有计划经济发展模式下管理效率低，市场竞争意识淡漠，并没有将存量优势发挥出来，结合分析的结果我们认为当前的主要任务：一是在提高规模绝对量的同时，努力提高规模质量，打造具有国际竞争力的大企业集团；二是要培育市场机制，包括产品市场、金融市场、人才市场和企业家市场，不提倡扶持行业垄断；三是要提高管理效率，从硬环境如企业信息化，软环境如员工素质入手，全面提升劳动生产率和科技贡献率。所以采用“企业集群式—推拉结合模式”是辽宁装备制造业中长期理想的发展模式。

第四节　产业发展阶段与产业升级驱动机制

“熊彼特假设”存在争议的原因至少源于两个方面：一个是“大企业更有利于技术创新”命题的行业适用性问题，另一个是对企业规模与技术创新验证的基本模型问题。“熊彼特假设”提出的时候并没有关于行业的限制，然而在对其进行验证的时候，行业效应则是造成结论相互矛盾的主要因素之一（Schere，1980）。一般来讲，行业代表着企业面临的需求条件、技术机会和专用性（Levin，1985），跨行业的验证往往削弱了行业的差异性，而行业划分过细就会出现代表性不强等问题，所以相比之下行业分组验证的方法更加全面；对于企业规模与技术创新关系的检验模型而言，无论是沃利、康曼诺（Worley，1961；Comanor，1967）等采用的对数线性函数形式，还是谢勒尔、菲利普斯（Scherer，1965；Phillips，1971）等采用的多项式模型，共同的问题是模型建立之初首先包含了主观的限制因素，这样就增加了设定误差的可能，从而使研究结论产生分歧甚至相互矛盾。卡米恩和舒瓦茨（Kamien & Schwartz，1981）、帕维特（Pavitt，1999）更直接地认为，企业规模与技术创新是复杂的非线性关系，一般的函数模型无法精确地估计。

20 世纪 90 年代以来，持续技术创新的企业规模发生的复杂性变化印证了上述说法，“企业规模的两极化趋势”以及有利于技术创新的企业集群、大企业集团子母公司等中间组织的出现进一步模糊了企业边界，企业规模与技术创新的关系越来越具有不确定性，这使得基于先验函数形式判断的回归模型已经远远不能满足对现实中企业规模与技术创新的复杂关系的研究。20 世纪 90 年代非参数计量方法的发展为解决这一问题提供了很好的工具，这种方法具有主要依赖样本数据而非函数形式的特性，从而在避免总体分布未知的复杂非线性关系模型主观设定的误差方面显示出了优势。这部分研究的主要目的就是以行业分组的形式，采用非参数的方法对“熊彼特假设”关于企业规模与技术创新的关系提供来自中国制造业的实证分析结果，并据此研究企业规模与技术创新的复杂非线性关系。

一 改进的经验研究

（一）行业分组

根据国际通行的产业分类原则和我国的具体情况，本书将2002年中国国家统计局公布的《国民经济行业分类》中划分的29个制造业行业重新分组为三个大类：一类是轻纺工业，包括食品加工业、食品制造业、饮料制造业、烟草制造业、纺织业、服装及其他纤维制品制造业、皮革毛皮羽绒及其制品业、木材加工及竹藤棕草制品业、家具制造业、造纸及纸制品业、印刷业记录媒介的复制、文教体育用品制造业；另一类为资源加工工业，包括石油加工及炼焦业、化学原料及化学制品制造业、医药制造业、化学纤维制造业、橡胶制品业、塑料制品业、非金属矿物制品业、黑色金属矿物制品业、有色金属冶炼及压延加工业、金属制品业；还有一类为机械、电子制造业，其中包括普通机械制造业、专业设备制造业、交通运输设备制造业、电气机械及器材制造业、电子及通信设备制造业、仪器仪表及文化办公用机械制造业、其他制造业。

美国制造业通常分为耐用品（Durable goods）制造业和非耐用品（Nondurable goods）制造业两类，其中耐用品制造业在美国产业分类中属高技术产业，包括原木及木制品业、家具业、石头水泥和玻璃制品业、初级金属业、经过加工的金属产品业、工业机器和设备业、电子产品和设备业、汽车及设备业、其他运输设备业、仪器仪表及设备业、其他制造业；非耐用品包括食品业、烟草业、纺织原料业、服装及其他纺织品业、造纸及相关产品业、印刷业和出版业、化学及相关产品业、石油及煤炭业、橡胶及塑料业、皮革业。

（二）样本区间选取

本书以1990—2007年为考察区间选取中美两国制造业数据。以中国1990年制造业数据为初始点，除了对数据获得因素的考虑外，还在于1990年中国制造业增加值已经位居发展中国家和地区之首，进入了世界制造业10强，此后中国经济又进入了全面改革阶段，根据中国统计局公布的数据，1990年以来中国制造业产业和从业人数都持续增长，到2007

年中国制造业以美元计产值达1.3万亿，规模以上制造业全部从业人员年平均人数达6856万人，为历年最高，因此可以认为1990年之后的时期是制造业的连续发展阶段；而以美国1990年制造业数据为初始点的理由在于20世纪80年代末美国制造业走出了能源危机的低谷并基本上完成了经济转型。美国政府先后于1990年、1993年和1997年分别实施了《先进技术计划》、《制造业合作发展计划》和《下一代制造——行动框架》等，实施以科技创新推动美国制造业的进一步发展战略，因此20世纪90年代是美国制造业高速发展的阶段。据世界银行（World Bank）数据库显示，1990—2000年美国制造业雇员人数基本稳定略有上升，然而2000年以后美国制造业出现了占经济总量比率和雇佣人数逐年减少的所谓“衰退”迹象，到2007年美国制造业雇员人数相对2000年减少了300多万人，雇员人数达到了50年来的最低点，但是2007年美国制造业的产值达到创纪录的1.6万亿美元，占世界制造业比重的20%。由此可见，1990—2007年数据反映了中美两国制造业在产值与从业人员方面的不同走向。此外，我国制造业R&D数据是从1990年才开始的，1990—2007年的数据保证了数据来源的可靠性，并且能够反映2008年国际金融危机爆发前制造业常规状态下的发展趋势。

（三）中、美大中型制造业的行业分组非参数回归比较

根据所得到的数据特征以及非参数回归方法的要求，我们以年销售收入的自然对数度量企业规模，记为X = log（I）；以研发强度（R&D投入/销售收入，本书取销售收入的对数形式）度量企业技术创新，记为Y = R&D/log（I）。应用Nadaraya - Watson权函数非参数估计方法，并以Stone（1977）提出的交错鉴定方法（cross - validation - method）确定最优窗宽h = 23.5，具体方法如下：

首先建立非参数回归模型，设Y为被解释变量，X为解释变量，（X_1，Y_1），（X_2，Y_2），…，（X_n，Y_n）为一系列独立分布的样本观测值，则一般形式的非参数回归模型为：

$$Y_i = f(X_i) + u_i\ ,\ i = 1,\ 2,\ \cdots,\ n \tag{6—4}$$

式中$f(\cdot)$表示未知函数，u_i表示随机误差项，随机误差项反映了解释变量外其他因素对被解释变量的影响以及模型的设定误差等。

目前权函数法是非参数估计的主要方法，Nadaraya - Watson估计则是最常见的一种权函数估计方法。设$f(x) = E(Y/X = x)$为一个二维密度函

数，对这一函数进行密度估计为：

$$f(x) = E(Y/X = x) = \int yf(y/x)\,dy = \int \frac{f(x,y)}{f_x(x)}\,dy \tag{6—5}$$

$$而 f(x,y) = \frac{1}{nh_n^2}\sum_{i=1}^{n} K(\frac{X_i - x}{h_n},\frac{Y_i - y}{h_n})$$

$$则 f_n(x) = \frac{\frac{1}{nh_x}\sum_{i=1}^{n} K(\frac{X_i - x}{h_x})Y_i}{\frac{1}{nh_x}\sum_{i=1}^{n} K(\frac{X_i - x}{h_x})} = \frac{\frac{1}{h_x}\sum_{i=1}^{n} K(\frac{X_i - x}{h_x})Y_i}{\frac{1}{h_x}\sum_{i=1}^{n} K(\frac{X_i - x}{h_x})} \tag{6—6}$$

可以看出，对 $f(x) = E(Y/X = x)$ 的估计，是密度函数估计的一种自然推广，一般也称为权函数估计 $f_n(x) = \sum_{i=1}^{n} W_{ni}(x)Y_i$，这一函数完全由 $W_{ni}(x)$ 确定，其取值与 X 的分布有关，称为 N－W 估计，其中 $W_{ni}(x) = \frac{\frac{1}{h_x}K(\frac{X_i - x}{h_x})}{\frac{1}{h_x}\sum_{i=1}^{n} K(\frac{X_i - x}{h_x})}$，$h_n > 0$ 为核估计的窗宽，则模型（6—4）的回归函数 $f(x)$ 的核估计为：

$$\hat{f}_n(x) = \sum_{i=1}^{n} W_{ni}(x)Y_i \tag{6—7}$$

窗宽 h_n 的控制是核估计精度的重要参数。窗宽太小，核估计尽管偏差小，但估计线欠平滑，方差较大；而窗宽太大，则核估计的方差小，但是估计线过于平滑，偏差较大。所以找到理论上的最佳窗宽，就能更精确地对核函数进行估计。对于窗宽的选择，Stone（1977）提出了一种交错鉴定方法，这种方法能够很好地避免将观测点的重要性过分夸大的情况，基本思想是将观测点 (X_i,Y_i) 剔除后，将剩余的 $n-1$ 个点在 $x = X_i$ 处进行核估计：$\hat{f}_{n,-i}(x) = \sum_{j\neq i}^{n} W_{nj}(X_i)Y_j$，最后比较平方拟合误差。

$$CV(h_n) = n^{-1}\sum_{i=1}^{n}(Y_i - \hat{f}_{n,-i}(X_i))^2 w(X_i) \tag{6—8}$$

使 $CV(h_n)$ 最小的窗宽则是最佳的，其中 w（x）≥0 为权数，本书选取 $w(x) = K_h(X - x_i)$。

变量选取、标记以及数据的统计特征如表 6－10 所示。

表 6—10　　大中型制造业企业各变量的定义、标记与统计特征

变量	定义	标记	均值（Mean）	中位数（Median）	标准差（S. D. ）	偏度（Skewness）	峰度（Kurtosis）	雅克—贝拉检验（Jarque - Bera）	Probability
轻纺工业的企业规模	制造业大类下属各制造业细分行业的年销售收入之和的自然对数	$\log(I_1)$	3. 9290	3. 8911	0. 3184	0. 0371	-0. 3592	0. 2580	0. 8790
资源加工工业的企业规模		$\log(I_2)$	4. 1719	4. 1127	0. 3700	0. 2123	-0. 3881	0. 3766	0. 8284
机械、电子制造业的企业规模		$\log(I_3)$	4. 0728	4. 0416	0. 4590	0. 1204	-0. 9753	0. 7966	0. 6715
耐用品制造业的企业规模		$\log(I_1')$	28. 7429	26. 4842	0. 32482	0. 2449	0. 1464	0. 8937	0. 7492
非耐用品制造业的企业规模		$\log(I_2')$	17. 6431	16. 7463	0. 33948	0. 1787	0. 3492	0. 5830	0. 84937
轻纺工业的技术创新		$R\&D_1/\log(I_1)$	8. 7368	6. 5141	8. 4376	1. 0744	0. 1990	2. 7307	0. 2553
资源加工工业的技术创新		$R\&D_2/\log(I_2)$	26. 2384	14. 5328	29. 1703	1. 5390	1. 4921	5. 9524	0. 0510
机械、电子制造业的技术创新		$R\&D_3/\log(I_3)$	56. 2443	39. 4876	57. 4644	1. 1992	0. 7008	3. 3931	0. 1833
耐用品制造业的技术创新		$R\&D_1'/\log(I_1')$	28. 8742	17. 3849	16. 3728	1. 2538	1. 7583	6. 9173	0. 1343
非耐用品制造业的技术创新		$R\&D_2'/\log(I_2')$	21. 7393	13. 0630	13. 4782	1. 1241	1. 3282	4. 4849	0. 0833

数据来源：《中国科技统计年鉴》和《中国工业经济统计年鉴》（1991—2008），《美国劳动统计局统计资料汇编》（1997），《美国制造业统计年鉴》（1996—2005），*Statistical Abstract of the United States*（2003—2008）。

由表6—10可以看出，中国三大类制造业企业规模以及美国耐用品制造业企业和非耐用品制造业企业规模的均值和中位数都非常接近，尽管偏度不为0，峰度不为3，整体上都是“左偏扁峰态”，但是Jarque－Bera检验的P值合理的高，因此不能拒绝正态分布假设；中国三大类制造业以及美国耐用品制造业和非耐用品制造业技术创新的均值和中位数偏差较大，偏度不为0，峰度不为3，整体上也是“左偏扁峰态”，Jarque－Bera检验的P值充分的低，因此可以拒绝正态性假设。由于研发强度的数据明显不具备正态性，本书采用非参数回归的方法具有合理性，其结果如图6—17所示。

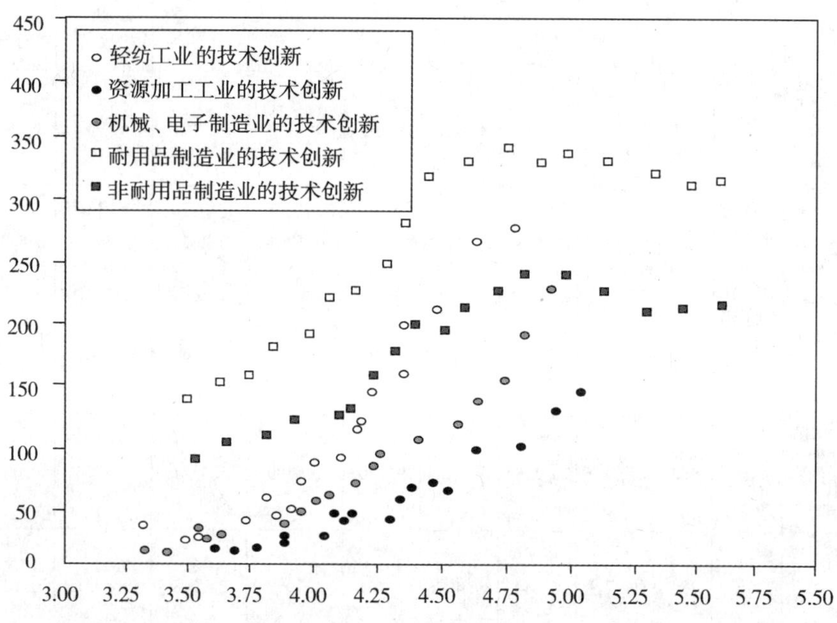

图6—17　中、美制造业技术创新与企业规模关系的非参数回归估计

二　产业成长阶段视角的解析

以上实证结果表明，尽管对中、美两国制造业的考察期相同，但是中国大中型制造业企业规模与技术创新的关系基本符合“熊彼特假设”，而美国规模以上制造业企业规模与技术创新的关系则大体符合倒U关系。在控制行业效应和人为设定模型误差的情况下，如何解释中、美制造业企业规模与技术创新关系的差异呢？

行业适用性问题仅是对不同行业差异性的静态比较，而且由产业演进导致行业本身动态变化对技术创新与企业规模关系的影响。格兰尼尔（Greniner，1972）把生命周期理论应用到组织演化过程，并且将企业的产品生命周期划分为由创新获得增长到由协调、合作获得增长的五个阶段，从而显示出技术创新与企业规模之间作用的周期性特征；奥德里茨（Audretsch，1995）、克莱珀（Klepper，1996）认为，产业生命周期伴随着技术创新的演化过程，技术创新引起产业内部企业淘汰（shakeout）和企业规模扩张现象，这种现象存在于各种行业中，制造业的情况尤其典型；厄特巴克和苏亚里茨（Utterback & Suarez，1995）从主导设计（dominant design）的角度分析产业的淘汰过程，未能及时适应主导设计并调整组织结构的企业被清出市场或被兼并，产业成熟后仅有少量集中度很高的大企业从事后续的过程创新（process innovations）；Malerba（2002）等人认为，异质性的企业在不确定的环境中边干边学以应对市场选择构成了产业成长和变化的主要内容，产业演进与技术创新的关系不能脱离企业的能力、边界和联系等问题，尤其要明确导致产业结构和演化路径差异的驱动要素；武彦安田（Yasuda Takehiko，2005）则以日本制造业企业的微观数据证明了公司规模、年龄与公司成长中的 R&D 行为存在着确定性影响。可见，除了行业之间固有的差异性对技术创新与企业规模关系产生影响外，行业处于不同演进阶段技术创新与企业规模的相互关系不尽相同。

以中国三大类制造业和美国两大类制造业为对象的非参数回归实际上是将制造业大类视为“大企业”，考察年份的跨度实际上可以视为样本数量，这种处理方法体现了企业规模与技术创新关系的连续性变化，内含了考察期内产业成长阶段性对结果的影响。由此，本书针对上述实证结果提出一个可能的解释：中国制造业与美国制造业是处于制造业发展不同阶段的，产业成长阶段性决定了企业规模与技术创新关系的不同。产业成长不同阶段起到主要驱动作用的要素有明显差别，正是主要驱动要素的差别改变了技术创新与企业规模的关系。

推动产业成长的驱动要素具有怎样的更迭过程，又是如何影响技术创新与企业规模的？克莱珀（Klepper，1996）认为，新产业到成熟一般都会经历价格下降、产出增加和企业数量先升后降的非单调过程，这一过程便是追求规模经济并走向产业垄断的过程，而企业从业人数、固定资产积累是实现规模经济生产的基本条件。苏亚里茨和厄特巴克（Suarez & Utterback，1995）提出的“主导设计”模型认为，产业进入淘汰过程的标志是主导设计的出现，主导设计能够锁定技术创新方向并引发一系列过程创新，企业的R&D投入集中于加大过程创新强度，产业成熟阶段的在位企业均具有较高的集中度，后续过程创新需要大量的R&D投入和研发人员。然而，主导设计的前身通常来源于小企业的突破性创新，产业成长初期企业通过争取异质性创新获取竞争优势，此时创新并非大规模R&D所致，大企业相对于小企业并没有优势（Klepper，2005）。并且随着创新速度不断提升，大企业研发周期长、市场导向性差等弊端逐渐显现出来，而小企业技术和生产的专业化、市场灵活性、产品研发试错（trial - and - error）低成本以及网络共生对单个企业研发投入不足的弥补等表现出了创新优势，往往也是行业领先者更迭的主要原因（Henderson & Clark，1990；Christensen，1997）。哈里森（Harryson，2004）通过对日本大企业的研究发现，产业内部出现合作机制是普遍现象，企业技术创新管理的重心已从对技术诀窍的追求转移到寻找创新合作者，提高信息化水平，联合曾经的竞争对手也包括能够迅速对引进技术消化吸收的中小企业，是解决技术与组织的两难悖论、提高创新效率的关键。埃斯普利蒙特和杰克明德（Aspremont & Jacqueminde，1988）从技术创新外部性角度证明技术创新溢出效应决定了合作创新相对于非合作创新的优势。杜传忠（2004）在此基础上进一步认为网络经济条件下，以信息技术为核心的高新技术产业的溢出效应更为明显，信息化水平、技术引进消化吸收能力越强，技术溢出率就越大，合作创新就越有利。帕德莫尔和吉布森（Padmore & Gibson，1998）分析了合作化技术创新推动产业发展的模式，认为中间组织包括大企业联盟、产业集群、小企业网络等是推动技术创新合作的具体形式。高良谋（2006）认为，中间组织的发展壮大是导致企业规模边界模糊和创新企业规模“两极化”趋势的组织原因，而起核心作用的则是中间组织更有利于信息化技术改造、消化吸收等非R&D投入发挥辅助创新作用，从而使产业降低达到最优创新规模时的企业规模。

基于上述分析，本书将制造业成长指标用制造业产值（Y1）和新产品销售收入（Y2）来表示，将主要驱动要素定义为从业人员数量（X1）、总资产贡献率（X2）、行业集中度（X3）、科技人员数量（X4）、R&D经费内部支出（X5）、设备改造与信息化投入（X6）、技术引进与消化吸收

（X7）。对中、美制造业成长与不同驱动要素贡献进行多元线性回归分析，即分行业分别以 Y1 和 Y2 为因变量，以 X1—X7 为自变量进行逐步回归分析，验证中、美制造业处于不同发展阶段的假设。分析结果如表 6—11、表 6—12 所示。

表 6—11　以制造业产值（Y1）为因变量的分行业检验结果（OLS）

行业	自变量	参数估计值	T 统计量	统计量	R^2（调整的 R^2）
轻纺工业	X1	.6483（2.4242）	14.4682***	213.4713**	.8248（.8077）
	X2	.8471（.3141）	5.3213**		
	X3	7.8484（3.4354）	2.5674**		
资源加工工业	截距	36.4724（9.4714）	7.4140**	77.4718**	.6361（.6074）
	X2	.2853（.4193）	4.8541***		
	X3	.1842（.6242）	1.6592*		
机械、电子制造业	X2	1.4942（5.4281）	29.4892***	384.4183***	.7954（.7505）
	X5	.2857（2.4583）	10.4741***		
	X6	.8980（2.5852）	3.4719**		
耐用品制造业	X5	.5042（.8424）	20.4249**	592.4621**	.4895（.4572）
	X4	.7401（6.5283）	10.3842***		
	X6	.7732（4.5822）	12.4728*		
	X7	.8189（3.5824）	14.0752**		
非耐用品制造业	X4	2.2048（1.4324）	5.4714**	95.4183***	.5821（.5687）
	X5	.1794（.6592）	1.5481**		
	X3	.3481（1.4738）	1.1048**		

注：参数估计值后括号中的数值为稳健性标准误差。*、**、*** 分别表示检验在 0.1、0.05、0.01 水平下显著。

表 6—12　以新产品销售收入（Y2）为因变量的分行业检验结果（OLS）

行业	自变量	参数估计值	T 统计量	统计量	R^2（调整的 R^2）
轻纺工业	X2	.5475（2.4424）	10.3832**	85.6412***	.8427（.8374）
	X4	5.4924（.5824）	4.4762***		
资源加工工业	截距	25.2825（.7424）	22.4724**	154.6383**	.6441（.6339）
	X3	1.4431（7.4728）	4.8724*		
	X4	4.8572（8.4621）	7.7264**		

续表

行业	自变量	参数估计值	T 统计量	统计量	R^2（调整的 R^2）
机械、电子制造业	X5	.4847(3.5721)	8.4741***	288.4272***	.6429(.6294)
	X4	.5872(.7752)	3.5629***		
	X7	.8432(9.4842)	1.6241*		
耐用品制造业	X6	1.852(3.4275)	5.7462**	475.5571***	.7942(.7856)
	X5	7.5411(2.5792)	9.2428***		
	X7	10.4811(13.5732)	2.6174***		
	X4	3.5484(.4857)	3.8572**		
非耐用品制造业	X5	.6841(.9626)	11.7524*	274.6914**	.5498(.5401)
	X4	.7134(.7462)	2.4753**		
	X6	3.7522(2.6572)	1.5749*		

注：参数估计值后括号中的数值为稳健性标准误差。*、**、*** 分别表示检验在 0.1、0.05、0.01 水平下显著。

以制造业产值（Y1）为因变量和以新产品销售收入（Y2）为因变量的分行业检验结果表明，全部行业都达到了显著性水平 0.1 以上，各行业模型自变量与因变量的线性关系显著，各行业的拟合优度指标调整的 R^2 都比较高，说明模型的解释能力也比较强。逐步回归的结果显示中国制造业产值以从业人员数量、总资产贡献率和行业集中度为主要驱动力量，尤其是总资产贡献率，只有机械、电子制造业以 R&D 经费内部支出和设备改造与信息化投入为主要驱动力量；而美国制造业产值则主要以 R&D 经费内部支出和科技人员数量为主要驱动力量，其中耐用品制造业还涉及了设备改造与信息化投入和技术引进与消化吸收。

中、美两国制造业在新产品销售收入因变量的驱动力量上差异更加明显。中国制造业新产品销售收入的驱动力量各有侧重，轻纺工业以总资产贡献率和科技人员数量为主，资源加工工业则以行业集中度和科技人员数量为主，机械、电子制造业以 R&D 经费内部支出、科技人员数量和技术引进与消化吸收为主，尽管都以科技人员数量为驱动力量，但是只有机械、电子制造业有 R&D 经费内部支出的贡献，能够保证科技人员有创新热情，并且技术引进与消化吸收能够辅助科技人员进行创新。而美国耐用品制造业中设备改造与信息化投入对新产品销售收入的贡献超过了 R&D 经费内部支出，技术引进与消化吸收的贡献也超过了科技人员数量的贡献。美国的非耐用品制造业则以 R&D 经费内部支出、科技人员数量和设备改造与信息化投入为主要驱动力量。

X1、X2、X3 可以认为是传统生产要素的贡献因素，X4、X5 是 R&D 范畴的科技要素贡献，而 X6、X7 则是非 R&D 范畴的科技要素贡献。对于制造业产值（Y1），中国制造业整体上处于由传统生产要素向 R&D 范畴的科技要素贡献过渡阶段，只涉及很少一部分非 R&D 范畴科技要素。而美国制造业是以 R&D 范畴的科技要素贡献为主，非 R&D 范畴科技要素贡献为辅。对于制造业新产品销售收入（Y2），中国制造业整体上处于传统生产要素和 R&D 范畴的科技要素贡献为主，非 R&D 范畴科技要素贡献为辅阶段。而美国制造业是 R&D 与非 R&D 范畴的科技要素贡献并驾齐驱的发展阶段，在耐用品制造业非 R&D 的贡献甚至更加突出。

基于回归结果分析，本书构建了基本解释模型（见图 6—18），该模型从产业发展的角度分析要素贡献率与产业成熟之间的关系，在产业发展初期生产要素投入对于该时期产业成熟的作用最大，小企业成长为大企业以实现规模经济是产业成熟的标志；产业发展的高级阶段科技水平取代生产要素投入成为产业成熟的主要驱动力量，而这一阶段又分为 I、II 两个阶段，第 I 阶段是 R&D 投入在科技驱动要素中占绝对地位，大企业进一步扩张规模以保证高强度的研发投入是这一时期产业成熟的标志；第 II 阶段非 R&D 投入在科技驱动要素中的作用逐渐提升，甚至超过了 R&D 的地位，产业内部形成大、小企业共生共存的局面，企业之间通过各种形式的合作关系充分利用科技资源推动产业发展是这一阶段产业成熟的标志。

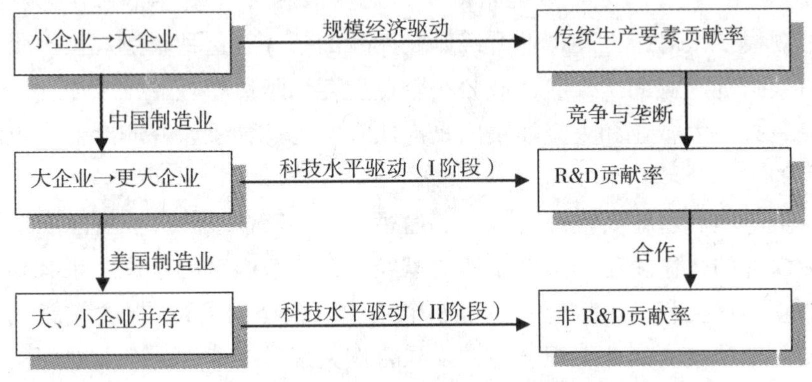

图 6—18　产业发展视角下的要素贡献率与产业成熟

资料来源：笔者整理。

本书采用行业分组以及非参数回归方法研究技术创新与企业规模的关系，仍然得到两种不同的结论，这说明由传统行业适用性和实证分析方法引起的争议并非根本原因。而对行业适用性的动态拓展，即产业自身演进对技术创新与企业规模关系的影响为解释传统争议和现实新变化提供了新视角。

从产业成长阶段性视角出发，大企业技术创新引起产业内淘汰，而小企业技术创新则推动产业变革，在产业发展的规模经济驱动阶段和 R&D 驱动阶段，产业淘汰相对于产业变革是产业发展的主导力量，因此这一阶段的技术创新与企业规模往往是一种“熊彼特假设”式的关系。而随着技术创新速度的加快，产业变革也越来越快，小企业技术创新也成为产业发展中的重要力量，技术创新与企业规模的倒 U 形关系，即技术创新的企业规模“两极化”趋势就出现了，从而解释了技术创新与企业规模关系的传统争议。进入新经济时代，推动产业发展的科技驱动力量在注重 R&D 数量的同时更强调效率，技术创新的速度越来越快，产业淘汰与产业变革同时主导着产业的发展，大企业与小企业通过能够提高创新效率的企业集群、战略联盟、大企业集团子母公司、小企业网络等中间组织合作与共存，而中间组织同时使企业边界变得模糊，从而解释了技术创新与企业规模关系的现实新情况。

就中国制造业的发展阶段而言，当前产业政策通过打造大企业和大企业集团以提高产业集中度的方式带动产业升级具有合理性。但是应该看到，大企业和大企业集团驱动产业升级的关键要素是保证自主创新的 R&D 投入，而只涉及生产要素的集聚对获取和开发核心技术并无贡献的企业规模扩张对于推动产业升级则是无效的，并且这种企业规模扩张方式具有很强的产业淘汰效应，威胁小企业生存，阻碍小企业技术创新。由此可见，打造大企业和大企业集团是产业升级的一种手段并非产业升级的根本目的。

就中国制造业实现跨越式发展途径而言，产业政策应该有意识地强化产业内部的合作关系，根据发达国家经验，产业内部的合作关系有利于技术创新的产生和溢出效应，使得单个企业以较低的 R&D 强度就能获得较大的创新回报。产业组织方面，加强合作关系需要建立大企业之间的战略联盟，小企业网络以及大、小企业之间的集群共生等各种形式的中间组织，在打造大企业和企业集团的同时也要改善小企业的生存环境，尤其要鼓励小企业创新。辅助创新方面，建立合作关系需要加强对制造业企业实施信息化改造以及对引进技术的消化吸收等非 R&D 投入力度。较高的非 R&D 投入贡献率有助于企业充分发挥自身的创新潜力，并有效地利用外部创新资源，达到不必以增加 R&D 投入强度提高新产品产值的效果。

本章小结：产业创新升级的内在机理

本章的核心内容是从不同角度探索产业创新升级的内在机理。在熊彼特创新理论中，技术创新是打破产业均衡的根本原因，而在不断地打破均衡和通过市场力量恢复均衡的往复过程中，产业呈现螺旋上升的产业升级路径。这个过程中技术创新内在的构成要素、企业环境和外在的市场环境之间相互影响，推动产业创新升级的源头和动力机制究竟在哪里，有哪些变化规律？在本章中，首先切入的研究视角是产业创新升级中的技术创新与企业规模的倒 U 关系，通过对倒 U 关系的形成机制和加入中小企业创新的动态拓展找出创新源的发生条件和替代关系，研究发现“熊彼特假设”是内含于大企业创新中的一般规律，但是加入了小企业创新机制，并置于考虑内部组织和市场需求因素的不确定性环境中，必须根据规模特征将技术创新重新划分为定向性技术创新和非定向性技术创新两种加以讨论，而企业成长的动态周期则能够刻画企业规模变化的特征。明确划分研究对象之后，通过演化的方法重新考察了组织和市场力量在不同技术创新类型中产生的作用，及两者在技术创新同企业规模之间变化的中介作用。在熊彼特创新与倒 U 关系相融合的框架下，最终通过对倒 U 阈值点和顶点等重要点的变动轨迹的分析，在对传统的倒 U 模型进行分区处理的基础上，动态地解释了倒 U 模型的形成机制和发展趋向，并得出企业规模保持在阈值和顶点之间最有利于产业创新升级的主要结论。出现企业规模过于庞大影响创新动力和组织支持力时，可以通过分拆经营单元、网络联盟互利或者加速技术研发保持创业创新活力。

本章还通过一系列实证研究验证和探索关于产业创新升级的重要规律，在企业层面以苹果公司开拓消费类电子产业市场为例，研究了企业家精神驱动的企业成长以及产业创新的规律，研究发现，研发能力需要同企业家精神相结合，研发人员应该转变工具性特征，而回归竞争性的创新环境，通过保持企业家的活跃思维发现产业增长点；以辽宁装备制造业为例，分析了产业系统内的创新动力，研究发现在信息经济环境下，大企业与中小企业并存的技术推动和市场拉动的企业集群共生模式是最有利于产业创新升级的企业规模分布；通过改进的经验研究发现，行业适用性问题仅是对不同行业差异性的静态比较，未涉及产业演进导致行业本身动态变化对技术创新与企业规模关系的影响。而对中、美制造业产业演进的驱动力量进行对比分析发现中、美制造业处于不同成长阶段，中国制造业是以传统投入要素和 R&D 投入为主要驱动要素，客观上要求企业规模不断扩张，因此企业规模与技术创新呈现“熊彼特假设”的关系。而美国制造业则是 R&D 投入和非 R&D 投入共同驱动模式，在保持甚至收缩企业规模的情况下仍然能够持续创新，因此企业规模与技术创新呈倒 U 关系。

第七章　自主创新战略与中国的实践

第一节　创新型企业及其成长的案例分析

一　创新型企业的提出与概念界定

随着知识经济的发展和全球经济一体化进程的加快，创新作为经济社会发展的动力和体现国家竞争力的重要标志，越来越成为决定企业生存发展和国家竞争力的关键因素。我国长期以来一直以引进技术为主要的产业升级方式，引进的技术又严重缺乏消化吸收过程，重复“引进—淘汰—再引进”的模式使整体创新能力和产业竞争力严重落后于发达国家，并锁定于国际产业链的低端环节，仅能通过提供生产要素参与国际竞争。基于这种发展困境，我国提出了以建设创新型国家为核心的国家战略和转变经济增长方式，其中最为关键的一环就是鼓励企业自主创新，强化企业在创新中的主体地位，通过建设大批高水平创新型企业群体作为创新型国家的重要依托和支撑。

借鉴发达国家经验，企业建设是建设创新型国家的基础工程和根本任务，发达国家成为世界经济强国和创新型国家，正是得益于拥有一批有较强自主创新能力、站在国际产业发展前沿、引领世界经济发展的创新型企业群体。基于此，2006 年国家科技部、国资委和全国总工会等三部委联合启动了创新型企业试点工作，确定华为、中石化钢铁研究总院等 103 家企业作为第一批试点企业，探索推动企业建立和完善有利于自主创新的内在机制，通过对不同类型企业创新发展有效模式的总结，示范和引导广大企业的自主创新之路。在国家创新型企业试点和地方相继开展试点的带动下，掀起了一股创新型企业建设热潮，目前已经确定了四批创新型企业，总数达到 477 家。

创新型企业的提出无论在企业发展还是理论研究中都成为关注的焦

点，首先就是如何认定创新型企业，创新型企业是否能够作为一种新的企业类型提出来。这一问题直接关系到企业成长的战略方向以及对创新型企业的评价标准，因为创新需要付出巨大成本和承担巨大风险，大多数企业只需利用创新型企业的成果发展，低成本地满足市场增长需求，并不是这类企业不用创新，而是有所创新的企业不一定就是创新型企业。事实上，创新型企业在试点之初就由科技部、国资委和全国总工会三部委在《关于开展创新型企业试点工作的通知》中给出了初步定义：创新型企业即是在技术创新、品牌创新、体制机制创新、经营管理理念创新和文化创新等方面成效突出的企业。这与其说是对创新型企业的定义，不如说是就企业现实状况判断创新型企业的标准，具体解释主要体现在五个方面：一是创新型企业要有若干重大经济效益或社会影响的自主创新，一定要有对科技创新和产业发展意义重大的创新成果；二是具有能够产生重大自主创新的全面创新体系；三是具有持续创新能力和创新动力；四是能够保证企业高速发展的企业竞争力和经济收益；五是具有巨大社会影响力和辐射力的企业（刘吉，2007）。

理论上对创新型企业的界定更加注重这类企业特征的实现机制，综合已有对创新型企业的概念和内涵的研究，主要有以下几方面：

第一，创新型企业的基本特征是创新活动在企业中的自主性和主导性。创新型企业能够充分认识到创新在企业发展和获得竞争优势中的作用，从而使自身成为研究开发、创新活动和创新成果应用的主体。企业主要通过创新获得超额利润和市场竞争优势，企业创新活动是企业例行的基本活动，其他活动围绕创新活动发挥着辅助和支持作用。企业有专门的研发人员、机构和制度等资源和组织安排，保证创新要素的新组合以及知识形态创新成果的持续产出。

第二，创新型企业要保证创新进程的持续性和创新内容的全面性，单个创新项目需要创新过程各环节在时间上具有连续性，多个创新项目则需要较为周密的研发计划，项目之间的纵向关系表现为形成前后关联相互支持的创新链，而横向关系表现为形成组织有效的创新环。企业中的每个层次、环节和部门工作都与创新活动存在着直接或间接的联系，创新形成一个由知识、产品、组织、制度和市场等要素组成的创新系统，方方面面共同构成了一个全方位、多功能的企业创新的有机整体。

第三，创新成果的知识产权化。企业创新过程中研究开发、产品化和市场化三个阶段都可以直接形成诸如专利、专有技术、行业标准、品牌商标等自主知识产权。同时，企业知识产权又为进一步创新提供先导性工具，是企业创新不可或缺的生产要素，企业自主创新就是要获取核心技术和强势品牌的自主知识产权。发达国家创新型企业大量投入创造出的先进技术和品牌形象都用知识产权形式加以保护，知识产权作为企业创新成果的落脚点不仅是企业自主创新的主要衡量指标，更是开展市场竞争和获得创新收益的重要手段。

第四，经济效益和可持续发展。创新型企业通过知识产权在一定时间内垄断技术市场，并通过品牌积累获得超额利润，创新同资本相结合形成良性互动，企业在扩大经营水平和业务高端化的同时可以选择合适的投资时机，通过兼并收购、资产重组、合资合作、投资入股和贴牌生产等资本经营方式和资产运作方式，实现企业财富的迅速增长。当然，财富是创新的目的之一，创新型企业并不将财富作为唯一目标，而是通过创新实现企业可持续发展，因此，创新型企业更关注企业未来的竞争优势和创造未来利润，通过创新实现可持续发展战略是创新型企业的重要特征。

二　企业家精神与研发能力相容的企业特征

钱德勒根据自己对典型企业成长过程的研究证明，企业根据外界竞争环境的变化调整战略方向进而调整组织结构等资源配置方式。Kupe 和 Plet（1994）在此基础上通过对外界竞争环境的分析，将 20 世纪以来企业的发展总结为四个阶段。

第一阶段称为效率型企业，主要指 20 世纪 60—70 年代的卖方市场环境下，企业发展对规模经济和生产效率的关注。在科学管理标准化理念的推动下，企业主要强化内部的控制手段，如何高效低成本地生产产品供给市场是企业考虑的主要问题。官僚式的组织结构保证企业统一行动并以生产部门为核心，在这种企业中，研发是为生产服务的，处于辅助地位，而企业家精神在市场环境较为固定的条件下发挥的作用也十分有限，因此效率型企业可以说仅仅是扩大化的生产部门。

第二阶段称为质量型企业。全球贸易壁垒在 20 世纪 70 年代逐渐被打破，市场边界扩张和流动性的增强使得产品越来越丰富，不同地域的企业开始面对同一群顾客，消费者能够在满足同一种功用的多种产品来源中选择，市场逐渐由卖方转向买方。由此引发的竞争状态是消费者开始注重产品品质，大批量低成本产品的竞争将面对产品质量的比较，企业开始全面的质量管理控制。此时，企业重视研发部门对质量改进的工艺创新，研发部门和市场部门紧密地沟通和协调逐渐成为企业核心。

第三阶段称为灵活型企业，进入20世纪80年代，激烈的市场竞争以及顾客偏好差异化的显现，快速推出创新产品并引领最新潮流是企业赢得市场的关键。在这种情况下，大企业投入大量的研发成本的风险大大增加，原有的高质量的产品可能会被新型产品快速取代，造成企业极大的损失。在这种情况下，企业家精神在创新中的作用重新受人瞩目，企业家对市场的敏感性有助于缩短产品研发和生产周期，并以小批量多品种满足不同消费需求。为了给企业家提供创新的环境，企业组织也从科层制结构向扁平化、团队化和跨部门化发展以简化产品研发过程。这个阶段企业家引领的市场导向型创新机制占据主要地位，企业开始大量借助外部技术优势，甚至没有自己的核心技术。

第四阶段称为创新型企业阶段。随着世界经济一体化进程的加快，全球产业链使得企业按照创新能力纵向排列，创新能力不足的企业位于产业链低端和价值增值的底层，因此创新能力前所未有地成为决定企业生存和发展的核心要素。而创新也越来越成为一个完整的过程，从研发到商业化，企业也不局限于掌握一种创新能力，尽管信息经济提供了大量可供选择和共享的外部创新资源，但是只有拥有自己的核心技术，才能更有效地嵌入创新网络中，并能开展更深入的创新合作。因此，企业组织出现了大量的中间型结构以保证柔性化和快速关联，企业家在大企业集团的基层经营单位中仍能够发挥创新先驱者的作用。从这一角度来看，创新型企业把创新作为企业的核心价值观，通过组织变革使企业家精神和研发实验室对创新的推动作用形成互补关系，相容的创新机制能够有效整合内部和外部的资源，最终实现技术及战略、文化、制度、市场与流程等全面协同创新。

融合企业家精神和研发实验室的创新功能，创新型企业同时兼顾创新的不确定性、积累性和集体性。不确定性是企业家精神发挥作用的外部条件，也是由创新导致的环境变迁和技术机会出现的偶然性决定的；积累性则是指创新的技术路径依赖和创新知识的组织专用性；而集体性则体现了创新是组织成员的整体努力和相互支持的结果（刘立、曲晓飞，2010）。这些特性使得创新型企业在组织特征、人力资源和适应市场方面与一般企业的创新活动不同。创新型企业注重组织创新，强调组织结构的灵活性。员工能够根据市场的变化随时调整业务职能和内部流动，这有助于直接感受客户需求变化，面对激烈的市场竞争压力，通过搭建促进员工发挥潜能的平台激发员工的积极性和主动性，也有助于提高员工的学习能力和自身专长的组织内部扩散。创新型企业的员工都需要有成为“技术企业家”或“市场企业家”等的主动性，无论是研发人员还是销售人员除了具备各种专业知识和技能，还需要具有一定的综合判断和决策能力，能够在充分授权和激励下独当一面开展工作。创新型企业的员工都应该是有创新能力的人，这不仅仅是指技术研发能力，也是能够根据客户需要而改善自己的工作方式和方法，并同企业研发部门配合提供满足甚至超越客户期望的产品和服务。

三　创新型企业的成长案例

尽管创新型企业所在行业不同，但就企业自身运作特征和对行业的引领作用而言却有很多共同之处。本书选择奇瑞汽车和沈阳机床两家具有典型代表意义的创新型企业作为案例分析对象，希望能够发掘一些关于企业家精神与研发实验室相容的创新型企业自主创新路径和创新源发生机制的一般规律。

（一）两家企业概况

奇瑞汽车股份有限公司成立于 1997 年 1 月，最初由安徽省及芜湖市五家投资公司共同出资设立。公司主营业务为乘用车整车及 KD 件、核心零部件的研发、生产和销售。现已上市的产品有奇瑞品牌的 QQ、A1、A3、A5、旗云、瑞虎、东方之子，开瑞品牌的优雅、优翼、优派、优优，瑞麒品牌的 M1，威麟品牌的 V5 等四大品牌 16 个系列整车及与其配套的发动机、变速箱和关键零部件。目前奇瑞是我国最大的自主品牌乘用车研发、生产、销售、出口企业。

公司组织结构由乘用车制造事业部、发动机事业部、变速箱公司、中央研究院、汽车工程研究总院、规划设计院、实验技术中心等组成，具备年产整车 65 万辆、发动机 65 万台和变速箱 40 万套的生产能力。2008 年年底，奇瑞公司总资产达到 271 亿元。2008 年奇瑞公司销售整车 35.6 万辆，其中出口 13.5 万辆，实现销售收入 188 亿元，利润 5.8 亿元。奇瑞公司现有员工 2 万余人，5300 多名技术人员从事产品开发，引进国外汽车领域知名技术专家、高级管理人员100多名。

1997年3月奇瑞公司的前身安徽汽车零部件有限公司动工建设，1999年12月第一辆奇瑞轿车下线，2001年3月奇瑞轿车正式上市，首批汽车出口叙利亚，当年销售2.8万辆。2005年3月，第一台奇瑞自主知识产权ACTECO发动机下线。2007年8月22日，奇瑞公司第100万辆汽车顺利下线，成为我国第一家达到此规模的自主品牌乘用车企业。2008年3月，奇瑞公司完成股权重组，成立股份有限公司。9月，奇瑞海外第八家工厂在马来西亚投入运营。2010年，奇瑞汽车对外宣布正式启动事业部制。2011年，奇瑞蝉联自主品牌销量、出口双第一。

沈阳机床（集团）有限责任公司于1995年12月通过对沈阳原三大机床厂——沈阳第一机床厂、沈阳第二机床厂（中捷友谊厂）、辽宁精密仪器厂资产重组而组建。1996年7月18日在深交所挂牌上市。主要生产基地分布在中国的沈阳、昆明以及德国的阿瑟斯雷本。2004年机床产销量突破5万台，其中数控机床产销量突破6000台，机床产销量多年来始终居国内同行业首位。

公司主导产品为金属切削机床，包括两大类：一类是数控机床，包括数控车床、数控铣镗床、立式加工中心、卧式加工中心、数控钻床、高速仿形铣床、激光切割机、质量定心机及各种数控专用机床和数控刀架等；另一类是普通机床，包括普通车床、摇臂钻床、卧式镗床、多轴自动车床、各种普通专机和附件，共300多个品种，千余种规格。市场覆盖全国，并出口80多个国家和地区。

公司的中高档数控机床已成批量进入汽车、国防军工、航空航天、轨道交通等重点行业的核心制造领域；“十五”期间囊括机床行业三个“十五”科技攻关课题项目，研制的轨道梁加工生产线等数控机床产品已达到国际领先水平；2004年成功并购具有140年重型机床制造历史的德国希斯公司，重组了素有“中国金牌出口基地”之称的云南CY集团有限公司，标志着公司已经开始步入国际化经营轨道。公司的发展目标是打造世界知名品牌，创建世界知名公司。2009年10月，沈阳机床研制出了国产首台（套）数控机床——STM200160数控立式龙门复合车铣，填补了国内同类产品空白，可替代进口，对提高民族装备工业水平、增强国防实力具有重要作用。2010年，在南京召开的第六届中国数控机床展览会上，沈阳机床自主创新的“低成本、国际化”水准的“新五类”产品一举亮相，标志着沈阳机床从此不再模仿别人，以自主创新品牌全方位进军世界中高端机床领域。2011 年入选首批“国家技术创新示范企业”，并获得“2011 年中国十大创新型企业”，是中国机床行业和东北地区唯一获得这项荣誉的企业。

（二）两家企业创新活动特征归纳

自主创新是从创新理念出发，在创新类型的选择、技术来源、创新激励和创新文化以及自主品牌的建设方面全面体现自主力量的成长和主导作用的创新过程。在这一过程中企业从模仿跟随到抓住机会依靠自主力量转型升级，都体现了企业家精神和自主研发力量的作用。对比上述创新环节，再结合产业竞争情况分析，本书总结了奇瑞汽车和沈阳机床两个企业的创新特征，如表 7—1 所示。

表 7—1　　奇瑞汽车与沈阳机床自主创新特征

创新特点分析	奇瑞汽车	沈阳机床
产业竞争环境	美日欧汽车生产巨头垄断，国内汽车厂不与跨国公司合资没有前途，不达到 100 万辆以上生产规模不能进行自主研发	机床行业最尖端的核心技术大部分依然掌握在日本和德国等企业，并主导世界机床格局。我国高档机床工具产品严重依赖进口的状况一直存在，并出现国内市场对中高档机床需求急剧增长的情况
创新理念	决心走一条自主研发、自主发展的道路，将奇瑞公司建设成为不受外国人控制和限制的自主品牌汽车企业	构建以市场为导向的开放式研发体系，提高国际化研发水平。坚定不移地将“核心技术突破”作为目标，成为一个“核心技术”驱动的企业
创新类型	先是集成创新，通过与一流的设计和配件企业联合开发，逐渐掌握核心技术；然后是原始创新，加强研发投入和研发队伍建设，奇瑞公司每年研发投入占销售收入的 5% 以上，在引进技术消化吸收的基础上，不断实现技术超越	创造集成创新的“嫁接模式”，把创新平台架设到国际竞争前沿技术密集地区，与业界顶尖的研发机构合作建立海外研发中心，并很快掌握了高速加工中心、五轴联动加工中心等设计制造核心技术。“沈机”每年技术创新投入占销售收入的 5% 左右，实现从传统生产制造型企业到被动模仿创新，再到主动创新的提升

续表

创新特点分析	奇瑞汽车	沈阳机床
技术来源	企业奉行“大技术”战略，公司建立了以本部汽车工程研究总院为核心，以上海、北京等国内分院和东京、都灵等海外分院为支撑，以一批控股设计公司为骨干，与关联零部件企业和供应商开展协同设计，同时兼顾与国内高等院校、科研院所开展合作的产品研发体系	按照“国际化，世界级”的总体战略，沈阳机床集团通过自主研发、联合研发、海外直接并购的形式，形成以企业为主体、开放式、国际化研发体系的“三位一体”目标。创造以沈阳机床为核心，辐射企业内部、客户、大学、科研机构和产学研以及产业链企业的紧密、稳定和长期的“产、学、研、用”合作模式和“协同创新”战略
创新激励和创新文化	为实现创新战略思路，奇瑞公司通过战略事业单位（SBU）管理模式和实行期权期股，最大限度地激发研发人员和管理骨干的积极性。营造“崇尚创新、宽容失败”的创新文化，总结固化了“小草房精神”、“奇瑞人的品质”、“四十八字核心理念”、“十二字文化精髓”，使创新精神得以传承和发扬	为人才搭建展示才华的舞台，公司坚持营造一种以人为本的理念，努力使各类人才创业有机会、发展有空间。国企排头兵要做社会责任的肩膀，要做自主创新的风向标，要让主导国家工业体系基础的进步力量源于我们自己的企业。技术创新在企业就是“特区”，有特别的奖励政策，“沈机”技术创新观已通过企业文化植入企业的发展基因
自主品牌建设	奇瑞汽车品牌发展经历了两个阶段，第一阶段是“通过自主创新打造自主品牌”，第二阶段是“通过开放创新打造自主国际名牌”	“沈机”打造世界知名品牌的目标，不是指一个品牌而是一个品牌家族。原有品牌和并购公司品牌都得以最大限度的保留和延续，并不断强化品牌在市场上的核心竞争能力

资料来源：笔者整理。

（三）创新型企业的成长模式分析

从表7—1的自主创新特征，可以对创新型企业的成长模式作出一些基本判断。

第一，在产业环境上，中国企业主要面对全球经济一体化带来的国际企业竞争的考验，并且企业还面临着国际巨头的技术垄断和产业自身在产能和技术标准等方面的限制。但是，无论是国际还是国内市场都提供了企业发展的机遇，包括中国产品在国际市场上的价格优势，尤其是国内市场的巨大发展空间和产品需求层次以及产业结构调整对中高端产品需求的增加，因此对国外同类产品的替代是企业自主创新的直接动力。

第二，在创新理念上都选择了将拥有自主技术作为企业的战略目标。结合产业背景，这一创新理念本身就是企业家精神与研发实验室推动创新理念的融合。企业家精神在于对技术商业化的追求，对不确定性市场中的技术机会、技术发展走向和利润空间的把握，所以在最短时间内针对特定市场开发自主技术是存在风险的，而在企业家精神的指引下，通过设立高起点的技术研发目标和建设高规格的企业内部或合作研发中心，要比引进技术简单扩大生产更具战略眼光。

第三，在创新类型上都选择了从集成创新或模仿创新起步，逐渐渗透到对核心技术的研发。事实上，初始阶段联合开发是企业创新有效的切入点，国外企业也希望通过联合进入中国市场，“以市场换技术”是一种策略，但关键是以市场换技术最终能否“收敛”为拥有核心技术，企业自身对研发能力的建设，以及企业家对选择合作伙伴的判断，都是能否收敛为拥有核心技术以及以什么样的速度拥有核心技术。奇瑞汽车和沈阳机床两个企业同时将获得核心技术的自主研发能力放在首位，人为地加速技术跨越的进程，并且将销售收入5%的份额用于创新研发，保证核心技术的积累性要求。

第四，技术来源于开放式创新平台和创新体系建设。创新型企业最初的技术基础一般都是国外的引进技术，如何把这种外源性的技术转换为内生技术，主要涉及技术的消化吸收和技术跨越两个阶段，企业对联合研发合作者的选择和学习以及大学和科研院所等外部力量对技术消化吸收辅助作用都是重要影响因素；而在技术跨越方面，需要企业建立自身独立的研究中心，并布局于技术发展的前沿领域，通过国际化的开放式创新平台获得突破性创新所需的外部资源和最新创意，必要的时候通过资本运作并购关键技术。

第五，创新激励方面主要体现在大企业内部的企业家创新环境和制度安排。企业家具有创新精神的人群特征，并不是固定于一些人身上，某些新创意、新组合和新方法都可能使持有者在某一时点上担当企业家角色，因此，营造创新的氛围要比赋予某些人企业家的职责更为重要。在这方面，奇瑞汽车进行了组织创新，采用了SBU模式，避免具有企业家才能的员工迷失在巨大的组织层级中，在制度上实行股票期权制，在文化上倡导创业精神和宽容失败等鼓励企业家精神的做法。而作为国有大型企业，沈阳机床在创新激励方面主要实行的是重奖和特权的做法，有突出贡献的研究人员在企业中享有较高的待遇，而创新文化也主要立足于企业对于国家工业体系发展的社会责任，对于有作为的员工给予创业机会和发展空间。从而可以看出，企业的产权属性对于创新型企业而言可能会成为企业家精神和研发实验室相容和力量平衡中的重要影响因素。

第六，在自主品牌的建设方面，两个企业都非常重视自主品牌的培育和延伸，奇瑞企业采用了汽车行业的通行做法，在统一品牌下建设了若干子品牌以区别产品的消费群体、设计风格甚至是技术来源。在品牌建设中，奇瑞汽车不仅开发出了打入国际市场的高端车型，也将品牌延伸至微轿车等低端市场，并努力在核心部件上体现自主研发价值。而沈阳机床集团则以自有企业和并购企业的产品品牌建立了一个品牌家族，原有品牌的价值不但没有在市场上削弱，而且不同品牌之间形成了“军团”效应，在集团公司不断加强研发投入和品牌保护的努力下，品牌家族整体的市场价值得到了极大提升。

第二节　基于创新网络的自主创新模式选择

一　网络化创新的出现与创新网络的特征

20 世纪 90 年代以来，信息技术的高速发展使得网络经济逐步取代工业经济成为社会的主导经济形态。生产方式的网络化分工和知识化趋向，使得企业间的关系从单纯的内部化和市场竞争转向基于网络的双向利益创造和分享。以创新竞争为主题的企业竞合模式颠覆了传统的竞争模式成为网络经济下企业间关系的本质属性。此外，信息技术加速了技术进步的步伐，市场竞争日益激烈，产品生命周期也不断缩短，创新的复杂性和不确定性日益凸显。即使是资源和研发能力雄厚的国际化大企业集团也不可能掌握创新所需的全部知识和信息，企业也不可能将创新的完整价值链纳入企业内部。为了比竞争对手更快地获得创新成果，企业不得不与其他组织建立联系，通过建立彼此连接的网络组织实现资源互补和协同效应进行创新。按照奥拉夫·阿恩特和罗尔夫·斯滕伯格（Olaf Arndt & Rolf Sternberg，2000）的定义，创新的网络化被看做研发部门、制造部门、中介组织和商业化机构等不同的创新参与者的协同群体。在共同参与创新产品的研发、生产和销售过程中，实现整体创新能力的最大化以及创新收益的共享。在网络中，作为网络结点的众多企业通过专业化分工、合作创新、共享营销等多种形式参与创新，实现企业间的知识转移、核心能力融合和各种资源的无限次重复使用，从而达成有效合作。并且，网络化创新的出现还源于对分散风险的考虑，由于技术发展具有不确定性，在同一技术范式下的创新之间可能还存在着同质和替代性，但创新网络却能够促进技术交融，减少重复创新产生的恶性竞争和资源浪费。在创新网络中，研发层次和创新结点的增加使得创新参与者之间不是一种委托代理关系，而是共同参与的平等互助关系。

在网络经济条件下，企业之间基于创新竞争形成的创新网络具有开放性、集成性、动态性和系统性的特征。

第一，创新网络具有开放性。通过创新网络企业之间能够共享创新资源，以创新项目为合作基础，创新资源能够在彼此联系的网络中流动，企业能够通过外部网络找到共同研发和商业化的合作者或并购所需要的技术，同时，企业拥有的创新资源也可以同合作者共享，并将自己没有意愿或能力独自开发的项目向创新网络中其他成员出示。通过信息技术手段，创新网络的开放性不仅局限于本地，更多的区域外的合作伙伴和知识能够联系起来。此外，开放性还表现为一种企业自主控制权，企业能够自主决定加入或离开创新网络，以及自主决定同其他企业进行网络联系的强度等。

第二，创新网络具有集成性。处于创新网络中的企业能够不断集成来自其他企业的知识和技术打造自己的创新优势，同时也能够将彼此的创新优势集成在一起共同实现整体的创新优势。集成在一起的除了有形资源外，还包括品牌集成，如代工生产、贴牌等，市场销售渠道集成、决策和管理集成等。更为重要的是，加入某个创新网络后，网络内部企业之间的竞争合作关系不仅会将分散的知识集成起来，扩大显性知识的存量，更会形成一种隐性规则和文化，促成知识在不同员工、企业间的转移、共享和集成。

第三，创新网络具有动态性。由创新网络的开放性决定，企业创新网络联结的各个行为主体及其相互联系随时可能根据研发和市场需要发生变化，网络中的技术、知识和信息等也会通过在网络中的流动而不断更新，创新的不确定性和网络结点企业的不断进入和退出，创新网络处于各种关系的变化和结构的调整中，可以说，企业创新网络的培育与形成在本质上是一个发展变化的过程。

第四，创新网络的系统性特征。创新网络内部企业之间包含着组织间的市场交换关系和要素互补关系，也有同质要素的替代关系，每个成员都有自己特定的创新优势，并能够根据企业发展需要选择互补效应和协同效应明显的网络位置。企业之间的非等级关系，使得企业创新过程同时受到网络外部环境和网络系统内部诸多因素的影响，在平等合作、开放和协同等原则的约束下，创新网络的企业行为特征表现出了普遍相关性、共同规律性和自组织性等特征。

二　网络化创新条件下的市场结构变迁

网络组织的出现使最终产品的研发和生产等环节在企业间甚至是产业间进行，从而出现了双层或多层复合式的市场结构，整个网络的市场地位是网络结点企业的市场竞争力或市场地位的集成，这使得网络企业面临的竞争不仅位于企业层面的市场中，而且潜在于网络和企业子产品供应商所在的市场中，这使得原有工业经济条件下能够保持单一的和较长时间的垄断势力被打破，网络企业面对的这种不完全市场结构下的竞争，不仅无时无刻不在，且多维度的参与将更加激烈。与此同时，由于网络的开放性和知识的集成性，劳动力、企业家才能以及技术供给方不再围绕着资本要素形成垄断势力，而是形成个体在创新中的独特价值，尤其是企业家才能和技术研发能力的重要性提升速度最快，而资本的稀缺性通过网络的流动性得以缓解，产品的知识含量与技术含量的提升加快了知识创新和技术创新的进程，并通过进一步缩短产品生命周期不断升级产品以保持企业的市场势力或垄断地位。与传统垄断市场的结构不同，基于网络的复合式垄断企业并不必然抑制或排斥技术进步，而是主动引领技术进步以抵御来自不同产业的潜在竞争者的竞争，因此网络条件下的垄断具有创新竞争的属性，创新决定垄断力量，但创新无法控制和准确预期，这种不确定性决定了网络条件下的垄断是暂时的和内生动态的，而产业或行业的市场结构则会出现动态性的特征。

在工业经济条件下，技术创新作为企业研发投入行为和市场行为的结果，尽管能够对竞争形势和产业环境产生影响，但这种影响是长期的、全局性和缓慢的，创新成功获得垄断地位的企业就缺乏进一步创新的动力，直到出现新技术和替代性产品迫使垄断企业创新或者随产业进入衰退阶段。而在网络经济下，技术创新对市场结构之间的相互作用增强，技术创新成为反作用于市场结构的重要因素。这主要是网络条件加速了技术创新的周期性变化，技术更迭过程中的技术机会和创新成就了一些企业的垄断地位，也会打破原有的垄断地位。长期来讲，企业并不能总是左右技术发展的趋势，也就不能总是位于垄断地位。朱乾龙、钱书法（2009）描述了产业发展中的市场结构随技术创新生命周期的动态变化特征，认为技术创新的反作用造成了垄断程度发生相应的强弱更迭。本书在此基础上进行了修改补充，认为第一阶段是突破性技术创新成功之后，在原有普及性的技术范式下处于自由竞争阶段的小企业，开始凭借创新产品和网络效应取得市场垄断地位，市场结构出现由完全竞争到竞争性垄断的路径变化；第二阶段是经过一系列技术动荡后，市场中遍布着潜在竞争者，突破性创新成功的企业之间最终达成了关于主导技术的普遍认识，企业竞争则进入了工艺创新阶段，企业规模和研发实力决定市场中谁能够获得市场垄断地位，最终将有一家或几家企业胜出垄断新技术范式下的产品市场，并不断推出更新换代产品，此时的市场结构也从垄断竞争转向了垄断；第三阶段是新的技术范式受到来自潜在竞争者的挑战，而在位者也不断通过技术创新巩固市场地位，在潜在竞争者和在位垄断者展开的创新博弈过程中，无论是新技术范式的胜利还是原有垄断者对新市场的开拓，其垄断程度都有所下降，市场结构又从垄断向垄断竞争或完全竞争转化。

上述分析表明，网络经济造成的创新加速和资源互补严重地削弱了资本和研发实验室的作用，小企业在合适的技术机会面前也能够改变现有的市场格局，技术创新与市场结构之间的这种内生互动关系本质上是创新方式和动力机制多元化的结果，市场结构将在创新的作用下随着垄断程度出现波浪式起伏，并随着创新的加快而处于不断加速变动之中。

三　网络化创新条件下的组织结构变革

我们已经证实，处于寡头垄断地位的大企业未必总是有利于技术创新的组织结构，事实上，大企业为了保证统一指挥和减少日常管理对高层领导者战略性工作的干扰，对运作程序和控制过程进行了标准化，这在很大程度上限制了创新的灵活性、创新项目的有效性以及新产品的开发速度等

（Dougherty，2001）。当然，复杂的组织结构也有利于内部协调，投资决策的合理性以及创新过程的统一和高效。所以，大企业组织既有创新优势也有劣势，相比之下，程序规则相对简单的小企业组织就在创新灵活性和创新思想的产生方面比大企业有优势。那么，有没有同时具备大企业和小企业的创新优势，又能够避免两种组织的创新劣势的组织类型呢？显然，在工业经济条件下，强调封闭组织边界的创新方式无法解决企业组织之间集权和分权的快速变化和相互协调的问题，但在网络条件下却可以通过信息技术和中间性组织实现对寡头大企业进行内部组织结构的调整、职能分权和流程再造等方式克服大企业技术创新过程的僵化和惰性，并将组织分割为若干独立经营单位实现小企业的创新灵活性及发挥企业家精神。

在这种可能性前提下，大企业还要考虑如何在企业内部选择需要集中和分散的机构更有助于创新。如通用电气、惠普等大公司都试图把它们的公司重新组成由小公司构成的业务群来保证它们既能获取整个公司的资源，同时又能保持小公司的简单性和灵活性。图斯曼和奥莱理（Tushman & O'Reilly，1996）把这种既照顾到大多数公司保持现有产品线的效率和一致性，又有利于对突破性创新作出快速反应的企业创新组织称为“二元性组织”。为了同时实现短期效率和长期创新的目的，二元性组织重新设计了组织内部结构，制造和销售部分仍将以高度规范化和标准化为主来保证规模经济的实现，而研发部门则是根据目标的不同实行不同的激励机制，通过分权化使其具有小公司那样的灵活性和效率，又可以调动大企业充足的创新资源进行集中研发。20 世纪 90 年代以来，采用这种组织结构的大型跨国公司特别是采用分权型研发组织，能够更加有效地利用网络平台将研发活动向全球扩张，并利用国际市场丰富的创新资源和多元化的创新信息快速高效地开展满足各地市场需求的创新活动。

在强调企业外部创新环境对组织调整和重组的影响下，寡头大企业也要考虑如何同外部创新资源取得联系，如何更有效地建立和嵌入创新网络中。对企业而言并非是把全部组织嵌入其中，企业的生产和销售等部门应该保证一定的刚性，而研发部门和整个企业组织应该建立更富有柔性和弹性的结构，模块化正是一种在信息技术条件下兼顾效率与柔性的组织形式。大企业通过将组织系统中的某些部分进行功能分割和快速重组以获得随外界环境变化的灵活性，这些功能分割的组织部分可以根据企业内部效率设定和外界创新网络资源流入特征确定界面标准规格，在给定根据市场变化产生的创新要求情况下，实现通过模块组织快速传递内外部信息和资源，并对比一系列预期终端产品实现相对较高的性能成本比。例如，克莱斯勒公司通过把所有的新车型建立在一系列标准化平台上，从而成为汽车行业内最快的新产品开发者之一，同时使新产品开发成本保持在很低的水平上。这种模块化结构也可以在企业内部的研发和生产部门之间，以及多个研发项目组之间开展，每个开发团队都接受一个共同的开发计划和界面标准，它们开发的组件就能更有效地连接在一起，而不需要这些小组紧密地协作（杜传忠，2006）。标准界面成为企业内部各部门和企业同外部网络之间的一种相互嵌入的工具，从而保证创新产品的各个环节之间能够高度自主而又彼此对接，这种标准界面不仅能够使企业专心发展自己的核心技术，而且能够同接受这一界面标准的外部企业结成联盟或纳入外包企业，从而低成本地将创新过程由多部门和多企业联合完成。在信息技术高速发展和创新网络快速延伸的背景下，这种在大企业中松散连接和相对独立的组织结构在获得多种优势进行创新的过程中越来越具有其独特优势。

四　网络化创新条件下的中国企业自主创新

网络经济加速了创新速度和技术因素在竞争中的作用，相比价格竞争，创新竞争复杂多变并受更多要素影响，因此能够衍生出更多的竞争形势加剧企业间竞争的激烈程度。在网络经济条件下，垄断者也会受到来自替代效应的威胁，潜在竞争者随时可能在适当的时机开启剧烈创新打破原有的垄断市场结构，在网络经济条件下就算是垄断态势已经形成，但是处于垄断地位的大企业可能会频繁发生更迭。因此，处于垄断地位的大企业往往考虑的并非是如何操控价格，而是如何使企业能够持续创新从而长期占据垄断地位。网络创新在颠覆了垄断企业的长期优势的同时，也提供了另外一种保持长期优势的途径，那就是以大企业为主建立企业网络组织和技术创新联盟，以实现企业间的创新合作及创新成果交流和共享。企业网络组织包括企业集团、企业集群、战略联盟、虚拟企业和企业外包等多种形式，其中尤其以各种形式的技术研发和创新联盟提供了网络化创新条件下的直接动力。资料显示，世界最大的150家跨国公司中，已有90%的公司与其他厂商结成各种形式的战略联盟，其中R&D联盟已成为跨国公司重要的技术来源，极大地推进了产业的技术进步并通过技术溢出增加了社会福利。

企业在网络化创新中的合作行为越来越普遍，合作创新组织和形式随着创新难度和不确定性的增加而多种多样。合作创新对放大技术优势和通过技术外溢提升产业整体竞争力方面的作用也使得风险投资机构、产学研联合和政府加入到合作创新中来。对于发展中国家而言，通过网络强化合作创新能够缩短追赶发达国家技术水平的进程，通过同国际领先企业和研发机构的联盟参与国际产业链分工和竞争，积极利用外部资源，并努力对先进技术进行集成、消化和吸收，进一步积累原始创新所需的技术和知识基础。在自主创新已经上升为中国现阶段提高产业国际竞争力必需的战略导向条件下，人们从增加研发投入、强化企业主体地位、政府政策引导和科技体制创新等角度提出很多提高自主创新能力的建议和措施。建议都是非常必要的，但是当务之急是建立企业自发实施自主创新的内在动机和激励机制，使增强自主创新能力成为企业常规化和持续性的行为，也就是说，更多的应该从企业所在的市场竞争环境入手，通过企业之间的竞争合作关系促进自主创新意识，因此建立有助于网络创新的产业市场竞争结构十分重要。前面的论述已经证实，完全垄断和完全竞争都是网络化创新过程中创新竞争的暂时性结果，两者都会随技术生命周期发生周期性的变化，而创新持续活跃的是大企业主导下的寡头垄断市场结构，我国的机械制造业、电子信息、石油化工等重点支柱性产业，以及金融业、通信业等基础性产业都属于这类市场结构，这类市场结构最容易产生一些具有国际竞争力的大企业集团和产业集群，但关键问题是要引导以创新为竞争基础的市场行为，并且防止政府对垄断的保护或过度干预。同时，根据战略新兴产业的发展规律和比较优势的原则，引导创新要素通过创新网络向一些优势产业流动，逐渐在创新的驱动下形成寡头垄断的市场结构。

我国产业发展的主要问题，一方面是具有国际竞争力的产业往往停留在要素竞争阶段，尽管参与国际分工但往往处于低技术水平和低产品附加值的产业链低端；另一方面是在汽车、装备制造、通信设备、软件和集成电路等产业中却明显存在企业规模小和市场集中度低等制约企业自主创新能力的问题。解决的途径一是在劳动密集型产业中加大研发投入和增加产品的科技含量，抑制简单的价格竞争，通过网络化创新同高新技术产业相结合，在多个层次和领域内进行合作创新；二是在国际竞争力不强的技术密集型产业，要形成大企业间、大企业与中小企业、大企业与高校和研发机构，通过战略联盟、产学研结合、中间组织和产业集群等形成协作型或网络型市场结构，以寡头大企业为核心通过集成创新、引进技术的消化吸收以及积累原始创新的研发投入，并注重通过网络化创新将外部创新资源聚集在最可能出现自有核心技术的领域。而中小企业的突破性创新，既可能来自大企业相对独立的研发小组和模块化创新组织，也可能来自竞争市场中由风险投资机构和科技中介组织主导下的突破性创新。当寡头大企业和中小企业都具有强烈的技术创新动机、合适的技术机会和良性的创新竞争机制，则这类产业将通过创新网络提升整体技术创新实力，不断迈向国际产业链的高端。

第三节　大企业集团引领式产业创新升级

从前面的论述中可以得出，大企业和小企业有各自的创新优势和劣势，而网络化创新能够加速两种优势互补避免劣势发生。然而，以上分析是在剔除具体产业背景下的一般理论性探讨，事实上，网络化创新也是在大企业创新和小企业创新交替驱动产业技术进步基础上的一种动态实现模式。小企业创新成功之后都会转入到企业自身成长阶段成长为大企业，而大企业内部创新方式的转变，以及对小企业创新的重视和合作态度才是网络化创新出现的基础，因此，大企业是更能驱动网络条件下的产业升级的一种过渡组织。以下我们将从我国产业升级的具体情境出发，探索创新型大企业集团对产业创新升级的引领作用。

就我国目前企业发展的整体情况而言，大多数企业处于效率和质量型发展阶段，企业内部围绕生产环节扩张企业规模。在各国开放程度和市场自由化不断提高的背景下，由以具有强大创新能力的跨国公司为载体和主要推动力量的国际产业链已经形成，创新型大企业位于产业链的高端，而要素供给和生产环节则属于低附加值的产业链低端。目前，全球6.4万家跨国公司，凭借其资金、技术和品牌等优势驰骋于全球市场，控制着全球1/3的生产、2/3的国际贸易、70%的技术专利和90%的国际直接投资。构建和发展创新型大企业是我国产业创新升级的必然选择。

（一）提升面对国际市场的产业竞争力

全球经济一体化背景下大企业之间的寡头垄断竞争是现有国际竞争态势的基本表现，以500强为代表的众多大型跨国公司在推动世界经济发展的同时也不断向发展中国家的市场延伸，并形成寡头垄断的局面，严重威胁那些对经济发展较为重要的支柱产业。而参加国际竞争的国家必须遵守保护自由贸易的协定，所以长期来讲，政府对相关产业的保护是有限和短视的，必须发展能够代表和引领产业升级的大企业来直面国际竞争。由于重大技术的创新需要巨大的投入，在我国风险投资市场和技术中介产业并未成熟的条件下，大企业的资金和人才实力保证了其作为创新主体的地位。创新型大企业能够同高校和科研机构建立广泛的产学研联合，在有效解决高校和科研机构的创新成果转化的同时不断增强自身的科技实力。同时，大型企业集团本身是由子母公司组成的内部企业网络，众多公司之间形成战略联盟关系，能够共享大企业的创新成果，有助于最新技术的产业内扩散，从而带动产业整体技术水平。对于我国产业发展整体上由劳动密集型向技术密集型产业转化升级的特殊阶段，以创新为企业发展的目标是大企业集团把握发展机遇、主动迎接国际竞争的理性选择。

（二）同时提高产业集中度和专业化分工水平

大企业扩大规模和市场影响力直接引起产业集中度的提升，高产业集中度代表规模经济的实现和创新竞争的有序性，我国很多大企业的企业规模同国外相比仍有很大的扩展空间，如我国的汽车厂商并不比国外少，但是产量却非常有限，统计显示，日本丰田汽车的年产量一直维持在 900 万辆以上，2008 年中国的汽车全部产量为 934.5 万辆，略低于丰田汽车的产量，而直到 2010 年中国汽车的产量比 2008 年增长了 1 倍，也仅两倍于丰田汽车一个企业的产量，当然这其中的主要部分是合资品牌。由此可见，在这样一个技术密集型产业中，中国企业在国际市场中仅是一个自由竞争者的角色，相同情况还出现在如钢铁、石化、医药和机械制造等传统产业和高新技术产业。技术创新与企业规模的倒 U 关系显示，当达不到持续创新的规模阈值时，企业很难走向技术创新前沿。因此，小规模、分散化的产业结构不仅降低了工业整体的劳动生产率，而且造成研发投入的积累效果不足，直接影响企业在国际市场上的竞争力，所以，建立一批具有国际规模和创新水平的大企业才能根本改善产业结构，提高市场经济的竞争层次和水平。

此外，在社会化大生产条件下，在追求生产和研发集约化以降低生产成本和提高研发效率的同时，也追求专业化分工模式带来的精细化。而大企业本身作为一个高度专业化分工为基础的企业群正是理想的组织形式，利用内部或外部围绕大企业展开分工合作的中小企业共生体，创新型的大企业可以将专业化、个性化和小批量的任务交给子企业或战略联盟伙伴来完成，自己则可以将主要资源和精力放在产品研发和创新产品商业化方面。从而不仅能够满足个性化小批量定制的要求，又能够避免整体上的规模不经济行为，还能够集中优势资源进行产品研发，以最大限度地共享不同规模企业的创新优势。

大企业在我国自主创新过程中的优势和促进产业升级的主导作用已经显现出来，但是需要改进的方面仍然很多，尤其需要建立自主创新的内在动力和紧迫感，不能局限于国内市场，要从国际竞争环境分析本国企业的创新能力和产业竞争力。应该说，进入世界500强集团的中国企业许多是有较强的政府保护性垄断企业，企业不是凭借效率和技术创新能力获得高额资产，而是靠享受国家在资金、资源、法律、政策和人力资源等方面的“政策红利”，所以同国际领先企业的最大差别是创新对资产增加的贡献率。因此，提升自主创新能力适宜的条件是网络型寡头垄断市场结构的建立，而网络型寡头垄断市场结构是在激烈的创新竞争中逐渐形成的，处于垄断地位的大企业不只是规模大，更主要的是自主技术创新能力和市场竞争力强。这就需要在深化国有企业市场化改革的同时，通过健全市场竞争机制大力发展民营企业，民营企业是在脱离行政色彩的自由竞争市场中生存发展的。资料显示，2005 年，中国企业 500 强民营企业资产利润率是国有企业的 4 倍，资产周转率是国有企业的 5 倍。作为中国企业自主技术创新的生力军，民营企业的创新和竞争意识融入企业生存法则，成为我国网络型寡头市场中充满活力的重要组成部分。

第四节　产业集群建设与区域创新体系

一　产业集群网络化创新优势

大企业和小企业在技术创新方面的优劣比较，应该结合外部经济环境条件，特别是在企业所处的市场结构和企业区域分布形态下，考察企业规模对技术创新的影响。事实上，创新活动已经跨越了单个企业边界而成为网络环境下一个企业集群共同执行的活动，比如大量中小企业都是以空间集群化的形式存在的，大企业之间也会结成各种各样的战略联盟和联发中心，而大企业也会通过与众多中小企业结成生产协作关系形成企业网络。因此，在企业结成产业集群的现实背景下，企业规模与技术创新的关系有了很多新的特性，企业边界因集群内部复杂而紧密的交易网络、知识网络和社会网络而变得模糊，这有助于创新资源的流动和优化配置，从而使单个企业的创新能力在网络中放大。除了克服单个企业创新的资源瓶颈外，产业集群还在以下方面有利于创新。

首先，产业集群内部能够形成一种有利于创新的竞合关系。产业集群企业之间是地域相邻、产品品种和工艺相近的群体关系，这种关系使得同行业间充满了竞争的压力和挑战，这种压力会促使企业进行技术创新和提高管理水平，并力图更快推出新技术和新产品适应迅速变化的市场环境，波特将这种同等条件下的持续竞争压力称为“绝对性压力”，并指出正是这种压力激发了企业创新潜能，激励着产业集群内的企业保持创新活力。此外，集群内部企业还有一种创新协作关系，这种关系主要体现在主导企业和外围企业之间，当然，只要是集群内部专业化分工不同的企业之间就会存在这种创新协作，这种协作关系保证集群内部资源、知识和信息的共享及优势互补，基于产品价值链的纵向合作平摊了创新资源和风险，研发部门、供应商、生产商和销售商在参与创新全过程和解决科技成果转化的产学研合作中互惠共生、良性互动，从而在集群创新网络内建立一种稳定的创新协作关系。

其次，产业集群能够降低技术创新成本。产业集群内部企业之间由于产品高度相关性和创新协作决定了彼此之间是交往频繁的利益相关者，这种更为密切的社会资本积累和缄默知识的传递，降低了集群内部企业之间用于创新的学习成本和交易成本，从而使整个产业集群如同无障碍连接的大企业。集群外围企业和核心企业之间形成了两种相互配合的降低技术创新成本机制，一方面外围企业能够敏感得知市场需求的多样性，并指导集群内部专业化分工的进一步细化；另一方面核心企业通过技术溢出、外部效应和信息共享机制推动产业共享技术在集群内部的扩散，两种机制相结合形成良性互动，核心企业能够低成本地了解市场细微变化并将非核心研发环节委托给专业化企业，而专业化程度较高的小企业也能够低成本地学习新技术并参与到技术创新活动之中，从而贡献更多创新思维和有价值的创新活动。专业化分工和基于频繁往来的互信关系显著降低了合作创新伙伴的选择成本以及使用共享技术的成本，有力地推进了产业集群的升级和优化。

最后，产业集群有利于技术扩散。技术扩散是技术进步的主要方式，无论是自主技术的溢出效应还是对外部技术的消化吸收及更快的掌握，对产业本身技术的更迭发展而言都是至关重要的。产业集群内部网络中的企业联系十分密切，企业之间进行着频繁的知识、信息和人才的流动，并形成了较为完善的交易规则、交流渠道和社会网络，搭建了技术创新者、率先采用者和跟进使用者的联结纽带，其中大量的缄默知识保证了企业之间行为方式的默契，加速了知识和技术的溢出和创新成果的扩散。尤其是集群内部中小企业的作用，在接受技术溢出的同时会根据市场需求和自身实际，不仅会对技术的供给者提供反馈，而且专业化程度高的企业能够对吸纳的技术成果进行消化吸收和再创新，甚至可以通过参与核心企业的研发活动提高技术创新的根植性。

二　产业集群的类型

产业集群有多种分类方式，如按照价值生产特征可以分为劳动密集型产业集群和技术密集型产业集群，按照产业集群构成可以分为单一产业集群和混合产业集群，按照产业成熟性可以分为传统产业集群和新兴产业集群等，但是最为常用的产业集群则是按照产业组织结构标准划分的寡头大企业产业集群、核心大企业产业集群和中小企业产业集群三种。其中寡头大企业组成产业集群的现象不多，很多国家法律都对垄断企业之间的大规模联合进行干预，因此仅限于企业之间组成的局部产业集群，当然也有非市场因素干预的情况，如国有产权性质的支柱性产业，如我国的石油化工、重型机械和军工等。还有一种情况就是地域性较强的共同市场开拓者，如珠江三角洲聚集了康佳、科龙、美的、格兰仕等一批家电制造企业，这些企业是由小企业产业集群在高速的共同市场扩张中升级而成的，在市场的拉动下企业联合成集群形成地域性竞争能力。

本书将重点分析另外两类在我国比较普遍的产业集群，按照专业化分工的观点来看，小企业产业集群大多是一种在专业市场中生产同质产品的横向分工和简单纵向分工的集群生产模式，这类集群内部结构同质化，企业规模偏小，彼此之间联系以非正式方式为主，强地域聚集性带来了资源、人才、社会资本以及隐性知识的高流动性。由于企业规模小、研发能力不足以及品牌建设的滞后，集群内部的公共性技术外溢效应很高，企业之间模仿壁垒很低，而且更新技术往往源自集群外部。在市场开拓初期，企业之间能够形成生产规模效应，但当市场容量稳定后，这种小企业产业集群可能出现产业过度进入与内部过度竞争的情况，由于单个企业无法形成“熊彼特式”垄断利润，最终形成自主创新动力严重不足的“集体行动逻辑陷阱”（张杰、张少军、刘志彪，2003）。典型的例子如浙江永康地区保温杯产业集群的衰亡，嘉兴洪合羊毛衫产业集群的危机以及温州灯具产业的几近消亡等，都说明由于内部创新缺失，产业发展逐渐走向低成本竞争，在利润空间逐渐变小的情况下，假冒伪劣和质量低下的产品最终摧毁了厂商整体信誉和集群生存基础。

而具有核心大企业的产业集群则形成了产品异质化的纵向分工模式，依据产业或产品生产链的纵向非一体化模式进行时，分工体系带来了生产环节之间的相互依存与协作，而处于核心地位的大企业能够通过创新协作、专利授权、品牌使用和营销渠道共享等方式同多种专业化中小企业形成多层外包体系和模块化柔性结构。核心大企业通过创新活动获得多方面的利润渠道，而专业化小企业又能够通过纵向产业链的多维度技术溢出效应提升产品质量和竞争活力，这种协作效应提升了集群的整体创新能力。同时，具有自己独特专业化能力的企业还能够参与核心企业研发，并借鉴核心企业的创新示范效应发展自己的研发能力成为新的核心企业。典型的例子如温州乐清的电器产业集群，以正泰、德力西为核心企业，另有2000多家协同配套中小企业组成产业集群，以及浙江嵊州由产业链的各纵向分工环节的核心企业和多层外包中小企业合作体系组成的领带产业集群等，创新主要由核心企业提供并通过在整个集群内的扩散惠及协作企业，从而带动了整个产业链的价值链提升和产业的持续发展。

三　我国产业集群发展中的问题与解决途径

我国产业集群多以地域化的中小企业为主，创新内容集中于降低生产成本和扩大生产规模的技术、管理和市场创新，而提升产品质量和差异化的创新能力不足，所以这类集群普遍出现一种低端化、模仿化和同质化的创新行为。企业之间的网络用于扩大生产协作的用途要远胜于网络式创新的分工合作，企业以偶然性和个体性的创新活动为主。企业没有专门的研发部门，也缺乏高效创新流程管理和整合能力，创新无法成为企业的常规活动，而普遍采取市场跟随和产品复制的模仿式创新模式。其根本原因可能在于集群内部产业链中的关联企业处于趋同的而非互补的分工结构，在同类型、同行业企业集群的横向分工格局下，横向技术溢出效应会通过提升竞争对手的技术能力增加竞争对手的产品优势，这就相对损坏了技术溢出供给方的产品竞争力。模仿者以复制产品和技术进入市场，再结合自己在生产和销售渠道方面的优势，很可能会以更低价格与创新领先者竞争，结果形成“拼成本、拼价格、拼数量”的低附加值竞争循环，使得领先者的创新投入得不到充分补偿而严重打消创新积极性，在企业规模和企业家能力接近同质化的状态下，技术的横向溢出效应尤其会带来集群内部自主创新的负效应，最终产生过度竞争状态和创新动力的“集体缺失”。

解决上述问题的根本途径是在集群产业链纵向分工的各价值增值环节中，培养较大规模和具有研发能力的核心大企业，集群宏观技术溢出效应与微观企业创新动力的冲突就会缓解。核心大企业能够通过工艺创新在大规模生产中的成本优势弥补产品研发的投入，并通过确定自身的竞争优势获得产业链高端的超额回报。而小企业有限的生产能力难以从大规模生产中弥补研发投入，不具备模仿和跟随大企业创新的条件，因此理性的选择是作为大企业创新网络中的分工协作者，从而形成技术溢出和创新动力之间的良性互动格局。

核心企业主导型集群网络促进良性创新的作用大小还有赖于集群的一些初始条件，包括技术溢出效应的大小、配套企业的技术吸收能力以及知识产权保护的强弱状态。

首先，核心主导企业对上下游协作企业的技术溢出效应越大，对产业集群生产链的整体创新能力的提升作用就越大。位于产业链高端的核心大企业是技术溢出效应的主要推动者，核心企业通过技术溢出成为集群共性技术创新的供给者，同时处于控制创新收益分配和设计分包商选择标准与竞争制度的支配地位，并由此获得创新价值中最大的份额，这是一种基于集群网络技术扩散的“创新租金”，技术扩散得越快，整体产业链的技术水平和价值创造就越高，创新领先者也就获得更多的创新收益。因此能够极大地激发价值链中的关键或核心企业的研发动力与促进技术扩散和转移的动力。

其次，配套企业的技术吸收能力越强，对产业集群生产链的整体创新能力的提升作用就越大。当技术领先企业的技术能力与配套企业的技术能力水平相差较大，则配套企业的技术吸收能力决定了技术创新在两者之间的溢出效应。而如果配套企业的技术吸收能力较差或与核心企业并不匹配，则技术溢出效应就会很弱，领先企业没有形成有效的创新合作网络，也没有协同创新的放大效应。

最后，知识产权保护的强弱状态同技术溢出效应有密切关系。当核心企业的技术溢出是完全可替代的技术，那么集群内的弱知识产权保护状态将加剧跟随者对领先者的模仿动机，领先者面临的市场竞争和创新风险就越大，也同时降低领先者的创新动机，加强知识产权保护有助于抵消这种负面效应。此外，当领先企业与跟随企业之间的技术研发能力相差不大的时候，技术溢出的发生将对跟随者有利，而领先者则面对更加激烈的市场竞争和研发风险，这种情况下知识产权保护政策有助于抑制技术溢出效应、维护技术差距。而当溢出效应为互补性技术，弱知识产权保护则有助于技术溢出的正效应，共同的创新利益还能够增强双方合作建立创新研发联盟的动机。基于此，核心大企业强大的技术研发能力是控制价值链体系的创新收益和促成配套企业协同创新的关键，既能够有效解决技术溢出和创新动力的矛盾，也能够协调弱知识产权保护和强知识产权保护的抉择和协调转化。

综上所述，核心大企业主导型产业集群网络本质上是以技术溢出效应和较强的技术创新动力为前提，通过增强核心企业的创新能力、纵向分工有序的分包协作以及知识产权、合作者标准、创新竞赛、品牌和营销渠道等手段，组成以大规模研发能力企业为核心的柔性化模块化生产体系。这种体系对于改变我国地方产业集群内简单模仿、复制行为导致的低层次竞争和“集体创新能力缺失”问题提供了根本出路，针对性地解决了产业链关联度强的关键共性技术存在的创新缺位问题，对整体产业集群自主创新能力和升级能力具有极大的推动作用。

四　区域创新体系建设

国际经验表明，大学科技园和科技工业园（在我国称为高新技术产业区，简称高新区）都是主要的区域性高科技产业孵化平台，但就两者的关系而言大学科技园也是高新区发展的源头，大学科技园的孵化功能更强，而高新区更侧重于通过改善投资环境和优惠政策使孵化企业集聚实现产业化。在很多发达国家，科技工业园都以大学科技园为核心，如美国的科技工业园叫做“大学联系的研究园”（University Related Park），英国的叫做“科学园”（Science Park）等。然而在我国，长期以来国家将高新区定位于吸纳国外技术引进和企业投资的聚集地，大学科技园在发展规模和增长势头上也远远落后于高新区，由此致使高新区发展的“空心化”和“外援化”。而大学或是通过自己的力量进行科技产业化或是介入高新区的科技产业化过程中，前者容易导致大学的功利化倾向；后者则不仅使大学成为高新区的附庸，而且还要同引进技术相互竞争，使有前景的创新项目很可能被扼杀在萌芽。因此，优先发展大学科技园，以大学科技园为区域创新驱动的核心要素才能充分发挥我国大学的科研和人才优势，使其有效地参与到科技产业化并发挥自主创新源作用。

尽管大学科技园与高新区在区域创新系统中的定位、功能和优势不同，但是大学科技园与高新区具有非常强的互补性，分开各自发展的做法是事倍功半的，合理规划大学科技园与高新区的协同发展，实现两者的有机结合能够极大地提升区域创新水平，形成强大的高新技术产业发展的驱动力量。

（一）孵化与产业化的互补

尽管大学科技园和高新区都通过辅助机构的嵌入具有孵化功能，但是前面我们已经论述了大学科技园的孵化功能不仅仅在于孵化企业，还能够孵化技术，大学科技园是自主创新导向的孵化，人才和智力资源是依托的优势。而高新区的孵化功能则主要是孵化企业，进而集聚成产业，这种孵化功能的特点是具有技术来源引进化的特征，由此孵化的企业受技术制约依附性强，高新区是经济增长导向的孵化，优惠政策和成本是依托的优势。可见，大学科技园的孵化功能更具有可持续发展的潜力，而高新区的孵化则是一种承接新技术的产业化准备。大学科技园与高新区的互补便是孵化功能同产业化功能的互补，这种互补极大地促进了自主创新与经济增长之间的衔接速度，增强企业自主创新能力并指导孵化技术和企业的产业化方向。

（二）自主创新与技术引进的互补

高新区建立伊始就是通过营造良好的投资环境、高新技术产业发展环境及各项配套政策，吸引大量掌握先进技术的外资企业、跨国集团建立生产基地，实现对先进技术和管理经验的引进，再以本土企业的服务和配套的成本优势打造新兴产业基地。作为后发工业化国家，引进先进技术是建立现代工业基础和实现技术追赶的有效途径，但是平衡技术引进、引进技术消化吸收乃至二次创新实现技术突破的战略规划和发展重点，逐步实现自主创新需要相应的机制安排。当前既没有完全依靠大学和大学科技园自主创新实现产业化的能力，也已经跨越了完全依赖技术引进参与竞争的阶段，技术引进尽管能够在短时间内获得先进技术，但是从长远发展的角度必须向自主创新过渡，一方面要通过技术引进建立产业基础，推动经济较快增长；另一方面要将经济增长的一部分用于对引进技术的消化吸收，为“二次创新”积蓄力量。因此，现阶段自主创新同技术引进的互补发展也决定了大学科技园同高新区的发展具有互补性。

（三）区位发展互补

高新区与大学科技园的区位不尽一致，在我国，高新区发展得较早，区位通常选在城市周边地区，这样一方面能够同城市原有工业基础相区别，另一方面也通过建立高新区带动城市扩张和城市化进程。而大学科技园一般都是依托大学而建的，大学往往靠近城市中心地区，大学科技园也就相应地距市区较近。但是近年来，随着大学扩招以及房地产市场的兴起，许多大学将城区内原有校址出售，并在城市周边选择新校址，有些大学科技园就建在高新区内，地价差别使得新校址的规模更大，并能够带动城市周边发展。由于高新区发展得较早，多年对城市化进程的推动，使得有些最初的高新区都已成为城市核心的一部分，高新区则进一步向远离城市的方向转移。而大学或大学城则不易偏离城市核心太远，有些大学在城市中心始终保留校区或分校，所以整体而言，大学科技园在扩展空间和速度上都较高新区保守，从而也就形成了“毛毛虫爬行”似的大学科技园向高新区、城市中心向城市周边的区位辐射。

（四）大学科技园与高新区的结合模式

根据目前国际区域创新体系建设的成功经验和我国的区域创新体系建设的实践，本书总结了大学科技园与高新区有机结合的区中园模式、一体化模式和虚拟结合模式三种主要形式。

区中园模式是指大学科技园建在高新区内的结合模式，这样在大学科技园中在孵的高新技术企业不仅能够享有大学的人才、科技资源，而且能够享受高新区的税收等政策配套优惠以及市政建设、供水供电、道路交通、网络通信、绿化环卫等极好的硬件创业环境，有些高新区还直接把大学科技园建设纳入区域经济或科技发展规划中，从而更有利于孵化技术、孵化企业和孵化产业紧密衔接，提高科技成功的转化率和孵化高新技术企业的成化率（见图 7—1 A 模式）。这种模式适合在已有高新区发展基础之上，大学或大学科技园的选址，这种模式目前在我国比较普遍，如清华大学科技园、北京大学科技园建在了国家高新区中关村，武汉大学科技园、武汉理工大学科技园、武汉科技大学科技园建在了武汉东湖高新区，南开大学科技园位于天津市高新区等。

一体化模式。一体化模式是一种大学、大学科技园和高新区的高度融合和高度统一的结合模式，大学、大学科技园和高新区在科技资源配置中并无隶属关系，也非完全独立关系，而是一种彼此镶嵌、分工有序和有机联动的关系。在这种模式中大学资源、信息资源、政策资源、服务辅助资源等不但能够共享还能够在一体化结合体中模块化结合和自由流动，大学科技园和高新区实现统一规划、区别管理（见图 7—1 B 模式）。外国在大学科技园早于高新区建立的背景下，这是一种比较成功的模式，如斯坦福出租了 7.5% 面积的校园用地给工业园区，并由此成就了后来的硅谷；依托剑桥大学的剑桥科技园，在一个只有 10 万人的小城中聚集了 1200 多家高科技企业等（王东华、逯宇铎，2009）。此外，在我国高新区早于大学科技园发展的背景下，高新区的二次创业同新建大学城及大学科技园的初创相结合，也具备采取一体化模式的条件，如以复旦大学为核心的杨浦知识创新区的构建，提出了“三区联动”（大学校区、科技园区和公共社区）；大连市高新区与大学区“新三区联动”（大学校区、研究开发区和产业园区）的一体化工程等。

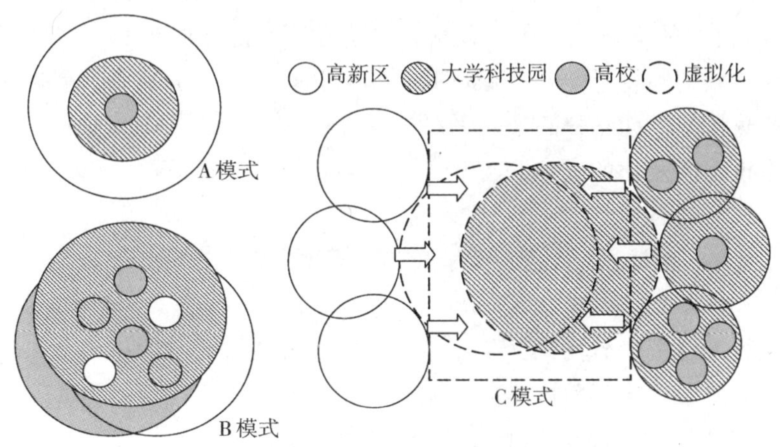

图 7—1　大学科技园与高新区的结合模式

资料来源：笔者整理。

前两种结合模式都是基于区位的实体结合模式，而网络经济与信息技术的广泛应用将能够克服区域地理的限制，通过互联网创新平台将区位相隔较远的大学科技园同高新区结合起来建立虚拟结合模式。这种结合模式源于大学科技园和孵化器的虚拟模式，即在地理上没有明确的空间约束，利用契约和网络等把大学科技园和高新区内的众多技术平台和相关产业联结成虚拟的、动态的伙伴关系（见图7—1C模式）。这种结合模式要比实体模式更加灵活、更具有开放性和更注重合作关系，结合方式可以是多个大学科技园与同一高新区的结合，一个大学科技园同多个高新区的结合，或是多个大学科技园同多个高新区的结合，每个大学科技园还可以由位于国内外的不同高校组成，如深圳虚拟大学科技园就由来自境内外的43所高校组成。此外，虚拟结合模式并非不注重实体形态，相反，加入虚拟结合模式的大学科技园和高新区一定都具有相当完备的硬件设施，强大的科研实力、适应能力、管理水平和产业化能力，并且最重要的是由虚拟结合转向实体运作的能力。

基于大学科技园的产学研模式符合知识经济的发展特点和扭转我国“产”过剩“学研”不足的大趋势，在极大地促进了科技成果转化率的同时突出了大学作为创新源的地位。而大学科技园与高新区相结合的区域创新驱动模式，则是以大学科技园作为高新技术孵化和高新技术企业孵化母体，以及引进技术的消化吸收中心，高新区作为承接孵化技术和毕业企业“二次孵化”的产业化主体，以及引进技术的价值增值中心，这种高度的协同性和联动性将科研与产业化紧密结合起来，一方面鼓舞了高校的科研和创新热情，优化学科建设；另一方面保证高新区的可持续发展，并降低了自主技术产业化的成本。

本章小结：转型经济与熊彼特式增长

波特把经济划分为四个阶段：第一阶段是要素驱动阶段，第二阶段是投资驱动阶段，第三阶段是创新驱动阶段，第四阶段是财富驱动阶段。其中要素驱动阶段是基础，其他三个阶段都能够同后一阶段结合起来成为拉动经济增长的组合动力。比如现阶段我国经济发展的最典型的特征就是由投资带动的要素驱动阶段，投资大量涌入矿山、原材料、能源等要素生产行业，不仅沿用传统的生产方式产品的附加值低，而且面临资源和环境不可持续的供给极限。更为严峻的是，要素驱动型经济在全球产业链背景下成为产业链的低端，产品利润的绝大部分被品牌、创新和销售渠道获得。基于以上经济发展问题，我国提出了经济转型战略，要根本改变原有的经济增长方式，提升经济结构，替换支柱型产业，使国民经济体制和结构发生由量到质的转变。这一转变的中心就是以创新驱动代替要素驱动同投资驱动相结合，实现在减少物质资源投入基础上的内生性经济增长。

创新驱动的增长方式不只是解决效率问题，更为重要的是依靠知识资本、人力资本和激励创新制度等无形要素实现要素的新组合，是科学技术成果在生产和商业上的应用和扩散，是创造新的增长要素。创新驱动的经济增长是比集约型增长方式更高层次、更高水平的增长方式。创新驱动更容易同投资驱动相结合并引领投资的方向，创新需要科技作为经济发展先导，而对科技的投入风险与潜在的收益都是最大的，要实现最大限度上获取投入创新领域的资本收益，一方面需要有眼光、有冒险精神的企业家队伍，能够最大限度地发现和把握创新机遇；另一方面要有高水平的研发实验室，能够最大限度地降低创新不确定性。而企业家精神和研发实验室正是熊彼特式增长的核心要素，也就是说，中国的经济转型需要走上熊彼特式增长道路。

创新不断催生新兴产业作为新的经济增长点，产业创新的重要性不只是新产业本身具有更高的效益和发展前景，更为重要的是，产业创新升级能力是一个国家、一个地区自主创新能力和竞争优势所在。产业创新不仅涉及发展战略性新兴产业，也涉及传统产业的创新，而采用最新科技，以及与信息化和新兴产业链的高度融合是传统产业走创新驱动之路的基本方向。在转型经济背景下，熊彼特定义的企业家概念被放大，企业家与研发实验室作用的并重，催生了一类新型的企业家或新型的科技人员——科技企业家。科技企业家的职能就是对企业创新价值的实现与研发实验的知识创新两大创新系统进行集成。企业家知识化并成为科技企业家，是推进产学研合作创新的主观条件，而培养既有深厚的学科知识又有敏锐的商业化眼光的创新创业型人才就是转型经济成功的内在要求。

创新型经济发展需要新型的产业组织和适宜的宏观环境。网络经济的繁荣使得创新并不局限于封闭的企业内部，不同企业之间的联盟、协作关系的建立和管理成为创新过程中新的关键环节。产业集群创新是最为活跃的网络化创新模式之一，然而在我国那种以低端生产关系为核心的地域集群中，创新动力和持续发展能力都存在严重问题。正如前文论述的，在企业规模均衡分布又缺乏有效的专利制度保护和技术转让制度的产业集群中，自主创新并不是企业的均衡稳定战略，而只是一种偶发性的行为战略“变异”。因此，形成产业中具有研发能力的核心大企业，以及众多中小企业为配套和协作企业的良性互动集群结构，最有利于经济系统内部形成均衡稳定的创新机制。经济活动的空间集聚可以产生经济的集聚效应。现在发展创新型经济同样需要这种集聚效应，这就是建设和发展科技创新园区。在发展开放型经济阶段，各类开发区是引进国外资源和国外产业的主要载体。在发展创新型经济阶段，这些开发区应转变为面向全球市场的研发和孵化基地，由外资企业集聚区转变为大学、研究所和企业研发中心聚集的创新机构，成为大学科技园。同时，可以通过金融中介、科技中介和政府辅助机构等中间组织积极实现开发区与大学科技园的多种一体化形式。

第八章 全书总结与研究展望

第一节 全书总结

一 契合时代特征的非均衡研究范式

均衡与非均衡（结构）的研究范式并无好坏之分，但是却有着同研究对象及其时代背景相适应的问题，熊彼特创新理论的形成，尤其是“熊彼特假设”提出之际正值资本主义世界大企业的崛起，以机械化、电气化大发展为核心的技术创新的创造性与破坏性强烈地冲击着当时的经济环境，改变着旧有的经济格局。传统以均衡研究为核心的新古典主义经济理论面对着内生于企业微观主体的以寻求和实现技术创新商业化的价值创造和价值淘汰过程，很难建立起关于技术创新的传统经济模型，而熊彼特经济理论以经济变迁的结构性为研究对象的研究范式正契合了当时的经济背景。20 世纪 70—80 年代资本主义世界的几次经济危机使人们对以垄断大企业为主的技术创新与经济发展的关系有了新的认识，同时这一时期也是对“熊彼特假设”争论最多的一个时期，小企业对创新的贡献以及在经济中的作用明显增强。20 世纪 80—90 年代资本主义世界处于经济相对平和的时期，大企业和小企业在这种情况下都以各自的方式蓬勃发展，技术创新同时源于企业规模的两极，以倒 U 模型为特征的均衡研究范式的广泛接受，与其说为研究企业规模与技术创新关系开启了一个新的阶段，不如说是与当时的经济背景相契合。然而，20 世纪 90 年代以后，信息技术的大发展使得经济重新在一个非均衡的发展过程中突飞猛进，在信息技术、网络技术的推动下各个产业普遍出现了技术创新的繁荣，而在新一轮的技术创新浪潮中，中小企业和大企业分别借助信息技术弥补了自身在传统经济形态创新过程中的不足，从而使得上一个由大企业引起的技术创新高发期、由大企业和小企业的技术创新能力和技术创新动力相折衷的倒 U

关系阶段的理论和研究范式不能够解释新经济条件下企业规模与技术创新的复杂关系。而本书正是基于上述经济背景下，在继承了熊彼特创新理论的非均衡研究范式的基础上，建立的一套以解释当前企业规模、市场结构与技术创新在现实中的复杂非线性关系为核心的研究体系，这一体系不属于传统的非均衡研究范式，是以互构和演化为特征的，具有同均衡研究范式相融合的，体现新经济条件下企业规模与技术创新关系的协同和互动的非均衡研究范式，即一种新非均衡研究范式。

二　企业规模与技术创新关系的互构演化方式

技术创新并不等同于对最先进技术的追求，归根结底技术创新仍然是一种以技术壁垒为依托，以产品价值实现为导向的竞争手段，那么，技术商业化的过程中就不免要受到两大主要因素的制约：一是完成技术创新的组织，二是实现创新价值的市场，而企业规模恰好是对组织和市场的一个能动性的反应，新古典经济学中的规模专指对市场的影响力，而我们这里的企业规模的一个重要内涵扩展就是它也是组织能力（包括资源、结构适应性、企业家能力等）的一种体现。这样一来，技术创新与企业规模之间关系的复杂性实质是源于组织能力和市场影响力在新经济背景下的复杂与多变，一个典型的例子就是基于企业与市场这两种经济组织形态的融合产生中间组织的繁荣，这种新兴的组织形态模糊了企业的边界，并在传统大企业和小企业中都产生了适当的形式（如大企业的集团总部制，小企业的虚拟联盟以及大小企业间的集群形态），这些形式极大地推动了技术创新。本书在对这部分的研究中，以两两互构为切入点，并抓住互构中对演化技术创新与企业规模关系的演化方式起决定性作用的因素进行分析，在技术与组织互构下，本书的结论是企业控制力是一个分析企业技术创新和企业规模关系的新视角，企业控制力是企业的内部控制力和外部控制力的结合，技术创新力、控制力的合力和企业扩张阻力之间相互作用的结果是小企业和大企业都可能是技术创新的高发者。在技术与市场互构下，本书的结论是商业模式是技术与市场互构下的产物，是一种高度依赖于市场条件的企业战略层面的制度安排，如果说这一特性体现了市场对技术的构建的话，那么商业模式创新的目的则体现了技术对市场构建的特征，对由规模产生的技术创新能力以及由需求产生的技术创新动力有增强的效果，这对于技术创新与企业规模关系有重要的影响，也是创新动态研究的重要方向。在技术与中间组织互构下，本书紧扣信息时代的特征，重点分析了网络环境下辅助创新与中间组织的关系，辅助创新使得中间组织具有成为促进主导性技术创新的动力源、吸收技术创新的转化中心以及获得市场成功的战略系统的可能性。针对产品创新的辅助创新能够降低企业达到最优创新规模时的企业规模，企业可以提前达到竞争力的最强阶段，或者在企业的实体规模不是很大的时候却具有很大的能力规模，进而使企业既实现了规模经济和范围经济，又降低了企业的管理成本，从而具有很强的控制力。

三　技术创新空间的模拟和解说

建立互动演化空间主要考虑到技术创新源的构成和受到影响的系统性，技术创新和企业规模的变化通常也与其他因素相互作用，在动态研究中我们不能主观地剔除这些影响因素，因此需要考察包含技术创新与企业规模的其他构建体系内，相关因素在技术创新与企业规模间接构建中所起的重要作用，即多种因素互相构建下的技术创新与企业规模的互动演化关系。演化空间包括对技术轨道等准备理论的把握，以及创新空间内互构过程的模拟和最后对复杂非线性关系的实证研究三个主要部分。技术轨道本身就包含有互构的成分，技术轨道理论能够为我们提供一个研究技术创新、组织创新和企业规模的重要平台，技术轨道的形成与跃迁为研究技术创新与企业规模非线性关系中的协同性和不对称性提供了重要的启发，技术、组织与市场的互构是形成技术轨道的内在因素之一，企业规模与技术创新的互动演化在时序上最终要形成一条或多条技术轨道。众多技术轨道形成了一个多维空间，技术、组织和市场力量的变化会导致不同类型的技术创新和企业规模的出现，然而这一过程并非是随机的、无序的，如果以新技术催生新组织和新市场作为这一空间运作的初始状态，那么技术创新将由非定向性技术创新向定向性技术创新演进，与此同时，企业规模会在不同阶段表现出不同的扩张方式，当定向性技术创新趋于技术范式的瓶颈时，多元化规模扩张能够重新激活企业的非定向性技术创新从而进入技术生命周期的下个循环。这一点在对技术创新与企业规模系统进行的系统动力学分析，以及在对倒 U 形非线性关系的解说和拓展方面均得到了证实。

四 企业成长与技术生命周期演化

以时间为序，技术创新与企业规模都具有分布的周期性，且都是正态分布的偏峰态，当这两个周期在同一时间段内走向一致或是周期大致重叠，即为正相关关系；而当技术生命周期明显短于企业规模周期时，就表现为倒 U 形关系；当企业规模周期明显短于技术生命周期时，则出现正、负相关交替的复杂变化，中间组织由于将大企业和小企业在技术创新中的优势结合起来，当大企业有利于技术创新时就偏向为大企业形态，当小企业更有利于技术创新时则表现为小企业形态，这在客观上就相当于企业规模周期变化加快，因此尽管技术创新周期普遍缩短，一般来讲短于企业规模周期，但是中间组织的存在大大增加了企业规模周期明显短于技术生命周期的情况。

从我国的实际情况来看，我国大部分行业的企业规模与发达国家同行业的企业规模相比仍然十分弱小，技术创新的产出在质量和数量上都有待提升，这表明我国的很多企业仍然处于生命周期的初级阶段，能够以扩大企业规模的方式提升技术创新水平，并且随着企业规模的扩张应该逐渐发展技术生命周期较长的创新项目，尤其是企业的核心技术。因此，作为当前我国经济发展的一项目标，继续扩大企业规模，培育国际化大型企业集团，实现核心技术自主研发有其理论上的合理性。

五 产业创新升级：动力机制与体系建设

产业升级是创新驱动型经济代替要素驱动型经济的主要目标。在全球产业链背景下，企业创新面临着更大的紧迫性和重要的战略意义。整个产业在国际市场上的竞争实力需要产业内部形成良性的创新互动机制。由于创新速度日益加快和构成产业链的复合关联产业的增加，即使处于垄断地位的大企业也要时刻考虑来自其他产业和地区的创新替代者，封闭式的创新模式下企业不可能拥有保证技术创新领先的全部资源和时刻调整复杂科层结构的灵活性，所以大企业通过彼此之间建立战略联盟和合作开发关系，互补创新资源和共享创新成果以抵御快速创新和颠覆性创新的风险。而小企业在传统产业创新中则一直扮演着颠覆者的角色，能够打破现有产业市场结构的均衡态，并掀起新技术轨道下的剧烈创新运动。事实上，现代产业发展中，大企业和小企业履行传统创新角色的难度不是更容易了，而是更难了。原因在于出现了一种基于网络化创新和开放式创新模式的更有效的产业内部良性互动机制，即大企业与小企业之间的集群分工与协作创新。通过技术溢出与产业链多层次的纵向分工，创新由核心大企业发起并扩散到协作的中小企业，组件研发、产品生产和销售等环节通过分包的形式交给专业化中小企业，大企业负责最为核心的技术研发，以此控制产品价值增值的纵向过程和制定协作企业的竞争规则。而中小企业除了贡献偶然性的突破性创新，更多时候是通过提升自身的专业化程度参与核心企业的研发，并通过示范效应逐步成为新的核心企业。本书通过对中国产业集群的分析也证明了核心大企业集团主导的产业集群创新能力最具有创新活力。

创新过程的日益复杂以及网络化创新条件下打开的组织边界，使得创新源的组成成分越来越复杂，受环境影响越来越大。首先是创新资源和创新型人才的自由流动，其次是国际流与区域性聚集下的产业集群，最后是企业与大学、专门研发机构的普遍联合。创新过程在一个更加宏观的体系中发生，工业园区和大学科技园以及科技企业孵化器等都成为企业创新和产业集群发展的主要平台，也是以熊彼特式增长代替传统要素性增长的前沿领域。

第二节　研究展望

对于企业规模与技术创新关系这样一个研究主题，既能够作为宏观创新理论和经济发展理论研究的切入点，又能够作为微观技术创新管理的一个研究视角。

一　理论研究向宏观层面的拓展

继承熊彼特创新理论的研究范式探索当代的创新理论，熊彼特提出的创新概念已经不能够囊括信息经济时代的创新种类和特征，从创新主体特征（企业规模）研究技术创新，也不仅局限于作为影响资源存量和市场力量的无法剖析内部结构且彼此独立的大企业和小企业，当今的创新主体对技术创新的影响还包括行业技术机会、企业社会资本、企业内部组织结构和组织形态、企业控制力以及企业治理结构对企业家功能的替代等，企业规模某种程度上是企业复杂程度的表征，代表着一个动态系统的边界。

而宏观上的研究则需要将这些影响因素划分为不同的维度，处于不同维度的企业规模与技术创新的相互作用将对何种模式的技术创新发挥独特的作用并促进哪个层面的经济增长。例如，熊彼特创新理论的企业规模仅表征以生产和市场为核心的物质资源维度，当今的企业规模则表征以知识积累和联盟为核心的网络资源维度，那么，在不同维度上的技术创新与企业规模的互动将对经济发展起到不同的促进作用，当然现在的维度是在旧有维度基础上发展起来的，旧有维度也不会因此而消失。

二　理论研究向微观技术创新管理层面的拓展

将宏观视角下的不同维度作为研究领域，技术与组织、技术与市场、技术创新上游的知识管理、技术创新下游的商业模式、技术经营、技术战略等都是目前技术创新管理的研究热点。从技术创新与企业规模相互关系这一研究视角研究上述问题，一定要放在特定维度中进行考察。例如，互构的概念就是在信息技术大发展的进程中，用以描述信息技术的发展方向和应用领域的能动选择性的概念，本书挖掘互构理论也是基于企业规模与技术创新关系在当今维度上的考虑。此外，本书主要以企业控制力、辅助创新和定向性技术创新、非定向性技术创新等新的理论工具解决倒 U 模型等简单非线性关系存在的问题，并通过线性化分拆、互构演化等研究方法搭建起的复杂非线性关系研究框架，这一框架仍然比较粗糙，需要继续深入研究的部分大致包括开放式创新模式下、网络创新环境中，社会资本对技术创新与企业规模关系的影响因素研究，从战略演化的角度看，基于企业动态核心能力的技术创新与企业规模的关系研究等问题都有待进一步探索。

三　网络经济下的创新源特征与创新过程

网络化创新和创新网络的形成对工业经济条件下关于创新的一些研究产生了很大的冲击，对于熊彼特创新理论而言，网络化创新既带来了理论发展的机遇，又对原有的理论框架的延伸和对现实的解释力提出了挑战。机遇源于“熊彼特假设”和创新源理论在现实中得以回归和印证，企业家精神没有在网络化背景下被大企业研发实验室替代，而研发实验室的创新功能也在网络化背景下得以在更大范围内完善和利用。挑战源于创新主体的作用和相互关系的变化，企业家精神不仅仅是寻找科学技术商业化途径的人，还是合作创新过程搜寻和选择有效合作伙伴的人。而大企业研发实验室不仅产出原始创新，也成为企业之间创新能力互补的基础，与高校和科研院所相结合消化吸收先进技术的部门，以及行业领先企业之间联盟的技术前哨等。大企业研发实验室和企业家精神能够相互结合，在企业内部出现技术企业家，在企业外部形成了集群式产业发展模式的核心大企业与中小企业之间的分工协作，以及产学研结合机制和区域创新体系等。网络化创新条件下，技术创新同组织创新、商业模式创新的协同关系更加密切，以系统和演化的视角研究创新过程具有更为重要的理论价值和现实意义。

四　现实问题向中国特色的研究拓展

我国正处于经济转轨这一独特的经济发展阶段，这个阶段的特征是经济发展的试错性，能够提供研究技术创新和企业规模的大量关于制度因素的机会，研究制度因素对企业规模与技术创新关系的影响是“能够作出独特贡献”的地方（吴延兵，2007）。同时，经济转轨阶段，产业发展在全球产业链和本地发展优势的综合背景下，需要完成由要素驱动向创新驱动的升级过程，提升自主创新水平是产业升级的核心任务。那么，怎样的产业组织形态和企业之间的竞争合作模式才能最大限度地推动产业创新升级，在特定产业背景下，自主创新在引进消化吸收技术、集成创新和原始创新之间的模式选择与演化推进的动力机制是怎样的，企业成长和产业集群成长如何在网络创新和开放式创新模式下实现技术创新、组织创新和商业模式创新的协同发展，如何破解目前我国产业发展中出现的“低产业化”、“产业大而不强”和“传统产业升级”等现实问题都需要作深入研究。因此，加入制度约束对创新源理论的拓展以及产业创新升级中的创新动力机制和对有效模式的探索等问题将是我们今后进一步研究我国企业规模与技术创新非线性关系的一个重要方向。

参考文献

1. 马歇尔:《经济学原理》，商务印书馆 1997 年版。

2. 亚当·斯密:《国富论》，杨敬年译，陕西人民出版社 2001 年版。

3. 约翰·穆勒:《政治经济学原理》，赵荣潜、桑炳彦、朱泱、胡企林译，商务印书馆 1991 年版。

4. Ichak Adizes，*Corporate Lifecycles*，Prentice Hall，New Jersey，1989.

5. Lars Bengtsson:《解释天生全球型企业：国际化过程的一个组织学习视角》，张军、孙云奋译，《经济资料译丛》2007 年第 2 期。

6. 艾迪斯:《企业生命周期》，中国社会科学出版社 1997 年版。

7. 艾尔弗雷德·D. 钱德勒:《看得见的手——美国企业的管理革命》，商务印书馆 1987 年版。

8. 安同良、施浩、Ludovico Alcorta:《中国制造业企业 R&D 行为模式的观测与实证——基于江苏省制造业企业问卷调查的实证分析》，《经济研究》2006 年第 2 期。

9. 陈海涛:《试论中小企业在国民经济中的地位与作用》，《大众科技》2006 年第 5 期。

10. 陈佳贵:《培育和发展具有核心竞争力的大公司和大企业集团》，《中国工业经济》2002 年第 2 期。

11. 陈金波:《企业规模问题的三维综合分析》，《商业研究》2006 年第 7 期。

12. 陈艳莹、高东:《企业生命周期理论研究进展评述》，《经济研究导刊》2007 年第 5 期。

13. 陈震红、董俊武:《创业机会的识别过程研究》，《科技管理研究》2005 年第 2 期。

14. 陈征:《技术商品价值论》，《东南学术》2004 年第 5 期。

15. 程美静：《不确定环境中创业机会识别与创业力关系研究》，西南交通大学经济管理学院 2005 年版。

16. 池仁勇：《不同规模企业的技术创新比较分析》，《软科学》2002 年第 4 期。

17. 崔红：《资产负债率偏低说明了什么》，《证券时报》2000 年 7 月 31 日。

18. 单超、王奇、刘光德、孙超：《辽宁老工业基地装备制造业优劣势分析》，《经济师》2007 年第 2 期。

19. 党兴华、张首魁：《模块化技术创新网络结点间耦合关系研究》，《中国工业经济》2005 年第 12 期。

20. 杜跃平、高雄、赵红菊：《路径依赖与企业顺沿技术轨道的演化创新》，《研究与发展管理》2004 年第 8 期。

21. 高闯、关鑫：《企业商业模式创新的实现方式与演进机理——一种基于价值链创新的理论解释》，《中国工业经济》2006 年第 11 期。

22. 高良谋：《辅助创新：研究技术创新与企业规模关系的新视角——对倒 U 顶点的动态解释与实证分析》，《财经问题研究》2006 年第 11 期。

23. 高锡荣、汪云：《从小灵通看“落后”技术的创新价值》，《科学学与科学技术管理》2007 年第 7 期。

24. 郭劲光、高静美：《论企业间组织的制度优势》，《华东经济管理》2003 年第 2 期。

25. 韩永进、李晔：《信息技术与新型企业组织结构发展趋势和模式建构》，《中共天津市委党校学报》2006 年第 2 期。

26. 贺小刚：《企业家能力与企业成长：一个能力理论的拓展模型》，《科技进步与对策》2006 年第 9 期。

27. 胡桂兰：《企业规模如何确定——企业规模确定理论评述》，《特区经济》2006 年第 3 期。

28. 黄速建、余菁：《国有企业的性质、目标与社会责任》，《中国工业经济》2006 年第 2 期。

29. 黄泰岩：《中国企业治理结构类型及其效率分析》，《国际学术动态》1998 年第 32 期。

30. 姜明辉、牛晓姝：《国外区域经济创新网络典型案例比较分析》，

《哈尔滨工业大学学报》（社会科学版）2006 年第 1 期。

31. 姜彦福、林强、张健：《高科技时代企业规模的变化趋势分析》，《中国软科学》2003 年第 2 期。

32. 今井贤一等：《内部组织的经济学》，上海三联书店 1982 年版。

33. 黎诣远：《微观经济分析》，清华大学出版社 1987 年版。

34. 李保明：《技术机会与技术创新的决策》，《科学管理研究》1990 年第 5 期。

35. 李丹：《中小企业的阶段性技术创新战略》，《经济论坛》2004 年第 23 期。

36. 李晓莹：《产业演进中企业扩张的动力与约束》，《企业经济》2005 年第 4 期。

37. 李永峰、雍明慧：《论企业生命周期》，《太原理工大学学报》（社会科学版）2004 年第 3 期。

38. 李正卫：《技术动态性、组织学习与技术追赶：基于技术生命周期的分析》，《科技进步与对策》2005 年第 7 期。

39. 梁琦、于津平、吴崇：《民营企业生命周期融资规律探析》，《南京社会科学》2005 年第 5 期。

40. 《辽宁省科学技术发展“十一五”规划（2005）》，辽宁人民出版社 2006 年版。

41. 辽宁省政府发展研究中心课题组：《促进高新技术与辽宁装备制造业的融合》，《咨询研究择要》2004 年第 14 期。

42. 刘丹：《企业生命周期的经济学解释》，《江汉论坛》2002 年第 12 期。

43. 刘东：《企业边界的多种变化及其原因》，《中国工业经济》2005 年第 3 期。

44. 刘凤芹、谢适汀：《论企业的边界与规模：近期文献的一个评述》，《社会科学战线》2005 年第 2 期。

45. 刘伟豪、杨忠：《对中小企业规模的思考》，《科技情报开发与经济》2006 年第 5 期。

46. 刘兴国、俞安平、韩玉启：《小型企业规模的有效性分析》，《运筹与管理》2003 年第 2 期。

47. 刘学：《技术交易的特征与技术市场研究》，《中国软科学》2000

年第3期。

48. 刘易斯·卡布罗：《产业组织导论》，人民邮电出版社2002年版。

49. 卢建新：《中间组织崛起的原因》，《中南财经政法大学学报》2005年第1期。

50. 罗珉、王雎：《中间组织理论：基于不确定性与缓冲视角》，《中国工业经济》2005年第10期。

51. 罗珉、曾涛、周思伟：《企业商业模式创新：基于租金理论的解释》，《中国工业经济》2005年第7期。

52. 科斯：《企业的性质》，上海三联书店1994年版。

53. 聂辉华、李文彬：《什么决定了企业的最佳规模——关于企业规模的研究述评》，《河南社会科学》2006年第7期。

54. 彭会安：《大连市高新技术创业服务中心形成软件产业创新集群》，《中国高新技术产业导报》2006年11月20日。

55. 全怀周：《企业生命周期的系统管理理论研究》，天津大学博士学位论文，2004年。

56. 盛锁、杨建君、刘刃：《市场结构与技术创新理论研究综述》，《科学学与科学技术管理》2006年第4期。

57. 司春林：《企业创新空间与技术管理》，清华大学出版社2005年版。

58. 宋玉慧、李屹：《辽宁省建立制造业信息化示范体系》，《中国电子报》2005年12月13日。

59. 孙佳华：《世界大型企业并购风潮再起：探寻成功并购之道》，《解放日报》2005年2月3日。

60. 孙建强：《企业生命周期的界定及其阶段划分》，《商业研究》2003年第18期。

61. 托马斯·库恩：《科学革命的结构》，金吾伦、胡新和译，北京大学出版社2003年版。

62. 王成慧、彭星闾：《创新力与控制力失衡——民营企业短命现象的重新思考》，《东北财经大学学报》2002年第6期。

63. 王京安：《企业规模决定论：基于信息和知识的解释》，中国经济出版社2006年版。

64. 王龙伟、李垣、王刊良：《组织惯性的动因与管理研究》，《预测》2004 年第 6 期。

65. 王其藩:《复杂大系统综合动态分析与模型体系》,《管理科学学报》1999 年第 2 期。

66. 王伟毅、李乾文:《创业视角下的商业模式研究》,《外国经济与管理》2005 年第 11 期。

67. 王子君:《市场结构与技术创新——以美国 AT & T 公司的拆分为例》,《经济研究》2002 年第 12 期。

68. 魏良益:《企业规模制约因素分析》,《软科学》2006 年第 3 期。

69. 邬爱其、贾生华:《企业成长机制理论研究综述》,《科研管理》2007 年第 3 期。

70. 吴晓波:《二次创新的进化过程》,《科研管理》1995 年第 2 期。

71. 武力、孙潜彤、李巍:《辽宁:推动装备制造业实现跨越式发展》,《经济日报》2007 年 3 月 6 日。

72. 谢国忠、杨松华:《企业集群和虚拟组织》,《外企业文化》2000 年第 20 期。

73. 谢伟:《中国企业技术创新的分布和竞争策略——中国激光视盘播放机产业的案例研究》,《管理世界》2002 年第 2 期。

74. 熊彼特:《经济发展理论》,商务印书馆 1997 年版。

75. 徐激:《效率管理——现代管理理论的统一》,经济管理出版社 2004 年版。

76. 严若森:《中国国有企业治理模式的选择与构建——基本原则与战略重点》,《财经问题研究》2005 年第 9 期。

77. 严中平、张飞燕:《创新模型与技术创新战略的选择》2004 年第 2 期。

78. 杨蕙馨、石建中:《企业规模界定的评析》,《世界标准化与质量管理》2004 年第 6 期。

79. 杨壬飞、仝允桓:《发达国家技术市场特征及其管理模式研究》,《科学学与科学技术管理》2005 年第 12 期。

80. 杨运东、殷建平:《大企业的规模质量》,《石油企业管理》1999 年第 9 期。

81. 游学民:《我国民营高新技术企业技术创新战略》,《改革与战略》2005 年第 6 期。

82. 原磊：《商业模式体系重构》，《中国工业经济》2007 年第 6 期。

83. 曾楚宏、林丹明：《信息技术、交易成本与激励：论经济组织形式的中间化》，《中国工业经济》2006 年第 6 期。

84. 张发余：《虚拟组织与区域创新》，《探求》2001 年第 2 期。

85. 张杰、张少军、刘志彪：《多维技术溢出效应、本土企业创新动力与产业升级的路径选择——基于中国地方产业集群形态的研究》，《南开经济研究》2007 年第 3 期。

86. 张天维：《先进装备制造业的内涵及国际经验借鉴》，《辽宁日报》2007 年 7 月 16 日。

87. 张文辉：《技术创新生命周期的生物经济学研究》，《社会科学》2004 年第 9 期。

88. 张妍、李兆友：《国内技术机会研究：现状、困境及未来走向》，《东北大学学报》（社会科学版）2007 年第 7 期。

89. 张元智、马鸣萧：《企业规模、规模经济与产业集群》，《中国工业经济》2004 年第 6 期。

90. 赵锡斌：《企业创新与环境控制》，《武汉大学学报》（哲学社会科学版）2005 年第 4 期。

91. 赵玉忠、杨长虹：《谈信息技术对组织变革的冲击与支持》，《商业时代》2006 年第 32 期。

92. 郑杭生、杨敏：《社会互构论的提出——对社会学学术传统的审视和快速转型期经验现实的反思》，《中国人民大学学报》2003 年第 4 期。

93. 周黎安、罗凯：《企业规模与创新——来自中国省级水平的经验证据》，《经济学》（季刊）2005 年第 4 期。

94. 朱平芳、朱先智：《企业创新人力投入强度规模效应的分位点回归研究》，《数量经济技术经济研究》2007 年第 3 期。

95. 欧庭高、刘华桂：《不确定性、创新与非线性》，《系统辩证学学报》2004 年第 10 期。

96. 李大为、刘英基、杜传忠：《产业集群的技术创新机理及实现路径——兼论理解两个熊彼特悖论的新视角》，《科学学与科学技术管理》2011 年第 1 期。

97. 熊彼特：《资本主义、社会主义与民主》，商务印书馆 2000 年版。

98. 陈柳钦：《产业集群与产业竞争力》，《产业经济评论》2005 年第

1 期。

99. 陈柳钦：《论产业集群、技术创新和技术创新扩散的互动》，《中国矿业大学学报》（社会科学版）2007 年第 9 期。

100. 杜传忠：《网络型寡占市场结构与技术创新——兼论实现中国企业自主技术创新的市场结构条件》，《中国工业经济》2006 年第 11 期。

101. 沈美娟：《产业集群的技术创新：国际经验比较研究》，苏州大学，2006 年。

102. 杨红燕、邓朝晖：《高技术产业集群动力机制研究》，《西北农林科技大学学报》（社会科学版）2009 年第 9 期。

103. 李伟：《产业演进中的技术创新与市场结构关系：兼论熊彼特假说的中国解释》，《科研管理》2009 年第 11 期。

104. 少妍：《登峰——沈阳机床集团自主创新纪实》，《中国发展观察》2010 年第 3 期。

105. 吴际、石春生、刘明霞：《基于企业生命周期的组织创新要素与技术创新要素协同模式研究》，《管理工程学报》2011 年第 4 期。

106. 朱乾龙、钱书法：《基于网络经济的技术创新与市场结构关系分析》，《产业经济研究》2009 年第 1 期。

107. 青木昌彦：《模块化时代：新产业结构的本质》，上海远东出版社 2003 年版。

108. 藤本隆宏：《能力构筑竞争》，中信出版社 2007 年版。

109. 李伟：《基于熊彼特假说的技术创新与市场结构关系研究述评》，《科学·经济·社会》2007 年第 4 期。

110. 孙冰：《技术创新演化的相关研究综述》，《软科学》2010 年第 10 期。

111. 战伟萍、沈群红、于永达：《技术创新与组织变革的协同作用分析：基于组织知识分布的视角》，《中国科技论坛》2010 年第 6 期。

112. 金星：《企业规模与研发投入结构的理论与实证研究——基于企业知识和产品市场的视角》，《科学学研究》2011 年第 7 期。

113. 项保华：《企业家间断创新与大企业持续创新——熊彼特创新理论一瞥》，《科学学与科学技术管理》2004 年第 11 期。

114. 庄子银：《企业家精神、持续技术创新和长期经济增长的微观机制》，《世界经济》2005 年第 12 期。

115. 靳卫东、高波：《企业家精神与经济增长：企业家创新行为的经济学分析》，《经济评论》2008 年第 5 期。

116. 程斌武、谭力文、杜敏：《市场、组织与中间形态比较：协调方式与效率原则》，《湖北社会科学》2008 年第 9 期。

117. 王俊峰、周绍东、章仁俊：《市场结构与企业创新的相关性："熊彼特—阿罗"争论的最新发展》，《经济问题探索》2010 年第 2 期。

118. 李焱、高柏宏、徐吉存：《数控机床产业发展现状及沈阳机床自主创新之路》，《航空制造技术》2010 年第 12 期。

119. 李长青、张术丹：《演化经济学的演化与企业技术创新分析的新思路》，《经济问题探索》2006 年第 10 期。

120. 辛冲、石春生：《战略导向型组织创新与技术创新的关联模型研究》，《中国软科学》2008 年第 8 期。

121. 张钢、陈劲、许庆瑞：《技术、组织与文化的协同创新研究》，《科学学研究》1997 年第 15 期。

122. 官建成、张爱军：《技术与组织集成创新研究》，《中国软科学》2002 年第 12 期。

123. Abbate Janet, *Inventing the Internet*, Cambridge, MA: MIT Press, 1999.

124. Abernathy, W. J., Utterback, J. M, "Patterns of Industrial Innovation", *Technology Review*, Vol. 80, No. 7, 1978.

125. Acs. Z. J., Audretzsch. D. B., "Innovation and Size at the Firm Level", *Southern Economic Journal*, Vol. 37, No. 3, 1991.

126. Acs. Z. J, Audretzsch. D. B., *Innovation and Small Firm*, Massachusetts London: The MIT Press Cambridge, 1990.

127. Aghion, P. and Howitt, P. "A Model of Growth through Creative Destruction", *Econom etrica*, Vol. 60, 1992.

128. Aghion, P. and Schankerman, M. "Competition, Entry and the Social Returns to Infrastructure in Transition Economies", *Economics of Transition*, No. 7, 2000.

129. Aghion, P. Harris, C. Howitt, P. and Vickers, J. "Competition, Imitation and Growth with Step - by - Step Innovation", *Review of Economic Studies*, Vol. 68, 2001.

130. Alice M. Sapienza, "R&D Collaboration as a globle competitive tactic – biotechnology and ethical pharmaceutical industry", *R&D management*, No. 4, 1989.

131. Arthur, W. Brian, "Competing Technologies, Increasing Returns, and lock – in by Historical Events", *Economic Journal*, Vol. 99, March, 1989.

132. Audertsch, David B. "Agglomeration and the Location of Innovation Activity", *Oxford Review of Economic Policy*, Vol. 14/ 2 (summer), 1998.

133. Baker, W. "The Network Organizations in Theory and Practice", in N. Nohria & R. Eccles (Eds), *Network and Organizations* (397 –429), Boston, MA: Harvard Business Press, 1992.

134. Barry, N., & Adam, B. *Co – opetition*, Cambridge, MA: Harvard Business Press, 1996.

135. Bart Nooteboom, *Innovation, learning and cluster dynamics*, Erim report series pesearch in management, 2004.

136. Bergrr and Humphrey, The Optimal Capital Structure of Depository Institutions, Working Paper Series in the World Bank Group, 1996.

137. Bertschek I., Ectorf H. "On nonparametric estimation of the Schumpeterian link between innovation and firm size: Evidence from Belgium, France and Germany", *Empirical Economics*, No. 21, 1995.

138. Bijker, Wiebe E. &John Law, *Shaping Technology Building Society: Studies in Sociotechnical Change*, Cambridge, Mass.: MIT Press, 1992.

139. Bo Carlsson and Staffan Jacobsson, *Technological Systems and Industrial Dynamics: Implications for Firms and Government*, New York: The Free Press, 1990.

140. Bound, J. Cummins, C. Griliches, Z. Hall, B. H. and Jaffe, A., "Who does R&D and who patents", in Griliches, Z. (ad.), *R&D, patents and productivity*, Chicago: University of Chicago press, 1984.

141. C Freeman, *The Economics of Industrial Innovation*, Massachusetts: The MIT Press, 1982.

142. Carlsson, B., Staffan Jacobsson, Magnus Holménb, Annika Rickne, "Innovation systems: analytical and methodological issues", *Research Policy*,

Vol. 31, 2002.

143. Cassiman, B. and R. Veugelers, "R&D Cooperation and Spillovers: Some Empirical Evidence", CEPR discussion paper, 2330.

144. Christensen C. M., J. L. Bower, "Customer Power, Strategic Investment and the Failure of Leading Firms", *Strategic Management Journal*, No. 17, 1996.

145. Christensen, C. M., *The Innovator's Solution: Using Good Theory to Solve the Dilemmas of Growth*, Harvard Business School Press, 2003.

146. Christensen, C. M., *The Innovator's Dilemma: When New Technologies Cause Great Firms to Fail*, *Harper Business*, An imprint of Harper Collins Publishers, 1997.

147. Cohen, W. M. and Levin, R. C, "Empirical studies of innovation and Market Structure", in schmalansee R. and Willig R. D. (eds.), *Handbook of industrial organization*, Amsterdam: North Holland.

148. Comanor, W. S., "Market Structure, Product Differentiation and Industrial Research", *Quarterly Journal of Economics*, Vol. 81, 1967.

149. Comanor, William S., Frech. H E. III, "The competitive effects of vertical agreements", *American Economic Review*, Vol. 75, No. 3, 1985.

150. David Oliver, Peter Bürgi, *Organizational Identity as a Strategic Practice*, 4th International Critical Management Studies Conference Cambridge, UK, 4 –6 July 2005, Stream 10: Identity: Exploring the Impacts of Individual and Collective Constructions.

151. David, Paul A, "Path – dependent Learning and The Evolution of beliefs and behaveiour", in Antonio Nixita and Ugo Pagano (eds), *The Evolution of Economic diversity*, London: Routledge, 2001.

152. Dewar Robert D. and Jane E., Dutton "The Adoption of Radical and Incremental Innovations: An Empirical Analysis", *Management Science*, Vol. 32, No. 11, November 1986.

153. Dierickx, I., and K. Cool, "Asset stock accumulation and sustainability of competitive advantage", *Management Science*, No. 35, 1989.

154. Dorfman, N. S. *Innovation and Market Structure: Lessons from the Computer and Semiconductor Industries*, Cambridge, MA. Ballinger, 1987.

155. Dosi G. , Nelson R. , Winter R. , Winter R. , et al. , *The nature and dynamics of organizational capabilities*, Oxford: Oxford University Press, 2002.

156. Dosi G. , "Technological paradigms and technological trajectories", *Research Policy*, No. 11, 1982.

157. Dosi, G. "Sources, procedures, and microeconomics of innovation", *Journal of Economic Literature*, Vol. 26, 1988.

158. Dosi, G. "Sources, Procedures, and Mirroeconomic Effects of Innovation", *Journal of Economic Literature*, No. 26, 1988.

159. Draft paper presented at the: International Studies Association – West "Just Responses to Challenging Times" September 29 – 30, 2006 Section Number SC1 Innovations in IR Theory: Norms, Psychology and Discourse.

160. Dyer J. H. , Kale P. and Singh. H. , "How to make strategic alliances work", *Sloan Management Review*, 2001 summer.

161. Eisenhardt, K. M, "Building Theories from Case – Study Research", *Academy of Management Review*, Vol. 14, No. 4, 1989.

162. Eisenhardt, K. M, "Better Stories and Better Constructs: The Case for Rigor and Comparative Logic", *Academy of Management Review*, Vol. 16, No. 3, 1991.

163. F. M. Scherer, "Firm size, Market Structure, Opportunity and the output of Patented Inventions", *American Economic Review*, Vol. 55, 1965.

164. F. M. Scherer, *Innovation and growth: Schumpeterian perspectives*, Cambridge, Mass: MIT Press, 1984.

165. Filson, Darren, "Product and process innovations in the life cycle of an industry", *Journal of Economic Behavior & organization*, No. 49, 2000.

166. Freeman C. , Perez C. "Structural crises of adjustment, business cycles and investment behavior", in G. Dosi, C. Freeman, R. Nelson, G. Silverberg, L. Soete, *Technical Change and Economic Theory*, London: Pinter, 1988.

167. Freeman C. L. Soete, *The Economics of Industrial Innovation* (3d. ed.), London: Printer, 1997.

168. Fulk, Janet, "*Social Construction of Communication Technology*",

Academy of Management Journal Giddens, Anthony 1979, Central Problems in Social Theory: Action, Structure, and Contradiction in Social Analysis, Berkeley: University of California Press, 1993.

169. Gabriel Yoguel and Fabio Boscherini, *The environment in the development of firms' innovative capacities: Argentine industrial SMEs from different local systems*, No 00 - 12, DRUID Working Papers from DRUID, Copenhagen Business School, Department of Industrial Economics and Strategy/Aalborg University, Department of Business Studies, 2000.

170. Gagnon, R. J. & Sheu, C., "The impact of learning, forgetting and capacity profiles on the acquisition of advanced technology", *Omega*, Vol. 28, 2000.

171. Galbraith, J. K, *American Capitalism: The Concept of Countervailing Power*, Houghton Mifflin: Boston, 1952.

172. Gayle. P. G., "Market Concentration and innovation: new empirical evidence on the Schumpeterian hypothesis", *Discussion papers in economics, working paper*, 2001, No. 01 - 14, center for economics analysis, university of Colorado.

173. Grant, R. G., "The resource - based theory of competitive advantage: Implications for strategy formulation", *California Management Review*, Vol. 33, No. 3, 1991.

174. Günter Küppers, "Self - Organisation: The Emergence of Order. From Local Interaction to Global Structures", *SEIN Working Paper*, 2000.

175. Hakansson, H. and Snehota I., *Developing Relationships in Business Networks*, London: Routledge, 1995.

176. Hamberg, D., *Essays on the Economics of Research and Development*, New York: Random House, 1966.

177. Hannan M. T., Freeman J. II. "Structural intertia and organizational change", *American Sociological Review*, Vol. 49, 1984.

178. Hannan M. T., Freeman J. H. *Organizational Ecology*, Cambridge, MA: Harvard University Press, 1989.

179. Hannan M. T., Freeman J. "The population ecology of organizations", *American Journal of Sociology*, Vol. 82, 1977.

180. Henderson R. M. , Clark K. B. "Architectural innovation: the reconfiguration of exiting product technologies and the failure of established firms", *Administrative Science Quarterly*, Vol. 35, 1990.

181. Henrik Sornn – Friese, *Mutual Adaptation and Technological Innovation*, Department of Industrial Economics and Strategy, Copenhagen Business School in its series IVS/CBS Working Papers with number 98 – 11.

182. Holmes Hutton Webber. "A functional – Form – Free test of the research and development/firm size relationship", *JASA*, No. 9, 1991.

183. Horowitz J. L. Loughran T. and Savin N. E. "The Disappearing Size Effect", *Research in Economics*, Vol. 54, 1999.

184. "Interactionist Study of Work Computerization", *Academy of Management Journal*, 1993.

185. J. Schmookler, *Invention and Economics Development*, *Unpubic Ph. D Dissertation*, *Invention and Economics Growth*, Cambridges: Harvard University Press, 1966.

186. J. W. Markham, "Market Structure, Business Conduct and Innovation", *American Economic Review*, Vol. 55, No. 5, 1965.

187. J. Wade, "Dynamics of Organizational Communities and Technological Bandwagons: An Empirical Investigation of Community Evolution in the Microprocessor Market", *Strategic Management Journal*, No. 16, 1995.

188. James M. Utterback, *Mastering the Dynamics of Innovation*, Harvard Business School Press, 1994.

189. James M. Utterback and Teresa C. Nolet, *Product and Process Change in Non – Assembled Product Industries*, Cambridge, Mass. : MIT Center for Policy Alternatives Working Paper 78 – 12, September18, 1978.

190. Johanisson, B. "Business Formation A Network Approach", *Scandinavian Journal of Management*, No. 4, 1988.

191. Kalle Lyytinen, Gregory M. Rose, "Explaining Radical Innovation in System Development Organizations. Sprouts: Working Papers on Information Environments", *Systems and Organizations*, Vol. 4, Nos. 1, 2004.

192. Kamien M. and Schwartz N. , Market Structure and Innovation: A Survey of Economic Literature 13: 1 – 37, 1975.

193. Kamien, Morton I. , and Schwartz, Nancy L. , *Dynamic Optimization*, New York: Elsevier North Holland, Inc. , 1981.

194. Kathleen M Carley, "Intra – organizational Complexity and Computation", in Carnegie Mellon University (CMU), *Center for the Computational Analysis of Social and Organization System* (*CASOS*), 2000.

195. Koeller, C. T. "Innovation, market structure and firm size: A simultaneous equation model", *managerial and decision economics*, Vol. 16, No. 3, 1995.

196. Kusunoki, "The Dilemma of Technological Leadership: A Conceptual Framework", *Journal of Commerce and Management*, Vol. 217, 1992.

197. L. E. Greiner, "Evolution and revolution as organization grow", *Harvard Business review*, 1977. July/August.

198. Leavitt, Harold J. , "Applied Organizational Change in Industry: Structural, Technological and Humanistic Approaches", in James G. March, *Handbook of Organizations*, Chicago: Rand McNally, 1965.

199. Lee chang – yang, "A new perspective on industry R&D and Market structure", *Journal of industrial econcomics*, No. 1, 2005.

200. Leonard – Barton, D, "Core capability and core rigidities: a paradox in managing new product development", *Strategic Management Journal*, Vol. 13, 1992.

201. Les Gasser, *Organizations in multi – agent systems*, 10th European Workshop on Modeling Autonomous Agents in a Multi – Agent World (MAAMAW – 2001) Annecy, France, 2001.

202. Levin R. D. , Mowery D. Mowery "R&D appropriability, opportunity, and market structure: new evidence on some Schumpeterian hypotheses", *American Economic Review Proceedings*, No. 75, 1985.

203. Levinthal D. A. , *Organizational adaptation*, *environmental selection*, *and random walks*, Sage, Newbury Park, CA, 1990.

204. Luís M. B. Cabral, José Mata, "On the Evolution of the Firm Size Distribution: Facts and Theory", *The American Economic Review*, Vol. 93, No. 4, 2003.

205. Lunn, J. , "An empirical analysis of process and product patenting:

A simultaneous equation framework", *Journal of Industrial Econcomics*, Vol. 34, No. 3, 1986.

206. M Pagnucco, D. Rajaratnam, *Inverse resolution as belief change*, Proceedings of the 19th international joint conference on artificial intelligence, Professional book center, Denver, CO, USA, 2005.

207. M. J. Gagen, *Multigame models of innovation in evolutionary economics*, Game Theory and Information 0310001, EconWPA. 2003.

208. MacKenzie, Donald A. &Judy Wajcman, *The Social Shaping of Technology: How the Ref rigerator got Its Hum*, *Milton Keynes*, Philadelphia: Open University Press, 1985.

209. Mani S. , *Public innovation policies and developing countries in a phase of economic liberalization*, Maastricht: United Nations University, 1999.

210. Mansfield E. , "Industrial R&D in Japan and the United States: A Comparative Study", *American Economic Review*, Vol. 78, No. 2, 1988.

211. Mansfield, E. , "Industrial Research and Technological Innovation – An Empirical Study", *Economic Journal*, Vol. 91, 1968.

212. Miller D. "The Causes and Consequences of Competitive Inertia", *Administrative Science of Quarterly*, Vol. 39, 1994.

213. Miller, D. , Chen, M. J. , "Nonconformity in competitive repertoires: A sociological view of markets", *Social Forces*, Vol. 74, 1996.

214. Neil C. Churchill and Virginia L. Lewis, "The five stages of small business growth", *Harvard Business Review*, 1983, May – June.

215. Nelson R, Winter S. , *An Evolutionary Theory of Economic Change*, Belknap Press: Cambridge, MA, 1982.

216. Omta, S. W. F. , "De effectiviteit van management en organisatie van farmaceutische R&D, een vergelijkende studie", *Nieuwsbrief Nederlandse Vereniging voor Farmaceutische Wetenschappen*, Vol. 7, No. 1, 1994.

217. P. H. Sullivan, *Value—Driven Intellectual Capital: How to Convert Intangible Corporate Assets Into Market Value*, John Wiles & Sons, Inc. , 2000.

218. Pavitt K. , *Technology, management and systems of innovation*, Edward Elgaar, 1999.

219. Penrose E. T. , *The Theory of the Growth of the Firm*, Oxford: Oxford University Press, 1959.

220. Peter F. Drucker, *The practice of management*, New York: Harper Press, 1954.

221. Petri Paju, *Co – Constructing Technological Capacity and National Identity—A Cultural History of Building the would – be First Computer In post – war Finland*, Research Project "Information Technology in Finland after World War II: The Actors and Their Experiences", Paper for the Innovation Pressure conference, March 15 – 17, 2006 in Tampere, Finland. Phil. Lic.

222. Phlips, L. , "*Research*" *Chapter 5 in Effects of Industrial Concentration: A Cross Section Analysis for the Coman Market*, Amsterdam: North – Holland Publishing Co. 1971.

223. Pot, B. , and Basile, R. , *Differences in innovation performance between advanced and backward regions in Italy: The role of firms strategies, organizational factors and institutions, ISRDS/CNR and IASE, Roma, Italy* 2000.

224. Pozzebon, Marlei & Pinsonneault, Alain, *The Structuration Theory in IS: Usage Patterns and Methodological Issues*, Proceedings of Academy of Management Conference – AOM 2000, OCIS Division, August 7 – 9, 2000, Toronto, Canada.

225. Prahalad, C. K. and Hamel, G. , "The Core Competence of the Corporation", *Harvard Business Review*, Vol. 66, 1990.

226. Prahalad, C. K. and Hamel, Gary, *Competing for the Future*, Harvard Business School Press, 1994.

227. Prasad, Pushkala, "Symbolic Processes in the Implementation of Technological Change : A Symbolic interactionist study of work compaterization" Academy of Management Journal, Vol. 36, 1993.

228. R. Nelson and S. Winter, *An Evolutionary Theory of Economic Change*, Cambridge: The Belknap Press of Harvard University Press, 1982.

229. Rajshree Agarwal, David B. Audretsch, "Does Entry Size Matter? The Impact of the Life Cycle and Technology on Firm Survival", *The Journal of Industrial Economics*, Vol. 49, No. 1, 2001 Mar.

230. Richard Blundell, Stephen Bond, "Initial conditions and moment restrictions in dynamic panel data models", *Journal of Econometrics*, Vol. 87, 1998.

231. Richard C. Levin, Wesley M. Cohen and David C. Mowery, "R&D Appropriability Opportunity and Market Structure: New Evidence on the Schum – peterian Hypothesis", *American Economic Review*, Vol. 15, 1985.

232. Richard L. Nolan, "Managing the crisis in data processing, *Harvard Business Review*", No. 3/4, 1979.

233. Richard R. Nelson, Sidney G., *Winter*: *An evolutionary theory of economic change*, The Belknap Press of Harvard University Press, 1982.

234. Robert G. M. Hausmann, *Elaborative and critical co – construction*: *two potential collaborative problem – solving mechanisms*, Robert G. M. Hausmann, PhD University of Pittsburgh, 2005.

235. Roberta Lamb and Elizabeth Davidson, *Social Scientists*: *Managing Identity in Socio – Technical Networks*, Proceedings of the 35th Hawaii International Conference on System Sciences, 2002.

236. Rosenberg, Nathan, "Why Technology Forecasts Often Fail", *The Futurist*, 199 July – August.

237. Rosenberg, J. B., "Research and market share: A reappraisal of the Schumpeter Hypothesis", *Journal of industrial economics*, Vol. 25, No. 2, 1976.

238. Ryan, C. M., and S. M. Jensen, "Scientific, Institutional, and Individual Constraints on Restoring Puget Sound Rivers", in D. R. Montgomery, S. M. Bolton, D. B. Booth, and L. Wall, *Restoration of Puget Sound Rivers*, University of Washington Press, 2002.

239. S. Muggleton, *Duce*, *an oracle based approach to constructive induction*, InIJC – 87, Kaufmann, 1987.

240. Sahal, D., "Technological Guideposts and Innovation Avenues", *Research Policy*, No. 14, 1985.

241. Sang – Seung Yi, "Market structure and incentives to innovate: the case of Cournot oligopoly", *Economies Letters*, Vol. 65, 1999.

242. Sapienza, Harry J., Smith, Ken G., Gannon, Martin J., "Using

Subjective Evaluations of Organizational Performance in Small Business Research", *American Journal of Small Business*, Vol. 12, Issue 3, 1989.

243. Sastry M. , "Problems and paradoxes in a model of punctuated organizational change", *Administrative science Quarterly*, Vol. 42, No. 2, 1997.

244. Scherer, "Firm Size, Market Structure, Opportunity and the Output of Patented Inventious", *American Economic Review*, 1965.

245. Scherer F. M. , *Industrial Market Structure and Economic Performance*, New York: Rand – McNally, 1980.

246. Scherer, F. , *New Perspectives on Economic Growth and Technological Innovation*, Washington, DC: Brooking Institution Press, 1999.

247. Scherer. F. M. , Ross, D. , *Industrial market structure and economic performance*, Houghton, Mifflin Company, Boston, 1990.

248. Schumpeter J. A. , *Capitalism, Socialism and Democracy*, New York: Harper & Row, 1942.

249. Schumpeter J. A. , *The Theory of Economic Development*, *Cambridge*, MA: Harvard University Press, 1934.

250. Shrieves, R. , "Market structure and innovation: a new perspective", *Journal of Industrial Economics*, Vol. 26, No. 4, 1978.

251. Sigvald, Harryson, *Japanese Technology and Innovation Management*, Edward Elgar Publishing Limited, 1998.

252. Soetej, Luc L. G. "Firm size and inventive activity: the evidence reconsidered", *European Economic Review*, 1979.

253. Sparrow, P. R. and Hodgkinson, G. "What is strategic competence and does it matter: Exposition of the concept and a research agenda. Beyond Knowledge Management Conference", *Durham University*, 2006, 22nd – 23rd September.

254. Susanne Kianicka, Matthias Buchecker, Marcel Hunziker, and Ulrike Müller – Böker, "Locals' and Tourists' Sense of Place—A Case Study of a Swiss Alpine Village", *Mountain Research and Development*, Vol. 26, No. 1, Feb. 2006.

255. Tamirisa, Natalia, *Exchange and Capital Control as Barriers to Trade*, MF: Staff Papers, 1999.

256. Teece, D. J. , "Technology transfer by multinational firms: The reseource cost of transferring technological know - how" . *Economic Journal*, Vol. 87, 1997.

257. Thomas, Robert Joseph, *Organizations in Action*; *Social Science Bases of Administrative Theory*, New York: McGraw - Hill, 1967.

258. Tidd J. , Bessant J. , Pavitt K. , *Chichester managing innovation*: *Integrating technological*, *market and organizational change*, New York: John Wiley, 2001.

259. Tushman M. L. , "Organizational evolution: a metamorphosis model of convergence and reorganization", *Administrative Science of Quarterly*, Vol. 7, 1985.

260. Tushman, Michael L. & Philip C. Aderson, and Charles O'Reilley, *Technology Cycles*, *Innovation Streams and Strategic Change*, *Managing Strategic Innovation and Change*, Oxford University Press, 1997.

261. Utterback J. M. , Abernathy W. J. "A dynamic model of process and product innovation", *Omega*, No. 3, 1975.

262. Utterback J. M. , *Mastering the Dynamics of Innovation*, Boston, MA: Harvard Business School Press, 1994.

263. Utterback, James M. , "Innovation in Industry and the Diffusion of Technology", *Science* 1974 Feb.

264. Weslyey M. , Cohen and Steven Klepper, "Firm Size versus Diversity in the Achievement of Tec - hnological Advance in", Z. J. Acs and D. B. Audre - tsch (Eds), *Innovation and Technological Change*: *An International Comparison*, Ann Arbor: Unive - rsity of Michigan Press, 1991.

265. Woodward, Joan, Management and Technology, London: H. M. S. O. —1965, Industrial Organization: Theory and Practice, New York: Oxford University Press, 1958.

266. Worley J. S, "Industrial Research and the New Competition", *Journal of Political Economy*, Vol. 69, 1961.

267. Nelson R. , *Government and Technical Progress*: *A Crossindustry Analysis*, Oxford: Pergamon Press, 1982.

268. Kline S, Rosenberg N. , "An Overview of Innovation", in Land-

onR, Rosenberg N. , eds, *The Positive Sum Strategy*, Washington: National Academy Press, 1986.

269. Freeman Chris, Soete Luc, *The Economics of Industrial Innovation*, London: Printer, 1997.

270. Arrow K. , *Eeonomic welfare and the allocation of resources for inventive: The rate and direction of inventive activity*, New Jersey: Princeton University Press, 1962.

271. Philips A. , *Technology and Market Structure: A Study of the Aircraft Industry*, *Lexington*, Massachusetts: Heath Lexington Books, 1971.

272. Porter M. E. , "Clusters and the New Economics of Competition", *Harvard Business Review*, Vol. 11, 1998.

273. Nelson and Winter, "The Schumpeter Trade off Revisited", *The American Economics Review*, Vol. 72, No. 1, 1982.

274. Dosi, "Technological Paradigms and Technological Trajectories: A Suggested Interpretation of the Determinants and Directions of Technical Change", *Research Policy*, No. 20, 1982.

275. Tushman, Anderson, "Technological Discontinuities and Organizational Environments", *Administrative Science Quarterly*, No. 31, 1986.

276. Klepper, "Firm survival and the evolution of oligopoly", *The Rand Journal of Economics*, No. 33, 2002.

277. Kleppe, Simons, "Industry Shakeouts and Technological Change", *International Journal of Industrial Organization*, No. 23, 2005.

278. Aghion P. , Bloom N. , Blundell R. , Griffith R. , Howitt P. , "Competition and Innovation: An Inverted U Relationship", *Quarterly Journal of Economics*, Vol. 20, No. 2, 2005.

后　记

本书的写作积累是从2006年开始的，那时候我已经博士在读一年之久。之前在导师开出的长长的经济管理经典著作书单中，熊彼特的几本大部头是我最早去啃的，这一啃竟也津津有味，连同熊彼特传奇的学术生涯和人生经历的传记也成了平时喜爱的读物。也许是机缘，真正决定从事创新研究是2006年有机会参与导师高良谋教授的有关技术创新的重要课题，从此开始在研究实践中运用和再思考创新理论，之后逐步将研究问题深入和具体化，并结合当前理论热点形成了自己的研究兴奋点。直到2008年完成了博士论文的写作，也形成了本书相关内容的重要研究基础。毕业之后在高校从事教学科研工作，作为主要成员参与高良谋教授主持的科技部国家软科学研究项目“基于辅助创新的不同规模企业技术创新优势共享的实现机理研究”（2009GXQ6D157）和国家自然科学基金项目“开放式创新导向/能力、动态能力与组织学习：理论建构与实证研究”（71172118）。并且作为主持人陆续开展教育部人文社会科学研究青年基金项目“基于技术创新与企业规模互动机理的大企业集团引领式产业创新升级机制研究”（10YJC790154）、国家自然科学基金青年项目“基于规模阈值跃迁的大企业集团引领式产业创新升级：机理与实证研究”（71103027），以及辽宁省社科联经济社会发展课题“开放式创新导向的企业集团网络能力建构与产业创新升级：以辽宁为例”（2012lslktziglx－09）等国家和省部级研究项目。本书的最终完成得益于上述多个项目的资助，在参与和主持相关课题的研究中，有机会在研究团队的氛围中进一步积累相关创新成果，结合具体研究问题加深了对原有理论的认识，也得以充实和完善本书中关于从新的研究视角对创新理论的拓展和解读，及对中国创新和产业发展现实问题的应用性研究。

本书的最终完成是很多人支持和帮助的结果，首先要感谢我的导师高良谋教授，高老师不仅言传身教于我学术理想和学术修养，而且对学术训练严格把关，通过提供科研平台和研究机会让我成为该领域的研究者。其次要感谢白景坤教授、高静美教授、韵江教授以及郭英博士、张媛媛博士、王建军博士、胡国栋博士、马文甲博士等，感谢他们在本书写作过程中提出很多的中肯意见，以及提供受益良多的帮助。在书稿初成阶段，我的学生张雁鸣、林菁菁和张瑶承担了很多材料整理、文字校对和图表标注等工作。书稿决定出版之时，又是中国社会科学出版社田文编辑热情周到的服务和严谨的工作作风为本书的问世铺平了道路。因此，本书的出版同上述每个人的帮助都是分不开的，在这里对于他们的支持和劳动表示最为真诚的谢意。同时，也借此书的出版向迎来60周年校庆的东北财经大学深情献礼！

创新研究领域是经济学和管理学中最具活力的研究领域。理论上，创新经济学的繁荣正改变着主流经济学发展方向，而无论是突破性创新理论、结构创新理论、开放式创新理论、网络创新理论还是本土的自主创新理论，都一次次掀起学术研究的热潮，并相应地在创新过程、组织创新、商业模式创新、产业集群创新、产学研结合创新等领域建立密集的研究分支，给了这一领域广阔的探索空间。实践中，创新在经济生活中的地位空前提升，围绕创新的企业战略、全球产业竞争格局和国家创新体系等纷纷建立起来。人们在崛起的新兴工业化国家打造的创新体系中，在拥有核心技术的国际大企业集团掌控全球产业链的力量中，在“苹果”迷们为能买到iPhone手机于发售期前几天就守候在专卖店门前的景象中，真真切切地感受到创新的巨大力量。创新理论与实践的快速发展和相互促进也正吸引着越来越多的学者、实践者不断加入进来。本书的研究仅仅是创新领域中的一隅，并且由于创新理论和实践的更新速度快、多学科交叉领域广，我的知识面和研究能力的局限性等原因，书中难免有纰漏、争议和未尽之处，非常欢迎志同道合的学术同仁和实践家们能够不吝赐教、批评指正。因此，本书也献给所有创新理论研究和创新实践领域的人们，希望该书建立起我们相互学习和共同进步的桥梁。

最后，学术研究虽是艰辛的脑力劳动，但其中又有着“博观而约取，厚积而薄发”的快乐，当研究者获得这种精神满足的同时，应该在这个时候与在生活上为你营造温馨氛围的人一同分享。在书稿写作过程中，感谢亲人的理解和鼎力支持，尤其感谢怀孕待产的妻子，书稿出版之际也正是新生命刚刚诞生之时，为此，此书亦作为迎接新生命最有意义的礼物！

李　宇

2012 年春于东北财经大学师言阁